JEAN-PIERRE BAYARD

# OS TALISMÃS

Tradução
Frederico Ozanam Pessoa de Barros



EDITORA PENSAMENTO
São Paulo

Título do original:
*Les Talismans*



| Edição | Ano |
| --- | --- |
| 1-2-3-4-5-6-7-8-9 | 85-86-87-88-89-90-91-92-93 |

Direitos da tradução reservados para o Brasil pela
EDITORA PENSAMENTO
Rua Dr. Mário Vicente, 374 - 04270 São Paulo, SP - fone: 63-3141

Impresso em nossas oficinas gráficas.

*Para Marie,*
*minha companheira*

*A maior malícia do demônio*
*está em fazer crer que ele não existe.*

Charles Baudelaire.

*Só podemos estudar aquilo*
*com o que sonhamos antes.*

Gaston Bachelard.

# SUMÁRIO

I. INTRODUÇÃO

Superstição e tradição, 1. Crenças populares, 2. O absoluto em talismãs, 4.

II. OS SUPORTES DA TALISMANIA

Algumas definições, 9. Talismãs, amuletos e pantáculos, 11. Os teraphim, 12. Os filactérios, 13. Fetiches e objetos consagrados, 14. Magos e feiticeiros, 15.

III. A FABRICAÇÃO DOS TALISMÃS

Um fenômeno universal, 17. Letras e sinais, 19. A interpretação ritual da natureza, 20. A matéria, 22. O cerimonial, 23. A forma, 26. As inscrições, 27. Fórmulas particulares, 27.

IV. A INFLUÊNCIA ASTRAL

Os selos dos planetas, 32. Correspondências celestes, 37. O operário e sua obra, 43. O dia e a hora, 44.

V O VALOR DOS SIGNOS

O poder do gesto, 48. Significação do número, 50. A virtude oculta das coisas, 56. A força dos símbolos, 69. Os signos de Papus e o pentagrama, 73. A Tábua de Esmeralda, 84. A Mão de Fátima, 85.

VI. REPRESENTAÇÃO DOS TALISMÃS

A escritura e os alfabetos mágicos, 90. Os quadrados mágicos, 94. As estátuas talismânicas, 101. O totem, 107. As bandeiras, 108. O caduceu, 110.

VII. PODER DE PROTEÇÃO

Enigmas talismânicos, 118.

VIII. PODER DE CURA

Simbolismo corporal, 125. Pantáculos de cura, 127. O reino animal, 136. O reino mineral, 139. O reino vegetal, 155.

IX. JÓIAS E OBJETOS MÁGICOS

Ornamentação e magia, 168. A força do anel, 170. Armas encantadas, 173. Espelhos e bolas de cristal, 176.

X. PODER DE TRANSFIGURAÇÃO

As tatuagens, 189. A máscara, 190. As roupas, 191. Os tapetes, 193.

XI. MAGIA ENCANTATÓRIA

O poder da voz, 194. O nome, 195.

XII. VALOR TALISMÂNICO DOS PERFUMES

Influências astrais, 199. Uso tradicional dos perfumes, 203.

XIII. OS TALISMÃS E A RELIGIÃO

O exemplo chinês, 208. Os talismãs e a Igreja Católica, 212.

XIV. CHARLATÃES E ESCROQUES, 219.

CONCLUSÃO, 221.

ANEXO: QUADRO DAS CORRESPONDÊNCIAS GEOMÂNTICAS, 226.

BIBLIOGRAFIA, 227.

# CAPÍTULO I

# Introdução

## *Superstição e tradição*

A criança brinca na praia, modela na areia um castelo, um forte, a silhueta de um animal ou de um personagem. Quer se trate de um ser vivo ou de um objeto inanimado, a criança atribui-lhe sentimentos e, súbito, essa figura modelada no pó da pedra recebe uma alma, adquire vida.

Esse frescor do espírito da criança permite animar o que parecia sem vida. O banhista, o urso de pelúcia, a boneca, com os quais o dia passa em longos conciliábulos, transformam-se em verdadeiros personagens, mais conciliantes que a gente grande.

Depois, o homem perde essa qualidade nativa: preocupado com os problemas materiais da existência, sua alma se despoja dessa transparente ingenuidade. Mas o criador de formas, de idéias, de sons, de perfumes, guarda no mais profundo de si mesmo essa soma inesgotável de ternura e de claridade. O artista sabe sonhar, reencontrar suas impressões de infância, enquanto controla sua evolução, sua força criadora; ele sabe corrigir suas imperfeições. Muitas vezes, os que estão de fora zombam desse criador que "desenha como uma criança"; mas o profano não sabe o lento e paciente trabalho de destruição interna que o homem teve de operar em si mesmo para transcender tudo o que aprendeu. Os conhecimentos adquiridos para "vencer na vida" ficam sem efeito no mundo espiritual. O artista, pela sua visão, recria o mundo e, indo de decantação em decantação, chega a reencontrar o sentimento de plenitude, da infância deslumbrada; ele *desperta* a própria alma. As figuras que modela adquirem vida. Assim nascem os contos, as grandes obras de arte, todas essas figuras mágicas que irão ajudar o homem a se reencontrar na *jungle* da vida.

Ao refletir, o homem toma consciência de tudo o que o transcende, de tudo o que lhe parece sobrenatural e de que não pode dar uma explicação racional, "funcional". Inquieto diante das forças da natureza, sente a necessidade de se colocar sob a proteção de uma força superior, invoca um personagem semelhante a ele, mas dotado de poderes ilimitados; dirige preces a esse personagem. E o faz quando está em perigo, para afastar o mal; reza a ele para transformar a própria vida, para que lhe dê conforto físico ou moral; às vezes, rende-lhe graças.

Contudo, o homem não pode rezar sempre, e o perigo pode surgir a cada instante. Assim, a tarefa de rezar é confiada a certas pessoas cuja missão será a de atrair sobre a coletividade os benefícios da divindade: os padres, os monges. Mas esses homens, que vivem separados, que estão em comunicação com Deus, pensarão porventura em precaver cada homem a cada instante de sua existência?

Então a criatura humana inventa marcas: carrega um objeto qualquer de uma força particular que deve salvaguardá-lo continuadamente, restituindo em parte seu fluido no momento propício.

Esse é o papel do talismã.

A prece, portanto, tem o mesmo poder que o amuleto, pois ela também protege.

Vamos tentar definir esse sinal, ver como ele é fabricado, por quem, sob que influência. A partir de textos antigos, provenientes principalmente do século XVII, de comentários modernos, veremos que os talismãs pouco evoluíram desde a mais remota Antigüidade e constataremos que sempre existiram, em todos os tempos e em todos os lugares; nossa admiração começa a partir da permanência desse símbolo. Trata-se de "um momento da consciência humana ligado, sem dúvida nenhuma, à figuração de um rito mágico", como escreveu Jean Marquès-Rivière.

## *Crenças populares*

O homem do século XX continua tão impotente, tão inquieto quanto seu ancestral quando evoca as grandes leis do universo; a literatura atual colocou em voga seres que teriam recebido conhecimentos maiores que os nossos. Ficaremos fora desses fatos extravagantes, respeitaremos o poder do sonho, o desejo de escapar às normas da vida cotidiana. Assim, admitimos que os perfumes, os cantos, as preces, as cores podem ter influência sobre o comportamento humano. Sua ação, outrora estudada pelos filósofos, agora está esquecida. Contudo, alguns de nossos sábios tornam a evocar esses problemas, de que alguns fazem objeto de estudos em laboratório.

Assim, abordar o estudo dos talismãs em pleno século XX não parece mais uma empresa tão absurda. Tanto mais que as velhas crenças populares, as nossas superstições, continuam enraigadas em nosso coração. Não gostamos que ninguém dos nossos abra um guarda-chuva dentro de casa; temos medo de passar por baixo de escadas, de quebrar espelhos, de ver gatos pretos, de colocar o pão virado para baixo, de cruzar garfos e facas, de sentar em número de treze à mesa. Todos esses atos "dão azar", mas quebrar um vidro incolor sem intenção, encontrar um trevo de quatro folhas ou uma ferradura passam, ao contrário, como ações benéficas. Os jovens, ao gravar no tronco de uma árvore dois corações entrelaçados ou entrelaçando suas iniciais, agem de acordo com a mesma intuição. E não é espantoso saber que o general de Gaulle, cristão perfeito e homem de ação, morreu enquanto deitava as cartas para adivinhar o futuro?

Homens e mulheres carregam sobre o peito uma medalha, da qual jamais se separam; o automobilista que comete imprudências na estrada fixa no painel de seu carro uma medalha de São Cristóvão ou um boneco qualquer, ao qual atribui um poder de proteção. Pierre Mac Orlan, à vista desses dois bonecos, comprados na Alemanha e que se costuma colocar em cima das cômodas dando-se as costas um para o outro, deu-lhes vida em seu livro *Malícia,* e costumava repetir que nossa civilização continua sob o império da moeda furada, do pêlo de elefante e de muitos outros amuletos do mesmo gênero. Assim, nossos contemporâneos gostam de "mandar tirar as cartas" ou de observar a "mancha do café". Se dermos crédito às revelações das cartomantes, homens de prol costumam recorrer a esses tipos de procedimentos; alguns lêem o "horóscopo" num jornal qualquer; outros consultam os astrólogos. Já se escreveu muitas vezes que, como no princípio da Idade Média, Hitler tinha o seu astrólogo, que teria determinado a data precisa em que deveria proceder-se a um ataque, a uma batalha, ou mesmo para escolher a data de um discurso importante.

Na verdade, a superstição parece constituir hoje um fato coletivo; Jean-Pierre Abraham[1] menciona que, em Paris, em 1952, havia 5.200 videntes recenseados, consultados diariamente por 100.000 parisienses; que os Estados Unidos contam com 30.000 astrólogos; que o número dos curandeiros ultrapassa o dos médicos. E esse autor conclui: "O medo da escuridão é, em suma, a irrupção lenta da consciência de um sentimento de ruptura longínqua, original, a evidência de um isolamento. O resgate do exílio. O aumento da desarmonia aumenta a sua virulência. É possível que essas estúpidas superstições antigas, em sua doce loucura, contenham em transparência os últimos vestígios de um acordo, os primeiros elementos de um retorno."

1 J.-P. Abraham, *Dictionnaire des superstitions* [Dicionário das superstições], Marabout.

É idêntica a interpretação de Grillot de Givry, que escreve:[2] "Os deuses estão mortos, mas ficaram os talismãs. Eles sobreviveram a todas as formas de incredulidade e, por isso mesmo, revelaram que sua vitalidade é eterna. De tal modo que não há fé que, na velocidade de seu carro ou de seu avião, que caminha para a morte como diante de um abismo negro pelo qual será engolido sem que nada reste de sua personalidade, pendura um boneco em seu veículo, como os patriarcas de Israel ou de Assur penduravam os teraphim nas peles de suas tendas [...]. A humanidade mostra dessa forma a sua fraqueza, e o talismã a sua força, e a virtude oculta deste último se manifesta pelo fato de os homens não terem podido se livrar dele."

Assim, o homem torna a criar de si mesmo e para si mesmo a representação de uma idéia não-formulada, pois ela ultrapassa o entendimento humano. Mas ele pode esquecer a palavra Abracadabra, pode perder o seu talismã. Então recorrerá à tatuagem, sinal de poderes surpreendentes: ela figura agora sobre o seu peito, às suas costas. Mas esse símbolo protetor pode aparecer também em seu rosto, desta vez bem visível, tanto para os deuses como para os inimigos, porque é preciso propalar o poder conquistado. A tatuagem de caráter fascinante aproxima-se assim da máscara, suporte que transforma o homem interior; os disfarces partilham do mesmo simbolismo.

O poder do talismã pode parecer milagroso, já que protege o homem ao modificar a ordem racional das coisas. Não nos esqueçamos de que, na tradição cristã, atribuía-se à água-benta, de que os fiéis hoje fazem uso tão distraidamente, virtudes semelhantes. A isso os espíritos positivos retorquirão que estamos tratando com simples superstições. Mas a própria persistência dessas "superstições" não seria já reveladora de uma necessidade oculta: a de corresponder a um pensamento que, precisamente, escaparia dos limites da realidade positiva? Mesmo se nos alinharmos ao lado dos incrédulos, que recusam aos talismãs qualquer poder real, não se pode negar-lhes o fato de serem uma ajuda espiritual colocada no caminho da evolução humana. Na procura da verdade mística tradicional, esses pantáculos são, pelo menos, suportes de meditação.

## *O absoluto em talismãs*

É evidente que só usamos a palavra "tradicional" em seu sentido iniciático e não em seu sentido profano. Contudo, parece-nos útil precisar melhor esse valor, a fim de evitar qualquer confusão.

2 Grillot de Givry, *Le Musée des Sorciers. Mages et Alchimistes* [O museu dos feiticeiros, magos e alquimistas], Paris, 1929.

René Guénon, em *Le Règne de la quantité et les Signes des Temps* [O reino da quantidade e os sinais dos tempos], indica: "Não existe e não pode existir nada de verdadeiramente tradicional senão aquilo que implica um elemento de ordem supra-humana; situa-se aí, com efeito, um ponto essencial: o da Tradição e de tudo o que está relacionado com ela." Em *La Crise du Monde moderne* [A crise do mundo moderno], esse autor acrescenta que, "na confusão mental que caracteriza a nossa época, chegou-se a aplicar indistintamente essa palavra 'tradição' a todo tipo de coisas, muitas vezes por demais insignificantes, como simples costumes sem nenhuma importância e, por vezes, de origem muito recente". A Tradição, contudo, só pode ser a transmissão oral "da doutrina segundo a qual as verdades absolutas teriam sido reveladas por Deus a Adão" (definição contida no dicionário de Hatzfeld e Darmesteter). A transmissão de fatos de ordem puramente *humana* não pode ser qualificada de tradicional, mas apenas de *folclórica*. De nossa parte, usaremos a palavra "Tradição" no sentido de transmissão, de ligação com um centro primordial de natureza divina, de caráter revelado, centro de onde o homem provém e que ele tenta reintegrar por intermédio da iniciação.

Independentemente dessa pesquisa toda espiritual, as promessas talismânicas propõem vantagens mais palpáveis. De acordo com sua categoria e gosto, poderemos adquirir grandes riquezas ou amor; a vitória será conferida aos capitães assim como às altas dignidades; a sabedoria e a prudência serão o quinhão dos que dirigem; os espíritos nobres irão em busca da ciência, da inteligência, talvez mesmo do Conhecimento. Os talismãs podem ser usados também para a defesa, o ataque, o contra-ataque. Podemos carregá-los conosco, em casa; podemos engoli-los, dissolvendo-os ou bebendo a água na qual eles são mergulhados. Jean Marquès-Rivière, num livro admirável,[3] escreve: "O amuleto e a técnica de sua fabricação oferecem um curioso exemplo desses complexos mentais que, saídos de civilizações primitivas, de épocas longínquas em que o fenômeno mágico desempenhava um papel primordial, permaneceram intactos e vivos no subsconsciente para reaparecer bruscamente em seres que pertencem a civilizações muito evoluídas. Basta um fato importante — guerra, perigo de morte em automóvel ou avião, competição esportiva, sorte na loteria e no jogo — para que o velho fundo mágico se imponha tanto mais brutalmente pelo fato de não estar mais sob fiscalização." Numa palavra, cada um procurará uma parte da felicidade tal como ele a concebe.

Paul Masson-Oursel, em seu *Prefácio* à obra de Jean Marquès-Rivière, escreve: "O amuleto, o talismã, é a fortuna, ou a felicidade, ao

3 J. Marquès-Rivière, *Amulettes, talismans et pantacles* [Amuletos, talismãs e pantáculos], Payot, 1972.

alcance de todos. Sua eficácia imediata, porque mágica, dispensa o seu possuidor de solicitar um favor ou uma graça. Um bibelô, uma imagem, uma legenda, eis o absoluto 'em pílulas'.

"Os pantáculos são o absoluto refratado em alguns símbolos simples; são o resumo de um sistema — o sistema do mundo, cuja decifração equivale à salvação. Em outros termos, o microcosmo, não encarnado num indivíduo humano, mas esquematizado numa fórmula, num gráfico."

Mas não corremos o risco de estar na presença de uma doutrina supersticiosa, que bem poderia ser a da idolatria? Para obter a realização de todas essas promessas cheias de vaidade, não estaremos substituindo a palavra "ídolo" pelo vocábulo talismã? Veremos assim esboçar-se, principalmente no século XVII, dois movimentos: um pensará que os talismãs carregados de poderes provêm da bondade de Deus; o outro verá nos talismãs meras criações diabólicas.

É difícil estabelecer distinções nítidas entre o pensamento religioso e a superstição. Santo Tomás de Aquino lutou contra o uso dos amuletos, "que consiste em carregar consigo, com a finalidade de conseguir proteção, toda sorte de talismãs, anéis, ossos velhos, pedrinhas, fitas". Jean-Pierre Abraham nota a esse respeito que "essas superstições têm, bem entendido, um caráter tão religioso quanto as outras. Não existem superstições profanas". E para definir melhor o seu pensamento, ele cita processos cristãos que permitem a conquista do paraíso. Mas não nos demoremos nessas práticas — missas, indulgências — que mostram que o espírito supersticioso não foi excluído pela Igreja Católica Romana.

Nesse mundo obscuro e maravilhoso, o importante é ter fé, essa fé inabalável, tão bem definida por São Mateus: "Na verdade eu vos digo, se tiverdes fé e não hesitardes, mesmo se dissésseis a esta montanha: 'Sai daí e lança-te ao mar', isso será feito. E tudo o que pedirdes com fé na oração, conseguireis" (XX, 22). Alberto, o Grande, o surpreendente filósofo do século XIII, não pensava diversamente. Esse grande sábio dominicano revelou uma multidão de segredos, de talismãs que logo se espalharam por todas as classes sociais. Duas antologias, aliás, anônimas — *O Grande Alberto* e *O Pequeno Alberto*, popularizaram seus ensinamentos. Constantemente reeditados, eles têm grande voga até nos campos, onde os bufarinheiros vendiam-nos nas casas mais humildes.

Sem querer fazer um exame crítico do pensamento de Alberto Magno, notemos a importância que ele dá à planta, ao animal, ao homem no tempo em que ensinou em Paris. Ele ficara impressionado com a autoridade de Avicena, de Aristóteles, de Jâmblico, o Platônico, para quem o mundo repousa sobre a oposição essencial do racional e do irracional; mas Alberto Magno afastou-se dessa última proposição porque, a seus olhos, a imaginação é, ao mesmo tempo, racional e irracional.

Aliás, talvez nos encontremos aqui na presença de uma influência do inconsciente humano; Jung mostrou a força dos arquétipos do universo mágico, e parece até que, periodicamente, descobrimos leis outrora reconhecidas, mas há muito esquecidas, ocultas em nosso subconsciente. A alma humana parece carecer desse fermento.

Podemos nos interrogar a respeito dos resultados conseguidos pelo ocultismo e deveremos tratar, de forma sucinta, da magia. Na linguagem corrente, qualificamos de "mágica" toda causa que parece surpreendente, maravilhosa, que se situa fora das normas habituais; é comum confundir-se com magia os truques e o ilusionismo.

O ocultismo também difere do espiritismo, e Papus, em *La Science des Mages* [A ciência dos magos], escrevia: "O ocultismo não nega, jamais negou, a possibilidade de comunicação com as pessoas mortas; mas restringe consideravelmente o número das comunicações reais. Na maioria das vezes, trata-se de fatos de auto-sugestão ou de hipnotismo transcendente, fatos nos quais as forças dos médiuns e dos assistentes intervêm sozinhas." Stanislas de Guaita, em *La Clef de la Magie noire* [A chave da magia negra] sustenta a mesma idéia: "Aquilo que, bastante pertinentemente, embora num sentido muito restrito, as pessoas chamam de *fenômenos* não interessa ao ocultismo senão excepcionalmente e num modo muito indireto."

Podemos assim ficar com a idéia de que o espiritismo é experimental, enquanto o ocultismo é magistral. Os discípulos de Allan Kardec não são ocultistas.

Na maioria das vezes, falamos das ciências ocultas de modo muito equívoco; conhecimentos e práticas muito diferentes são englobados, de cambulhada, nos vestígios das ciências antigas. As artes mágicas foram abandonadas, ou pelo menos relegadas num setor que parecia oposto à ciência. Criou-se a suspeita em torno delas porque não podiam ingressar numa categoria definida, regida pela mecânica, pelas chamadas leis objetivas. Contudo, apesar dessa recusa, nós nos encontramos diante de um imenso setor do pensamento humano. Além do mais, muitos sábios começam a compreendê-lo. Nos países nos quais a pesquisa científica ocupa um lugar de primeiro plano (Estados Unidos e U.R.S.S.) há grupos que estudam de forma científica fenômenos que, há uns cinqüenta anos, passavam por alienações nascidas de imaginações crédulas. É preciso, aliás, reconhecer que, a par dessas análises minuciosas de fatos, existem também os devotos de anedotários, que aceitam as piores extravagâncias sem controlar-lhes os dados mais elementares. Alguns se apóiam em supostos documentos ou em fatos "que não podem ser revelados" por causa de pretensos "segredos", e engendram as teorias mais arrojadas e extravagantes. Outros não hesitam em explorar comercialmente a credulidade dos que se interessam de uma forma ou de outra por esses fenômenos.

Sem dúvida, devemos alertar o leitor contra esses escroques, esses espíritos desonestos, porque, infelizmente, vivemos esbarrando em charlatães. Em sua tese de doutorado em medicina — *Sciences occultes et déséquilibre mental* [Ciências ocultas e desequilíbrio mental], o doutor Philippe Encausse, filho de Papus, escreve que um talismã vendido não tem valor mágico; ora, a venda de talismãs foi e continua sendo muito próspera.

Sem dúvida, não é inútil insistir a respeito de um fato prático, mencionado pela maioria das obras que tratam dos pantáculos. Para poder-se tirar algum benefício de todo o valor dessas figuras admiráveis e extrair delas influências benéficas, o homem deve encontrar-se em condições particulares. Ele não só deve respeitar certo número de gestos e de posturas rituais — ficar de joelho voltado para o Oriente, etc. — mas deve também levar uma vida de boa paz — fazer a caridade, aliviar os infortúnios, ser bom; ele terá de amar o próximo, numa palavra, praticar a lei do Amor.

Enfim, para que o talismã possa ter seu pleno efeito é necessário acreditar em seu valor, isto é, concentrar seu pensamento no princípio de sua eficácia, ter uma fé absoluta nele. Então esse objeto material, ao refletir o desejo consciente e dirigido, torna-se ativo. Por isso, é preciso não apenas conhecer minuciosamente o sentido oculto de cada figura, mas também saber praticar as mais raras virtudes. O homem se esforça por se tornar melhor, por aperfeiçoar sua própria natureza, por embelezar a sua alma — mesmo que não o saiba. Podemos assim afirmar de novo que, fora da ação própria do pantáculo, o homem cria um novo clima, que permite o desenvolvimento de seu ser, pronto assim a recolher os benefícios que até então ele não podia sequer imaginar.

O oculto, enquanto corpo de doutrinas, continua "secreto", isto é: só pode ser compreendido pelos que estão aptos a recebê-lo. Baseando-se no Conhecimento Tradicional, ele tem o poder de transmiti-lo; sua mensagem pode tomar diversos rostos, diversos aspectos, mas de fato ele reflete apenas um único Princípio, pois todo o nosso saber se resolve, finalmente, no Conhecimento, que é Uno.

Assim, de nossa parte, o ocultismo torna-se uma pesquisa espiritual e os talismãs colocam em relação o espírito e a matéria. Essas figuras só podem ser comentadas com base na analogia e nas correspondências; elas levam à pesquisa da perfectibilidade humana, o verdadeiro fio condutor desta obra.

# CAPÍTULO II

## Os Suportes da Talismania

### *Algumas definições*

Antes de empreender o estudo dos talismãs para descobrir o seu poder oculto, devemos consultar diversos autores que pretenderam circunscrever a origem da palavra e, assim, englobar na definição o valor secreto dessas figuras.

Para Plínio (*Hist. nat. XXX,* 1), os amuletos nasceram de uma pesquisa de poderes medicinais. Eram considerados remédios destinados a aliviar males físicos ou a preveni-los. As pessoas se garantiam contra as más influências por meio desses amuletos; reencontramos assim a crença na "fascinação" e no mau-olhado.

Dito isso, a palavra "talismã" engloba também toda sorte de objetos conhecidos aos quais a tradição atribui diferentes poderes: pedaços da corda de um enforcado, ferraduras, grilos, pêlos de elefante, trevos de quatro folhas, pompons de bonés de marinheiro, a cauda de um lagarto, a medalha de São Cristóvão, a mão de Fátima. Que pensar de tudo isso?

Se para Paracelso "os talismãs são caixinhas nas quais encerramos influências", no *Tratado dos Talismãs,* publicado por Pierre de Bresche em 1671, podemos ler a seguinte definição: "O talismã nada mais é do que o selo, a figura, o caráter ou a imagem de um signo celeste, planeta ou constelação, impresso, gravado ou cinzelado sobre uma pedra simpática, ou sobre um metal que corresponde ao astro, por um artista que tenha o espírito fixado à obra e ligado a ela e, no fim de sua obra, sem ser distraído ou dissipado por pensamentos estranhos ao dia e hora do planeta, num lugar afortunado, num tempo belo e sereno, e quando houver no céu a melhor disposição possível, a fim de atrair mais fortemente as influências, para um efeito que depende do mesmo poder e da virtude de suas influências."

Esse livro anônimo, na realidade escrito por Dom Jean-Albert Belin é, aliás, desmentido pelo R.P. F. François Placet, religioso da Ordem dos Premonstatenses; mas em sua obra *La Superstition du Temps reconnue aux Talismans* [A superstição do tempo reconhecida pelos talismãs] (edição de 1668), o Reverendo Padre não dá outras definições. Ele nota, contudo, que nisso está uma "doutrina supersticiosa que renova a idolatria, sob promessas cheias de vaidade e que, para esconder o nome de ídolo, que inspiraria horror a todos os fiéis, usa-se o de talismãs, que quer dizer a mesma coisa". E acrescenta que "o artifício dos mágicos só pode conceber mentiras e engendrar ilusões".

Sorel de l'Isle definiu os talismãs no título de sua obra, publicada em Paris em 1631 por Anthoine de Sommaville: *Des talismans ou figures faites sous certaines constellations, pour faire aymer et respecter les hommes, les enrichir, guérir leurs maladies, chasser les bêtes nuisibles, détourner les orages et accomplir d'autres effets merveilleux* [Dos talismãs ou figuras feitas sob certas constelações, para fazer amar e respeitar os homens, enriquecê-los, curar suas doenças, afastar os animais nocivos, afastar as tempestades e conseguir outros efeitos maravilhosos]. Nessa obra, Sorel fala a respeito de uma origem que remontaria aos caldeus: "Diz-se que os caldeus foram os primeiros a inventar a Astrologia, ou porque fossem levados, por temperamento, à consideração das coisas elevadas e difíceis de conhecer, ou porque a comodidade dos campos onde eles costumavam viver incitava-os a isso. Se isso for verdade, podemos muito bem dizer também que as figuras feitas sob certas constelações tiveram origem em seu país. Seja como for, considera-se que eles tiveram o cuidado de fabricá-los, como também os árabes e os egípcios que se dedicavam às maiores superstições do Paganismo."

Sorel refere-se a seus predecessores: "Alguém disse que a palavra Talismã vinha do grego e que significa perfeição, porque os talismãs são as coisas mais perfeitas que possam ser feitas na terra, tendo um poder semelhante ao dos Astros. Mas isso não tem nenhuma possibilidade, tendo em vista que os gregos tomaram de empréstimo dos árabes, dos caldeus e dos egípcios tudo o que sabiam de mais curioso, de tal modo que suas palavras vêm antes dos árabes, enquanto que o árabe não vem deles. O nome árabe, que foi conservado e usado em várias outras nações, mostra portanto ainda a origem dessas figuras astrológicas."

É curioso notar que, se o R. P. F. François Placet se insurgiu contra a obra de Dom Jean-Albert Belin, Charles Sorel, Sir de Souvigny, faz o mesmo contra as *Curiosités inouïes* [Curiosidades inauditas] de M. I. Gaffarel. Placet e Sorel comentam amplamente o enunciado de seus predecessores, citam-nos fartamente; seria o caso de se perguntar se essas refutações não seriam senão um meio de valorizar obras de cujos pontos de vista, afinal, eles partilham.

Mas a melhor definição dos talismãs talvez esteja contida nesta passagem das *Mil e Uma Noites* (trad. Mardrus): "Ó Princesa, os talismãs devem suas virtudes sublimes e seus efeitos maravilhosos às letras que os compõem, porque as letras relacionam-se com os espíritos e não existe letra na língua que não seja governada por um espírito. E se me perguntas que coisa é um espírito, eu te direi que é um raio ou uma emanação das virtudes da onipotência e dos atributos do Altíssimo. E os espíritos que residem no mundo inteligível comandam aos que habitam o mundo celeste, e os espíritos que habitam o mundo celeste comandam àqueles do mundo sublunar. E as letras formam as palavras, e as palavras compõem as orações; e nada mais são do que os espíritos representados pelas letras reunidas nas orações escritas sobre os talismãs que fazem esses prodígios que causam espanto aos homens comuns, mas não perturbam os sábios, que não desconhecem a força que existe nas palavras e sabem que as palavras governam sempre o mundo, e que as palavras escritas ou proferidas poderão derrubar os reis e causar a ruína de seus impérios!"

Em seu *Ritual,* Éliphas Lévi escreve: "Chama-se talismã uma peça de metal que carrega pantáculos ou caracteres e que recebeu uma consagração especial para uma determinada intenção." Se levarmos em conta a reflexão de Santo Agostinho (*A Cidade de Deus*) para quem "o caráter talismânico é um demônio ligado a uma imagem ou a um retrato, por uma arte contrária à piedade", vemos que a definição é menos implícita.

## *Talismãs, amuletos e pantáculos*

Marquès-Rivière, por sua vez, distingue cuidadosamente entre amuleto, talismã e pantáculo. O amuleto próximo do fetiche (ou "gri-gri") dos povos primitivos é geralmente um objeto *natural* (um pedaço de osso, uma espinha de peixe, uma pena, etc.) cujo único papel é o de neutralizar as más influências. O talismã propriamente dito é, em certa medida, um objeto "artificial". Mesmo quando constituído a partir de um suporte natural (vegetal, animal, mineral), sua técnica de fabricação remete sempre a um simbolismo que na verdade está ligado à "ciência sagrada". Enfim, em sua forma mais elaborada, o talismã transforma-se no que chamamos de "pantáculo" (e não *pentáculo,* como dá o Larousse, que acredita que essa palavra deriva de *penta,* cinco, em identificação com o *pentagrama* ou estrela de cinco pontas, muito usada nos pantáculos. Essa palavra deriva do grego *pan* — tudo — e provém da idéia de um objeto que contém *tudo*, que encerra o *Todo*, síntese do Macrocosmo"). Nesse nível, explica Marquès-Rivière, "O pantáculo torna-se um 'emissor fluídico', um 'céu radiante'; ele não se contenta mais com proteger, como o amuleto; ele irradia a força mágica, a 'coisa santa', como o talismã. Mas enquanto este último age *per se*, porque contém uma substância sagrada (textos, letras, objetos) ou analogicamente favorável, o pantáculo age de acordo com as forças do Cosmos. Ele é essencialmente ativo [...]. O amuleto, e muitas vezes o talismã, nada mais são do que *pantáculos passivos*".

O talismã também pode desempenhar um papel maléfico, pois tanto se pode prejudicar como ajudar por meios mágicos. Collin de Plancy, em seu *Dictionnaire infernal* [Dicionário infernal] (1818), nota assim os sortilégios, os encantos, os prestígios que se ligam aos diferentes talismãs. E não poderíamos acrescentar-lhes os filtros, beberagens mágicas que inspiram muitas vezes o amor, mas às vezes também outras paixões, as macerações de certas ervas, de certos minerais, de ossos de rãs, de aparas de unhas, etc.?

Para Albert Poisson, a palavra pantáculo coloca-nos igualmente no caminho da teoria alquímica: "Chamam-se pantáculos figuras simbólicas, compostas dos elementos mais variados e que resumem em si mesmas toda uma teoria. Um pantáculo faz compreender de um só golpe e grava mais facilmente na memória aquilo que, de outro modo, seria difícil guardar. Trata-se de uma fórmula breve e concisa que se pode desenvolver à vontade. Os pantáculos não são raros nos tratados de Alquimia. As obras de Basílio Valentin, *As Doze Chaves* e *Azoth dos Filósofos* principalmente, contêm um grande número deles, assim como o *Amphitheatrum sapientiae aeternae*, de Kunrath. Os *Elementa chimiae*, de Barchusen, são seguidos de um tratado sobre a Pedra Filosofal, onde a seqüência de operações é exposta em setenta e oito pantáculos."

## *Os teraphim*

Entre os pantáculos de adivinhação e de proteção mágica precisamos reservar um lugar à parte para o *teraphim*, que, durante a Idade Média, era considerado uma espécie de ídolo autômato. Podemos compará-los aos deuses lares, estatuetas que, entre os romanos, supunha-se, protegiam as famílias. Alguns autores pretenderam até que o Baphomet dos Templários era um teraphim.[1] Eis o que escreve ainda Marquès-Rivière a esse respeito: "Diz-se que essa palavra deriva de *râfâ* (curar), por se verem nela representações dos deuses que proporciona-

1 Seria o caso de lembrar, também, as "caveiras" que dão conselhos, e mesmo o *Golem*.

vam curas; outros aproximam-na da palavra árabe *târfâ* (viver bem) que temos de comparar com o vocábulo sânscrito *trip* (encanto), o que lhe dá um sentido de amuleto-fetiche; há autores, enfim, que buscam sua origem em *refâ'im* (manes), o que os aproximaria da representação mortuária. Essa última hipótese deve ser afastada pois, para os judeus semíticos, os mortos eram considerados muito fracos para proteger ou para causar dano."

Marquès-Rivière acrescenta em nota: "Não se deve confundir os teraphim hieráticos com os bonecos mágicos de chumbo, usados nos feitiços dos judeus, e que encerravam um fio de chumbo. Eles eram fundidos lentamente no candelabro rituálico durante os ritos demoníacos."

No geral, os teraphim eram bastante pequenos para serem facilmente transportados e escondidos; são, portanto, comparáveis aos talismãs. Outros parecem ter sido do tamanho de um homem, e podem ser comparados aos *Golem,* submetidos a influências astrais precisas. Seria o caso de pensar que os personagens animados, em particular nos relógios de sol, onde dão "a hora do destino", também são teraphim.

## *Os filactérios*

Quanto ao filactério, também chamado *tephilim,* é constituído por pequenos pedaços de pergaminho onde são transcritas passagens da Escritura, encerrados em geral em duas caixinhas. Uma é fixada na cabeça, outra no braço esquerdo. O *Deuteronômio* (XI, 20) prescreve o seu uso: "Isso será como um sinal sobre tua mão e frontais entre os teus olhos, um memorial da saída do Egito. Tu as escreverás também nos umbrais de tua casa e sobre as tuas portas." Podemos, então, pensar que os filactérios substituíram as marcas que, outrora, eram feitas na fronte e nas mãos, sobrevivências da tatuagem, e que, de acordo com o *Levítico,* são proibidas pela Lei. Marquès-Rivière esclareceu a origem mágica desses objetos: "Vimos o antigo costume de levar as marcas de Yahvé sobre o corpo, os *tôlâphôt.* A evolução progressiva da religião de Israel causou o desaparecimento dessas tatuagens, que caíram em desuso por ocasião do exílio. O Levítico proibirá resolutamente o seu uso e a circuncisão se tornará o único sinal material da aliança.

"Mas o sinal sobre a fronte e as mãos se transformará, com o tempo, nos textos sagrados aplicados sobre a testa e o braço esquerdo e contidos numa cápsula de crina sustentada por correias. São os antigos *filactérios* judeus, em uso ainda hoje. Seu uso como proteção e, portanto, talismânico, é inegável. Aliás, com o passar do tempo, as tradições esotéricas judaicas farão da ciência dos filactérios a própria base da arte taliemânica hebraica. A compilação que trata desse assunto, o *Massecheth*

*Tephillin,* é célebre, e esse estudo leva-nos assim, das antigas tradições israelitas, às especulações filosóficas da Cabala.

"Para esta, o Filactério é a inscrição de alguns versículos sobre pequenos pedaços de pergaminho que são colocados sobre certas partes do corpo. A influência benéfica brilhante do 'texto sagrado', do 'livro de Deus' age por esse contacto. A materialização da Palavra, desse Sopro poderoso de um poder secreto; o *rouach,* 'Vento espiritual', 'Sopro' que planava sobre as águas primordiais por ocasião da criação, que deu alma ao homem criado do limo da terra, torna-se uma força divina, a fonte da inspiração profética. Ela é a força criadora de Yahvé, que se exterioriza por sua voz; é assim que a Palavra, *dabar* (caldaico, *memra*) expressão do *rouach,* torna-se uma hipóstase do Senhor. Numa multidão de passagens dos *Targums,* a palavra *dabar* toma o lugar da palavra Yahvé. Os judeus de Alexandria traduziram *dabar* por *logos* que, significando palavra e razão, desembocava nas especulações do neoplatonismo. No *Livro da Sabedoria,* atribuído a Salomão mas redigido em Alexandria, o Logos aparece como *Metraton,* sucessor da divindade."

## *Fetiches e objetos consagrados*

Procurou-se a origem da palavra fetiche, que seria derivada do português *fetisso,* [feitiço] "coisa encantada", a coisa-fada. Mas pode-se igualmente encontrar nela o latim *fatum,* isto é, o destino. Outros autores viram aí a corruptela de *feitiçaria,* isto é, a força mágica (mas encontramos de novo aqui a raiz *fatum*). O fetiche oculta, assim, uma força extra-humana, uma força cósmica ou divina; esse receptáculo de forças ocultas permite que o homem se ponha ao abrigo de certas adversidades; graças a uma concha, a uma árvore, a uma pedra, ou mesmo a um de seus pedaços, ele pode modificar a ordem dos acontecimentos. Mas, ao contrário do amuleto, que é fornecido pela própria natureza (pêlo de elefante, escaravelho, folha de louro), o fetiche é fabricado pela mão do homem, *a partir* de objetos naturais.

Se tomarmos alguns exemplos entre os objetos consagrados nos quais se reconhecia um *poder,* encontraremos no Egito antigo a Marca solar, os sarcófagos dos mortos, as estátuas dos deuses protegidos por talismãs, que são o disco solar e as duas serpentes, a cruz ansada (símbolo de vida), o cetro do rei, emblema de sua força. Podemos acrescentar-lhes o escaravelho. Entre os assírios, evocam-se os touros alados de rosto lunar e cobertos com uma tiara, guardiões da porta do templo; a casa de vida tem os seus quatro ângulos orientados de acordo com os quatro pontos cardeais e, para consultar a Arca, interroga-se o quadrado mágico de doze números.

Talismãs e pantáculos apelam, assim, para técnicas mágicas — "tentativas para chegar, automaticamente, por caminhos místicos, ao sucesso de nossos objetivos", como escreveu muito bem J. A. Rony. Robert Amadou,[2] por sua vez, chama de "mágicas as operações baseadas no uso dos laços analógicos que unem todos os elementos do universo".

A magia muitas vezes foi dividida em "Magia branca" e em "Magia negra", ou em "Alta magia" e em "Baixa magia". Contudo, se consultarmos os tratados dos melhores "filósofos", o magista só age para o bem de seus semelhantes; na maioria das vezes, ele "evoca" para abrir sua alma ao conhecimento, para descobrir fenômenos ocultos que devem permitir que ele aja no interesse dos que o rodeiam.

De fato, como iremos perceber, é preciso diferenciar "magia" de "feitiçaria". Mas o que vamos procurar, através dos pantáculos, é o ato que permite ao operador satisfazer mais rapidamente sua exigência com um objetivo bem determinado. O mágico ordena. Mediante palavras gravadas, pela posse de objetos misteriosos, ele chega a forçar a vontade dos deuses.

Maurice Garçon[3] que define a magia como força ativa, opõe-na à "adivinhação", que seria apenas um ato passivo e contemplativo. Contudo, podemos pensar que o mágico deve invocar para conhecer e age, depois, com as mesmas forças; Fausto invoca o Demônio e depois o usa como seu servidor: não se trata mais de um ato passivo.

Atualmente, os talismãs estão em moda: eles dependem da magia, que continua a ter uma ampla audiência na era atômica.

A magia é interpretada de múltiplas maneiras e cada autor, na variedade desses conceitos, escolhe a definição que melhor lhe convier. Mas, de fato, só muito dificilmente poderíamos exprimir uma forma única da magia.

De acordo com Littré, a magia é "a religião dos magos", sinônimo de "magismo", a "religião dos antigos persas, adoradores do Fogo". É, assim, "a pretensa arte de produzir efeitos contra a ordem da natureza".

Costuma-se considerar o ato mágico como produtor de fenômenos extraordinários, inabituais e, portanto, situados fora dos atos habituais.

Por outro lado, é preciso notar que o termo "mágico" só aparece no século XV, "magia" no século XVI e "mago" no século XVII.[4]

2 La Tour Saint-Jacques, n.º 15 (junho de 1958).

3 Prefácio de Maurice Garçon ao livro *La Magie dans l'Antiquité romaine* [A magia na antigüidade romana], de Eliane Massonneau (Sirey, 1934).

4 Lerch, *Le Français Moderne* [O francês moderno], 1939, t. II, p. 19.

Embora a magia seja de uma amplitude que ultrapassa os limites deste estudo, devemos primeiro nos interrogar sobre o seu valor.

Estamos, efetivamente, diante de uma vasta burla ou, pelo contrário, a magia representa a ciência sagrada?

Procuremos tomar consciência desse importante problema.

# CAPÍTULO III

# A Fabricação dos Talismãs

## *Um fenômeno universal*

Como escreveu muito justamente Éliphas Lévi, existe uma influência recíproca dos signos sobre as idéias e das idéias sobre os signos. Nessa perspectiva, como vimos, o estudo dos talismãs aparece como um ramo da magia, um ramo muito especial que se liga também, de certo modo, à numismática. Existem talismãs em todos os países do mundo, em todas as civilizações. Estamos, portanto, a braços com um fenômeno verdadeiramente *universal*.

Em todas as épocas, os talismãs desempenharam um papel importante na história dos homens. Damos o seguinte exemplo histórico, muito curioso: quando os Templários foram exterminados, com Jacques de Maillé, marechal do Templo, à sua frente, na batalha de Casal Robert, o cronista inglês Gauthier Winisauf escreve: "Seus adversários dividem entre si as suas armas como talismãs"; é o mesmo que dizer que, apesar da derrota ante os mil cavaleiros de Aphdal (filho de Saladim), os Templários conservavam todo o seu prestígio, já que seus despojos eram honrados de uma forma tão elevada e tão mágica. O inimigo apropria-se das armas, que conservam os seus fluidos; dessa forma, absorve-se parte da força do guerreiro que se combate — mas que se admira por suas altas e nobres qualidades.

É quase certo que o homem da pré-história vivia num clima comparável. O exame das pinturas rupestres e dos objetos encontrados nas escavações dá-nos a compreender que o homem sempre quis *sobreviver*, procurando por todos os meios, ir além dos frágeis limites da existência terrestre.

E com o homem moderno não acontece a mesma coisa? Mesmo ateu, ele conserva em si o sentido ou a nostalgia do sagrado. Pode-se dizer que, atualmente, ele tem a superstição do inconsciente: "O psiquiatra fascina: como um feiticeiro, interpreta sinais e revela segredos. Além do mais, ele é um sábio. Hoje podemos ficar divididos entre a razão e a loucura e há os que não deixam de tirar partido dessa situação, confeccionando um guisado literário de gosto duvidoso que consagra, com algum estrépito, a reconciliação da Magia com a Ciência."[1]

Os napolitanos, hoje ainda muito desconfiados, em cada situação duvidosa fazem os "cornos", colocando a mão fechada às costas, com o índice e o mindinho esticados, modo pelo qual se afasta a má sorte. Muitos deles usam um corno simbólico, cujo contacto, julgam eles, serve-lhes de proteção. O mesmo acontece no País Basco, onde o *higo,* que representa uma mão fechada com o polegar metido entre o índex e o médio, tem idêntica função; até o diabo tem medo desse sinal. Em contrapartida, esse demônio, muitas vezes poltrão, investe contra crianças, presas fáceis e indefesas. Por isso é bom pendurar-lhes ao pescoço um saquinho de pimenta: os feiticeiros e os demônios têm de adivinhar o número de grãos que ele contém antes de poder dedicar-se às suas práticas. Fernand Nicolay conta, a esse respeito, outro curioso costume observado na China: "Para escapar a qualquer tipo de ataque, os rapazes, sobretudo quando há só um na família, são vestidos de mulher pois supõe-se que não existe espírito que se rebaixe a ponto de se preocupar com uma criatura tão pobre quanto uma menina."

Poderíamos multiplicar ao infinito esses exemplos, buscando-os em outros países e em outras épocas. Não existe civilização que, de uma forma ou de outra, não tenha cultivado a ciência talismânica. E essa ciência, a despeito das adaptações a que, forçosamente, foi submetida de um continente a outro, de um século a outro, se faz notar primeiro a nossos olhos (mas isso acontece com toda ciência sagrada) por sua notável *unidade.*

Foi assim que ficou estabelecido, sempre em toda parte, que o talismã, carregado de poderes mágicos, não pode ser fabricado senão em condições perfeitamente definidas. Ele não pode ser confeccionado senão por certas pessoas, em determinadas horas, determinados lugares. Não pode ser reproduzido sem que se conheça o significado esotérico e a forma das letras, dos sinais, a virtude das substâncias. A maioria dos autores das obras talismânicas insistem no fato de que o mágico não deve fabricar o seu talismã senão com muita fé, pensando na finalidade para a qual ele é feito; sua ciência deve ser completa, ele deve conhecer os verdadeiros selos, imagens, figuras; caso contrário, o poder do talismã não funcionará e o seu possuidor ficará frustrado em suas esperanças.

1 J.-P. Abraham, *op. cit.*

Para fabricar seus talismãs, os israelitas recorreram à Cabala, que dá um lugar de primeira importância ao poder das letras. Aliás, ainda hoje os judeus usam o *Shadai*: as crianças usam uma medalha redonda onde o nome divino de *Shadai* é inscrito no momento da cerimônia do *bar-mitzwah*.

Nos países onde é proibida a representação da figura humana, as representações geométricas é que dominam. Muitas vezes podemos descobrir nelas um defeito, tanto nos tapetes sagrados como nas ornamentações murais etc. Isso por que é preciso afastar o mau olhado, chamar a atenção do demônio para um ponto particular, a fim de que o homem possa continuar, sem que as forças adversas o saibam, a ação que ele pretende levar a bom cabo.

Os talismãs também podem receber palavras cujas letras são trocadas a partir de meios convencionais. Como o sentido das inscrições não deve ser acessível aos profanos, recorre-se então a alfabetos especiais (assim, entre os gregos, os de Martial, de Eusébio, ou ainda o alfabeto de Honorius, cognominado Thebanus).

Entre os egípcios, um talismã perdia parte de sua força caso não se tivesse o verdadeiro conhecimento dos nomes divinos e angélicos. Por isso, escondia-se o nome verdadeiro e escrevia-se em seu lugar um nome qualquer, destinado aos profanos; somente os sacerdotes conheciam o "verdadeiro nome". Na Franco-maçonaria, no 3.º grau, o mestre só conhece as palavras substituídas; os graus superiores têm como missão reencontrar a verdadeira palavra de passe.

Entre os amuletos egípcios, notemos o *ankh* ou cruz ansada, sinal de vida; seu sentido fálico esotérico foi reconhecido pela maioria dos autores, que nele também viram o *tau* encimado por uma argola. Mas o egípcio também usava o *tjet*, forma convencional dos órgãos genitais de Ísis, ou ainda o olho, o *udjat*.

Às vezes um sinal pode dar um valor novo aos talismãs. Assim, cada letra da língua hebraica exprime um número, uma idéia. O alfabeto judaico comporta vinte e duas letras que, a partir do *iod*, que as gerou, derivam umas das outras. No admirável trabalho de Fabre d'Olivet *(La Langue hébraique restitué)* [A língua hebraica restaurada], três letras são definidas como principais ou mães: A ou *aleph; M* ou *men; Sh* ou *schin.* Vêm em seguida sete letras duplas: *B (beth); G (ghi-mel); D (daleth); Ch (caph); Ph (phé); R (resch); T (thau).* Enfim, doze letras simples completam esse conjunto.

A fórmula mágica costuma ser desenhada sobre um papel, sobre um pergaminho virgem ou sobre a pele de uma gazela. Para escrevê-la, usa-se uma tinta especial. No Islão, carboniza-se a lã na água; usa-se também água de rosa ou água de açafrão.

O traçado de uma letra ou de um desenho representa uma idéia (pois existe todo um esoterismo gráfico). Yves Gael, em seu livro *Talismans dévoilés,* escreve: "A fabricação de um pantáculo consiste em resumir exatamente, num único objeto, os fatos, leis e princípios que correspondem à idéia-força que se quer transmitir no astral. O pantáculo deve, antes de tudo, mencionar por um símbolo a quem ele é destinado. Ora, agindo como suporte do pensamento do operador, e estando este dirigido para o astral, o pantáculo deve mencionar por um símbolo a existência desse agente universal que envolve toda a criação." Chegamos, assim, logicamente, à noção de círculo, "o símbolo mais representativo do Astral".

## *A interpretação ritual da natureza*

Para conferir toda a sua virtude ao talismã, bem entendido, é indispensável respeitar o cerimonial que sempre deve presidir à sua elaboração. E esse ritual, que depende, evidentemente, dos dados da natureza, diz respeito tanto à forma como às figuras ou inscrições que nele são gravadas e aos materiais de que ele deve ser composto.

Eis, entretanto, as reflexões que Sorel nos transmite a esse respeito *(Des Talismans)*:

"Diz-se que, depois de ter escolhido bem o material de que se quer fazer um talismã, e nele gravando uma figura conveniente sob a constelação necessária à nossa intenção, devemos esperar operações maravilhosas, que as simples pedras não podem cumprir com todas as suas figuras naturais; que há uma quantidade de coisas que a Natureza não faz e que, contudo, deixa fazer ao artifício. Ela não fez o pão prontinho para ser comido. Ela só fez o trigo do qual os homens, tendo feito a farinha, amassam-na com água e a fazem cozer no forno; ela não fez os remédios: ela só fez as raízes e as ervas, que se cozem junto com outras drogas, ou que se destilam para fazer os diferentes remédios; por isso, diz-se que ela confiou o poder de fazer talismãs aos metais e às pedras. Trata-se aqui de ficções: a Natureza deixa fazer qualquer coisa ao artífice , mas ela começou aquilo que o artífice nada mais fez do que acabar, e poderíamos usar aquilo que ela faz sem qualquer artifício. O trigo no estado em que se encontra pode servir para nosso alimento, mas achou-se mais cômodo e mais agradável moê-lo e amassá-lo. Várias ervas e raízes curam também alguns males, sem sofrer alteração ou mistura, e se as destilamos ou as misturamos com outros ingredientes é para torná-las mais sutis ou mais fortes. É preciso considerar, ainda, que todos os artifícios que fazemos só os fazemos seguindo as primeiras regras da natureza, cujos limites é impossível ultrapassar. Se uma planta é fria, seja o que for que se faça, ela não abandona essa qualidade, e se as drogas quentes são misturadas com as frias, obteremos um temperamento que virá de umas e das outras, e quanto a todas as demais qualidades que se notam em qualquer corpo que seja, todas devem proceder de algum princípio. Todos os artifícios mecânicos só são feitos nessa ordem."

O grande Paracelso ia mais longe ainda em sua interpretação do mundo material. Como nesta página admirável do *Arquidoxo mágico:*

"Estou persuadido de que a maioria de meus leitores ficaram muito admirados pelas insignes virtudes escondidas em estado latente nos metais preparados mediante um artifício manual. Alguns as terão por supersticiosas, mágicas, sobrenaturais; outros as classificarão entre as práticas abomináveis e idolátricas, como se sua preparação necessitasse das conjurações diabólicas. Eis qual será o seu raciocínio: como pode ser que metais dotados de caracteres gravados, letras e sinais do mesmo gênero, podem ter virtudes, se uma obra diabólica não intervém em sua preparação? Eu lhes responderia da seguinte forma: acreditais, então, como compreendo, que tais coisas realizadas por obra do Diabo possuiriam a virtude e a faculdade de operar? Não credes então que o Criador da Natureza, Deus, que habita nos céus, é capaz ele também de induzir e de conferir as virtudes e faculdades de operar deste metal assim preparado às raízes, ervas, pedras e outras coisas semelhantes? Como se o Diabo fosse mais forte, mais engenhoso, mais onipotente, mais poderoso que o Deus único, eterno, onipotente e misericordioso que, para a salvação e a comodidade do homem, criou e fez brotar por gradação esses metais, pedras, ervas, raízes e outras coisas semelhantes, que vivem e crescem na e sobre a terra, nas águas e no ar? Além do mais, é certíssimo, e a experiência comprovou-o, que o curso do tempo exerce forças e ações diferentes, sobretudo se determinados metais forem fundidos juntos e trabalhados em épocas especiais. Eu disse que isso é constatado e é posto em evidência experimentalmente de muitas maneiras. Ninguém pode demonstrar que os metais sejam mortos e privados de vida. Com efeito, seus óleos, sais, enxofres e quintessências, que são a sua mais pura Reserva, têm uma força muito grande para ativar e alimentar a vida humana, e nisso são melhores do que todos os corpos simples; é o que os nosso remédios põem em evidência. Em todo caso, se esses corpos estavam privados de vida, como, pergunto-vos, eles poderiam operar a ressurreição, a restituição às portas da morte, diria eu, de uma força cheia de frescor e de vida nos membros e em corpos humanos doentes e quase moribundos? Com efeito, isso é notório em pessoas desmaiadas, em pessoas em estado de crise, que sofrem de cálculos, em sifilíticos, hidrópicos, epiléticos, maníacos, gotosos, e em todos os outros que a preocupação de ser breve me obriga a omitir. Ora, eu afirmo audaciosamente: os metais, as pedras e as raízes, as ervas e todos os frutos são ricos de sua própria vida, embora o momento (astrológico) intervenha no trabalho e na preparação dos metais. Com efeito, o tempo possui uma força e uma eficácia manifestas: numerosos argumentos estão aí para o ensinar."

## *A matéria*

A fabricação dos talismãs repousa sobre a idéia fundamental da magia mimética; há correspondência entre o mundo cósmico e o mundo terrestre. O homem não pode adquirir o seu valor a não ser tomando consciência do cosmos, com o qual deve estar em perfeita reação; o mundo astral age sobre o nosso comportamento, mas o homem deve não só vivenciar esse ritmo, mas assimilá-lo, caso queira penetrar na compreensão do mundo divino. É conhecido o axioma dessa lei da semelhança: "O que está embaixo é como o que está no alto" — que aliás estamos comentando. Entre essa correspondência, que dá lugar a um simbolismo complexo, podemos notar as relações entre os planetas e os metais, os vegetais, os minerais (o Sol corresponde ao ouro; a Lua, à prata; Marte, ao ferro; Mercúrio, ao azougue; Júpiter, ao estanho; Vênus, ao cobre; Saturno, ao chumbo).

Emile Gilbert, em seu *Essai historique sur les Talismans* [Ensaio histórico sobre os talismãs], evoca a fabricação dos talismãs metálicos: "A gravura de uma imagem qualquer não é indispensável; ela só serviria a um novo objetivo: justificar a propriedade do talismã. O metal só deve ser submetido à fusão sem sofrer nenhum preparo, e essa operação não deveria ser feita senão no instante preciso em que o astro cujas influências se quer conservar domina num tempo calmo e completamente sereno.

"Gaffarel, o escritor místico, baseia as propriedades dos talismãs em várias causas reunidas: a influência dos astros, a virtude da parecença e da experiência.

"É o que Marsílio Ficino explica nestes termos: 'A arte dá à matéria um começo de virtude e de propriedade, mediante uma figura semelhante à do modelo celeste; de modo que essa matéria assim disposta recebe nela as quantidades ativas das influências de que é penetrada, como o enxofre se abrasa com a chama.'"

Outros talismãs são elaborados a partir de substâncias animais, notadamente de pele. Papus, em seu *Livre de la chance* [O livro da sorte], dá a esse respeito um detalhe interessante:

"Lê-se muitas vezes nos velhos engrimanços que, para escrever as preces mágicas ou para desenhar os sinais hieroglíficos dos talismãs, é preciso um *pergaminho virgem*. Esse termo é muito obscuro para quem não possui a chave.

"Para compreender seu significado é preciso lembrar que os antigos ensinavam que todo objeto guarda, inscrito em sua atmosfera invisível, o vestígio de tudo o que tocou, ou de tudo o que o tocou, ou que esteve em contacto com ele durante certo tempo.

"Pessoas especiais, chamadas psicômetros, podem assim, colocando um objeto sobre sua fronte, fazer a narração de fatos que se reportam a coisas e seres com os quais o dito objeto esteve em contacto.

"Ora, era necessário que os pergaminhos que servem às operações mágicas não tivessem imagens estranhas fixadas sobre eles. Os antigos também preparavam esses pergaminhos com materiais especialmente escolhidos e peles de animais muito jovens, ou mesmo de natimortos. Daí a expressão pergaminho virgem. Compreende-se que, em nossos dias, essa antissepsia astral é difícil de realizar. Com efeito, pode-se substituir o pergaminho por papel puro-fio escolhido especialmente ou, melhor ainda, por peles das quais só um lado é utilizado e proveniente de animais muito jovens."

Atualmente, como material virgem, costuma-se usar um pergaminho vegetal, sobre o qual ainda não foi feita nenhuma inscrição.

## *O cerimonial*

A criação de um talismã exige uma série de ritos, um cerimonial muito particular, encontrado em todas as tradições. Se quiser conservar o seu fluido mágico, o taumaturgo deve se purificar, jejuar, abster-se de relações sexuais; deve poder concentrar-se.

O sangue continua a ser uma força vital de altíssima qualidade, seja porque o objeto está impregnado dele, mesmo que seja a partir de um ato repreensível — a faca que serviu para um assassinato é procurada por sua força talismânica — ou porque o documento (pergaminho impregnado de sangue) serviu para ligar entre si duas ou mais pessoas (pactos demoníacos).

Mas ouçamos as reflexões que Stanislas de Guaita nos faz a esse respeito em *La Clef de la Magie Noire* [A chave da magia negra]:

"Se a Magia, enfim, comporta um cerimonial necessário, o motivo disso está na imperfeição das criaturas sobre as quais se deve exercer a ação mágica. Os pensamentos e as volições do mago são obrigados a tomar um corpo sensível e a se apoiar sobre sinais sensíveis, a fim de adquirir direito de cidadania e de magistratura no mundo inferior, onde vivem esses homens sobre os quais o mago quer agir. Pois é preciso, segundo o famoso adágio dos cabalistas, que o espírito se vista para descer, como será preciso que se despoje para subir.

"Dito isso, será mais fácil compreender por que o discípulo da Ciência pode simplificar os ritos, à medida que sobe pela escada luminosa e à medida que seu objetivo mágico se eleva com seu esforço. Contudo, por mais alto que ele suba, o iniciado jamais repudiará o uso de certos sinais — mesmo que se limitasse ao uso cabalístico dos pantáculos, verdadeiros esquemas de toda uma síntese doutrinal. Trata-se de símbolos dotados de um esplendor e de uma virtude por demais supremos, para que nos resignemos a desprezá-los assim."

Paracelso, um grande Mestre, reduzia os sinais essenciais da magia a dois pantáculos soberanos: as Estrelas do Macrocosmo e do Microcosmo, mais conhecidos sob os nomes de Pentagrama e de Selo de Salomão.

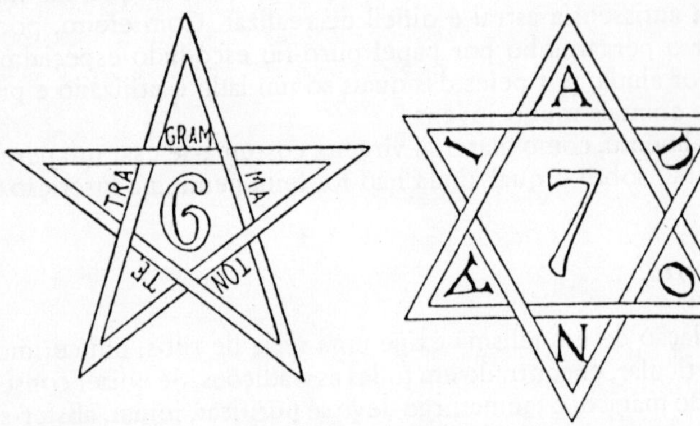


"Existem (diz Paracelso) dois pantáculos principais, que superam todos os outros caracteres, selos e hieróglifos.

"Imaginai dois triângulos entrecruzados, de tal modo que seu espaço interior seja dividido em sete frações, e que os seis ângulos se projetem para fora. Nesses seis ângulos, inscreve-se, na ordem conveniente, as seis letras do nome divino ADONAI. Isso quanto ao primeiro pantáculo. — O outro o ultrapassa de muito; suas virtudes e sua surpreendente eficácia lhe valem um lugar mais sublime. Ele se compõe da seguinte maneira: três ângulos ou ganchos se entrecruzam e se entrelaçam; o espaço interior fica assim dividido em seis partes, e cinco ângulos se projetam para fora. Nesses cinco ângulos, traça-se e divide-se, na ordem desejada, as cinco sílabas do mui ilustre e eminente nome divino TE-TRA-GRAM-MA-TON.

"Os cabalistas e os nigromantes judeus conseguiram muita coisa pela virtude desses dois caracteres. Por isso, mais de um deles dá-lhes a maior importância e os conserva cuidadosamente em segredo."

E Stanislas de Guaita lembra "que a estrela luminosa do Macrocosmos é o símbolo absoluto do dogma universal de Hermes: *Quod superius sicut est quod inferius, et vice-versa;* ao passo que a estrela flamejante do Microcosmos [...] constitui o perfeito emblema do mistério que é o corolário do grande Arcano divino e humano: Inconsciente e Vontade; Queda e Reintegração; Provação e Beatitude; Deus fazendo-se homem, para que o Homem, por sua vez, se faça Deus; a Morte física, enfim, motivo discordante que preludia o concerto da Vida eterna...

"O que explica um pouco a virtude maravilhosa que adquirem esses pantáculos na mão de um adepto, é que, sendo a expressão, desde tempos imemoriais, do domínio que o Mago exerce sobre os Espíritos elementares e sobre outras raças ainda dos Reinos do Invisível, tais caracteres constituem como que sinais convencionais do mestre encarnado a seus servidores do além. Diversamente eficazes, de acordo com o modo de emprego e a vontade do magista, o aspecto desses diagramas pode levar o entusiasmo, ou o terror, ou o amor, entre as falanges turbulentas do Astral; sobretudo quando o experimentador tomou o cuidado de "precipitar a imagem" na segunda atmosfera: seja consumindo, sobre o altar dos perfumes, o pergaminho onde esses sinais foram traçados (não com tinta, mas com as substâncias requeridas); seja realizando o esboço ígneo desses pantáculos, por meio da máquina de Holtz (ou de uma forte bobina de indução), sobre uma placa de vidro pontuada de finos recortes metálicos, que a chispa alcança pulando de um para outro.[2] O instrumento em uso para esse efeito lembra o *quadro mágico* ou o quadrado fulminante de nossos laboratórios.

A estrela do Macrocosmos eletriza-se assim permanentemente, para que brilhe com a majestade calma da Ordem universal, de que é o emblema; — a estrela microcósmica, pelo contrário, deve fulgurar por bruscas intermitências, como o relâmpago de Elohim ou o verbo devorador de Miguel: para tanto, ela é eletrizada às sacudidelas.

*Ignescunt signa deorum,* diziam os antigos adeptos... O homem livre é um deus, eclipsado pelas trevas do corpo; mas quando a sua vontade fulgura no exterior, os Espíritos elementares obedecem tremendo...

"Por outro lado, Paracelso, apesar de sua predileção pelos dois sinais que são como que a síntese radical dos outros, não os negligenciava, sobretudo em matéria de medicina oculta. Seus sete livros do *Arquidoxo mágico* apresentam uma interminável série de caracteres, quase ininteli-

2 A precipitação elétrica serviu, muito provavelmente, a Martinès de Pasqually para projetar no astral os hieróglifos luminosos que ele fazia aparecer aos discípulos que trabalhavam em seu "quarto de círculo". Cf. o livro de Papus, *Martinès de Pasqually.*

giveis à primeira vista, e que só podem ser decifrados à força de paciência e sob a condição de se conhecer bem a vivacidade da inteligência desse homem estranho e os caprichos de suas abreviações. Cada um desse pantáculos constitui um amuleto, para preservar ou curar desta ou daquela doença. Trata-se de um sinal, ao mesmo tempo de direção e de apoio, onde como numa cidadela inexpugnável às inteligências profanas, ele inclui determinada volição curativa, circunscrita e dinamizada por sua correspondência com os influxos astrológicos de virtude similar, que o signo resume, abreviados, em sua concisão monogramática.

"O arcano do qual depende a eficácia dos pantáculos, amuletos e talismãs não é outro.

"Tomemos como exemplo uma medalha talismânica do sol. Nesse caso, a influência celeste é duplamente invocada: de modo passivo, pela escolha do ouro, como metal que corresponde ao sol e receptivo de seus raios ocultos; de modo ativo, pela oposição das figuras astrológicas que o operador burila. O pensamento do magista inscreve-se nele através da escolha e disposição dos caracteres; sua vontade sigilou diretamente o metal mediante o esforço material da gravura, que ele próprio deve executar. Enfim, as duas Potências geradoras do talismã — influxo astral e vontade humana — celebram sua união secreta na cerimônia da consagração, efetuada pelo magista, na hora astrológica requerida, com a ajuda dos elementais e dos gênios planetários invocados."

Quase sempre, o fabricante do talismã, do amuleto ou do pantáculo não é o primeiro inventor; nesse caso, para conseguir um resultado eficaz, é preciso que o pensamento e a vontade do inventor (já ligados ao hieróglifo astral), passem a agir, reacionados pela intenção e a vontade conformes do magista que, tirando de um antigo modelo um exemplar novo, consagra esse último para o seu uso.

## *A forma*

Se o talismã age por si mesmo, o pantáculo coloca em jogo influências cósmicas. De acordo com L. Chochod (*Occultisme et Magie en Extrême-Orient)* [Ocultismo e magia no Extremo-Oriente], a forma mais satisfatória usada em magia talismânica continua a ser o círculo. Tanto o mágico, como o feiticeiro, como o monge védico põem-se ao abrigo de um círculo traçado ao redor do altar ou do centro das invocações; notemos, a esse propósito, que nessa busca de uma proteção ritual encontramos o simbolismo da tríplice cercadura, visível em tantos contos (mais particularmente no da *Bela adormecida,* no qual a floresta isola do resto do mundo a princesa que vai acordar). Ritualmente, a floresta abriga do mundo profano o taumaturgo. Atendo-se ao mesmo tema, um conto dinamarquês relata a experiência de uma jovem que tem de atravessar três florestas. Bachelien, em seus *Sept contes roumains* [Sete contos romenos], insiste também sobre o tríplice aspecto de uma floresta, que deve ser de prata, de ouro e de diamantes. Em virtude do mesmo simbolismo, o talismã, cuja forma redonda não é devida nem ao acaso nem à comodidade, oferece geralmente a imagem de vários círculos concêntricos que, como acabamos de ver, isolam o taumaturgo das potências nocivas que poderiam entravar a sua ação.

## *As inscrições*

Depois da invocação oral, do poder da palavra, a escritura é uma forma fixa que conserva o pedido do homem. Essa escritura pode ser feita de signos que pertencem a uma língua definida; mas também pode ser obtida a partir de um hieróglifo, de um desenho. Podemos evocar as divindades representadas sob a forma de estátuas; como também podemos representar simbolicamente essas potências sobre pequenas tábuas, medalhas, ou sobre um anel. Graças às inscrições feitas em condições definidas, esses pequenos objetos serão dotados da mesma virtude eficaz dos originais.

Às vezes, as inscrições figuram de acordo com um traçado particular; encontramos, assim, a espiral, pois as potências evocadas devem ser conduzidas exatamente aos lugares desejados pelo homem. Por isso, a fim de que a casa não sofresse os malefícios de um demônio, arma-se contra este verdadeiras armadilhas; graças a um amuleto, leva-se o demônio por um percurso bem determinado até as profundezas da terra, fazendo-o passar pelo vão de uma passagem estreita, onde ficará prisioneiro.

De uma forma geral, deve-se desenhar o símbolo sagrado e rodeálo por um duplo círculo. Nesse intervalo, inscreve-se o nome sagrado ou a fórmula consagrada, ou o versículo que corresponde à operação. Depois de ter perfumado essa figura (de acordo com o planeta correspondente), age-se pela ação da força da palavra: salmodia-se, encanta-se ou mesmo sacrifica-se.

## *Fórmulas particulares*

Em seu *Livre de la Veine* [Livro da sorte], Schwaeblé nota que o talismã, para ser eficaz, deve ser fabricado pelo interessado. Papus explica-se de um modo semelhante: "Um talismã não pode ter valor a não ser quando é compreendido pelo seu portador" *(Traité méthodique de Magie pratique)* [Tratado metódico de magia prática]. Portanto, o que importa é a *fé* da pessoa que opera.

Éliphas Lévi é mais preciso: "Nisso, os talismãs se parecem à sagrada hóstia católica, que é salvação para os justos e danação para os pecadores e que, assim, de acordo com as disposições de quem a recebe, realiza Deus ou o Diabo.

"A consagração do talismã é um pacto que se faz com o bem, se vossa intenção é pura, e com o mal, se vossa intenção é má. É uma intenção má querer adquirir uma força excepcional, que vos torne superior aos demais homens, mesmo que não queirais fazer uso dessa força senão para fazer o bem, pois, de acordo com a palavra do Iniciador dos cristãos, 'o que se exalta será humilhado e o que se humilha será exaltado'."

Alguns pantáculos, todavia, têm uma virtude mais geral. É o caso dos diversos selos descritos por Paracelso no *Arquidoxo mágico,* e que se reportam cada um, diretamente, a um signo do Zodíaco (Sagitário, Capricórnio, Aquário, Peixes):

"A preparação do selo do Sagitário é feita no momento da entrada do Sol em Sagitário (todo os anos, mais ou menos a 12 ou 13 de novembro, e no 1.º grau do dito Sagitário). Marque-o à hora de Júpiter e pendure-o à mesma hora, estando a Lua em ascendente. Descobri esse selo depois de longos anos e experimentei-o de acordo com a arte.

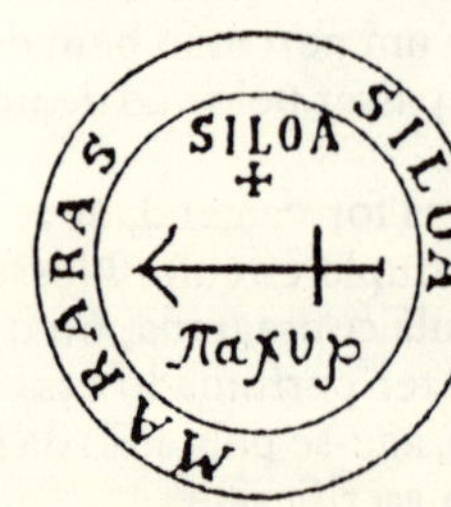


"Eu me servi muitas vezes desse selo para a confusão de meus inimigos; diante de seu poder, eles quedaram estupefactos como jumentos; não ousavam sequer abrir a boca. Seu anel deve ser de prata, mas o selo deve ser inteiramente de estanho, sem nenhum amálgama. Ele quer ser guardado e usado em estado de pureza: pois, se for guardado durante o tempo do comércio... perde sua força e eficácia."

Quanto ao Capricórnio, Paracelso nos diz que "esse signo nos coloca em relação com Saturno, e seu selo é feito com ouro. O chumbo não dá nenhum poder de operação aos outros metais. O anel deve ser de cobre. Prepara-o à hora da entrada do Sol em Capricórnio, estando o Sol a grande distância de nós. Grava-o no dia de Saturno e à hora do mesmo. Depois se, por acaso, Saturno se tornou influente por um bom aspecto com os demais astros, pendura-o à hora da conjunção, com a Lua em declínio. Pouco importa que seja a Lua ou algum outro planeta. Pode-se muito bem dizer que essa peça é favorável ao povo.

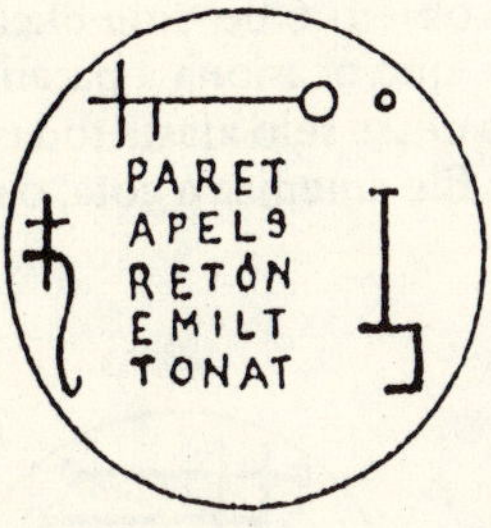

Esse selo cura totalmente — isso é certo — o que chamamos de *lapsus* nas pernas. Os antigos não o conheciam: eles tinham como certo que não existia nenhum remédio contra essa doença, e, no entanto, havia um remédio seguro além de qualquer outro."

E, mais adiante:

"À entrada do Sol em Aquário no mês de janeiro, farás esse selo com o seguinte amálgama: ♃ *Ouro* ß *Prata* j. *Saturno* ij. *Marte* j. Que à hora acima mencionada ele seja fundido, gravado, cinzelado. À entrada do planeta Saturno na nona casa do céu, grava rapidamente as figuras e as

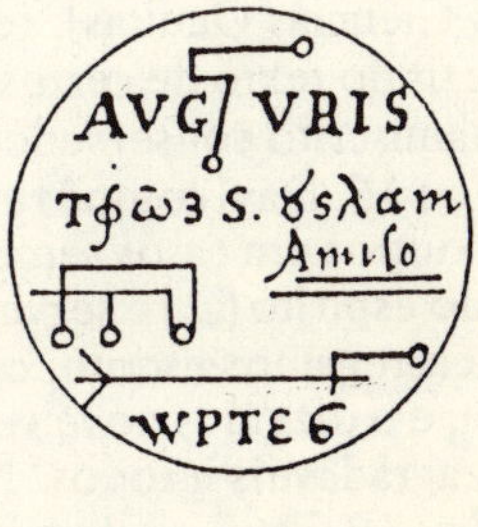

palavras pela ordem. Não deves pendurá-lo senão no momento em que o Sol se tiver posto. É preciso observar também a hora de Saturno. Esse selo te servirá contra a paralisia, a gota fria, a tensão dos nervos e dos tendões. Ele serve para conservar a memória e coloca os que o usam na boa graça dos homens. Serve de antídoto para todos os venenos. Esse modelo é útil contra as aranhas. Se se colocar esse selo junto delas, elas se afastam rapidamente e não voltam mais [...].

"O selo de Peixes é feito no mês de fevereiro, à entrada do Sol no signo de Peixes. Usam-se os seguintes metais: *Ouro* j. *Prata* ij. *Estanho* iiij. *Ferro* j. *Cobre* j. À mesma hora deve vê-lo fundir e temperar. Depois, quando Júpiter é favorável, na oitava casa do céu, pendurar-se-á esse selo no dia e na hora de Júpiter. Esse objeto é de uma eficácia muito grande para reprimir e vencer a cólera, que ocasiona a paralisia, a apoplexia, a cólica e outras doenças. O uso desse selo afasta todas essas coisas, tanto no homem como na mulher. Ele ameniza a gota, o espasmo e as outras dores dos pés.

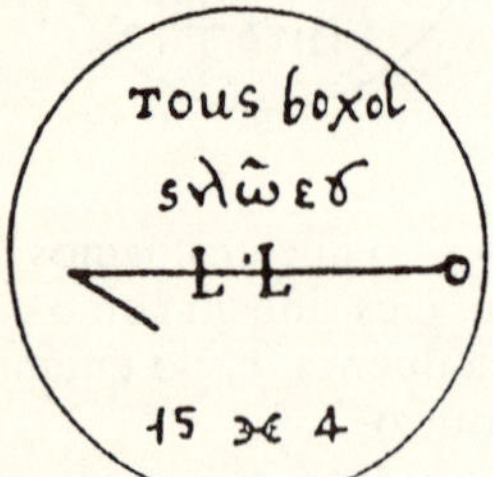

"Esse selo deve ser pendurado bem baixo, para aderir à região abaixo do umbigo, junto ao ventre."

O bibliófilo Jacob, em suas *Curiosités des Sciences occultes* [Curiosidade das Ciências Ocultas], relata outro modo de estabelecer os talismãs a partir do texto de certos salmos da Bíblia, processo descrito num antigo manuscrito conservado em Paris, na Bibliothèque de l'Arsenal:

"*Salmo* 16. Davi compôs este salmo quando Saul o perseguia; como diversos outros em casos semelhantes, ele é bom para os tormentos do corpo e do espírito [...] e serve aos viajantes para viajarem com felicidade; se o carregamos escrito, com sua Inteligência e caráter, sob a axila esquerda, e o dizemos nove vezes, não se fará nenhum mau encontro e seremos agradáveis a todos. Nome da Inteligência: *Scema.*

"*Salmo* 18. Davi, neste salmo, exprime a grandeza de Deus e de sua lei; este salmo é bom para conseguir a graça de Deus; se um pregador o recita três vezes com sua Inteligência e caráter, não faltará a seu sermão; ele facilita o parto das mulheres, se se tomar um pouco de terra da estrada, escrevendo-o até o versículo: *Et tu quem spiritus,* com sua Inteligência e caráter, e colocar tudo isso sobre o corpo da mulher, repetindo-o depois três vezes; ela dará à luz imediatamente e, logo que tiver dado à luz, tirai-o. Nome da Inteligência: *Mechel.* Ele é bom para dar inteligência; para tal, tomai um vidro de vinho e de mel, e dizei sobre ele sete vezes o salmo, e a cada vez dizer: "*Mechel,* eu te conjuro a me dar bom espírito e entendimento. Amém." Em toda arte, estudo e ciência, dizei-o às quartas-feiras ou às sextas-feiras, ao nascer do Sol, e dai-o de beber a quem quiserdes.

"*Salmo* 32. Consegue a graça de Deus, afasta as tentações, impede a esterilidade das mulheres. É próprio para fazer levantar o assédio de uma praça: tomai um vaso de terra cheio de óleo de oliva, e dizei o salmo três vezes ao nascer do dia, de manhã, ao meio-dia e à noite, com sua Inteligência; e com esse óleo, marcai o nome da Inteligência e o caráter, junto a todas as portas da cidade, praça ou casa, e fareis sete vezes a mesma coisa, e depois das sete vezes sereis livres e o assédio será levantado ao fim de sete dias. Nome da Inteligência: *Iola.*

"*Salmo* 43. Se for recitado todas as manhãs, faz com que se consiga de Deus as graças que lhe pedimos; é bom para a mulher, a fim de que seja amada pelo marido; o que o recitar com devoção será livre da morte violenta e vergonhosa, dizendo-o diante de um crucifixo, de joelhos. É bom para o amor, recitando-o nas manhãs das sextas-feiras, ao nascer do Sol, no crescente da Lua, com a Inteligência, e escrevendo-se o caráter no meio da mão esquerda e dizer: 'Eu te peço, *Se fava,* que fulano ou fulana me ame sinceramente e faça toda a minha vontade.' Procurai tocar nesse dia essa pessoa com a mão esquerda, ou, pelo menos, fazer que ela o veja. Nome da Inteligência: *Se fava.*

"*Salmo* 70. Restitui o vigor a um velho, se escrito, com a Inteligência e o caráter, sobre uma pele de urso. Envolvê-lo num pedaço de tecido novo, depois usá-lo pendurado ao pescoço dentro de uma pequena caixa de ouro, e recitá-lo todos os domingos e quintas-feiras de manhã; parecerá que renascemos se o dizemos favoravelmente com muita confiança em Deus, admirando a sua bondade e sua clemência infinita; sereis ajudado e conseguireis a bênção sobre si e sobre toda a vossa família e em todos os vossos bens. Nome da Inteligência: *Fevel.*"

Um desses selos — o do Sagitário — teria pertencido a Éliphas Lévi; seu diâmetro externo é de 30 mm; o círculo interior mede 22 mm.

Mas, para bem compreender a fabricação de um talismã, devemos considerar as influências astrais, onde tudo deve ser minuciosamente ordenado, se se quiser que o pantáculo tenha os seus poderes.

# CAPÍTULO IV

# A Influência Astral

## *Os selos dos planetas*

Para a maioria dos autores, o poder talismânico provém do influxo astral de que o talismã está impregnado. O autor anônimo do *Talismans justifiés* [Talismãs justificados] escreve: "É preciso gravar a figura do Planeta sobre os metais, pois, como a imagem, ou a figura, é uma representação da coisa efigiada ou figurada, e, como a semelhança é a base da simpatia, devemos assegurar que onde há maior semelhança também há maior simpatia; mas ninguém pode duvidar de que existe mais semelhança onde se encontra a figura; esse é o motivo pelo qual a figura do Planeta dispõe melhor o metal para receber sua influência [...]. Não é sem causa legítima que os sábios Antigos, que conheceram essas figuras e essas imagens dos astros, escreveram que, ao se fazer um talismã sobre um metal simbólico e conforme ao planeta, era preciso acrescentar a essa semelhança interior da natureza a semelhança exterior de sua figura, eu digo de sua verdadeira figura."

Eis ainda uma página interessante do *Talismans* de Sorel, na qual o autor relata o ponto de vista dos especialistas em pantáculos: "Eles dizem que [...] os astros neles imprimem qualidades tão potentes que elas operam depois da mesma forma que a constelação sob a qual foram feitos. Para acreditar nisso, é preciso, primeiramente, acordar que, segundo o lugar em que se encontram os astros, tudo o que está aqui embaixo é governado.

"Eles dizem que se, quando Saturno está situado felizmente no céu, se fizer com a pedra de ímã a figura de um homem que tenha uma cabeça de cervo, e esteja sentado sobre um dragão, tendo na mão uma foice, isso servirá para o prolongamento da vida; que se, sob o mesmo planeta, em conjunção com Mercúrio, se fizer uma figura de bronze tendo a forma de um ancião venerável, ela servirá para predizer o futuro, e que mesmo alguns Anciãos asseguraram que ela falará para instruir os homens sobre o que eles terão de fazer, e que era de tais ídolos fabricados sob constelações convenientes que se proferiam outrora os oráculos.

"Sob Júpiter, é preciso fazer a figura de um homem coroado, o que serve para aumentar as honras e as riquezas. Sob Marte, a de um homem armado, montado sobre um leão, tendo numa das mãos um cutelo e na outra a cabeça de um homem, para conseguir vitória sobre os seus inimigos. Sob o Sol, faz-se ainda a figura de um homem coroado que serve para se engrandecer e se fazer amar por todo o mundo. Sob Vênus, uma mulher nua, para ser feliz em amores impudicos. Sob Mercúrio, um homem jovem carregando o caduceu, para se conservar a paz, adquirir a facilidade do discurso e a prosperidade no comércio. Sob a Lua, uma mulher tendo um crescente sobre a cabeça, que serve para fazer felizes as viagens.

"Podem-se fazer ainda diversas figuras, não só a cada signo do Zodíaco, mas a cada grau, como também a cada um dos vinte e oito dias da Lua, e igualmente à intenção de cada dia da semana, observando as horas e os momentos, segundo eles sejam dedicados a cada planeta."

Éliphas Lévi, no *Dogma,* escreve que "fazem-se talismãs com os sete metais cabalísticos e gravam-se neles, nos dias e nas horas favoráveis, os sinais que se quer e são determinados". As figuras dos sete planetas são acompanhadas de seus quadrados mágicos.

Sempre de acordo com Éliphas Lévi, o pentagrama deve ser gravado sobre um dos lados do talismã, com um círculo para o Sol, um crescente para a Lua, um caduceu alado para Mercúrio, uma espada para Marte, um G para Vênus, uma coroa para Júpiter e uma foice para Saturno. O outro lado do talismã deve levar o selo de Salomão; no interior dos dois triângulos entrelaçados podem-se colocar diversas representações, "acrescentar-se-ão os nomes dos sete anjos, ou em hebraico, ou em árabe, ou em caracteres mágicos semelhantes aos do alfabeto de Tritemo".

"Podem-se igualmente usar as pedras preciosas para os amuletos e os talismãs; mas todos os objetos desse gênero, seja em metal, seja em pedraria, devem ser envolvidos com cuidado em pequenos sacos de seda da cor análoga ao espírito do planeta, perfumados com os perfumes do dia correspondente, e preservados de todos os olhares e de todos os contactos impuros."

Paracelso, no Livro VII do *Arquidoxo mágico,* comenta assim alguns "selos dos planetas":

"Os selos dos planetas, isso é certo, possuem grande força e virtude, se forem preparados e usados numa hora e num tempo convenientes de acordo com o curso do Céu. Ninguém pode negar a grande força dos astros superiores e das influências celestes sobre as coisas perecíveis e mortais. Com efeito, se os astros superiores e os planetas podem moderar, dirigir e forçar, à sua vontade, o homem animal feito, contudo, à imagem de Deus e dotado de vida e de razão, quanto mais poderão eles reger as coisas menores, tais como metais, pedras, imagens; eles se imprimem nessas coisas ou as ocupam com todas as suas forças segundo sua propriedade, da mesma forma como se estivessem nelas com toda a sua substância como elas próprias são no firmamento. Pois bem: é possível ao homem reuni-los e fixá-los num meio qualquer para que eles operem aí eficazmente, quer esse meio seja metal, pedra, imagem, ou qualquer outro objeto similar.

"Mas, e isso é muito digno de ser conhecido, os sete planetas não têm forças maiores do que em seus metais próprios, a saber, o Sol no ouro, a Lua na prata, Vênus no cobre, Júpiter no estanho, Mercúrio no hidrargiro, Marte no ferro, Saturno no chumbo."

Assim, o selo de Saturno "deve ser feito de chumbo puro e fino, e encerrar em sua circunferência o quadrado designado (pela figura). O quadrado será partilhado em três pedaços e a soma *quinze* será inscrita sobre cada pedaço numa série de três números. Do outro lado do selo, é preciso gravar em relevo a imagem do planeta: a saber, um homem velho, barbudo, com uma enxada na atitude do coveiro, uma estrela dominando-lhe a cabeça; acima está escrito o seu nome: Saturno. Para cunhar o selo, terás o cuidado de fabricar ferros gravados duplos, a fim de imprimir o selo por meio da cunhagem, como se faz com as moedas, e de ativar assim a obra o mais rapidamente possível. Depois, espera pelo dia de Saturno, quando a Lua entra no primeiro grau do Touro, ou do Capricórnio, estando o planeta Saturno num bom curso e num aspecto benéfico. Então funde o selo e modela-o para a cunhagem com as

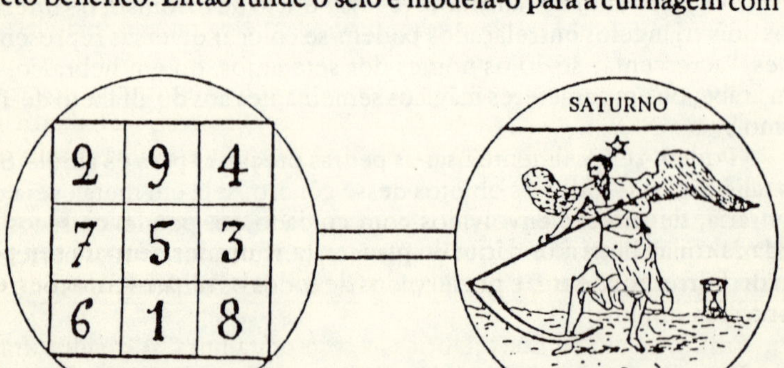

duas punções. Guarda cuidadosamente esse selo num pano limpo de seda negra.

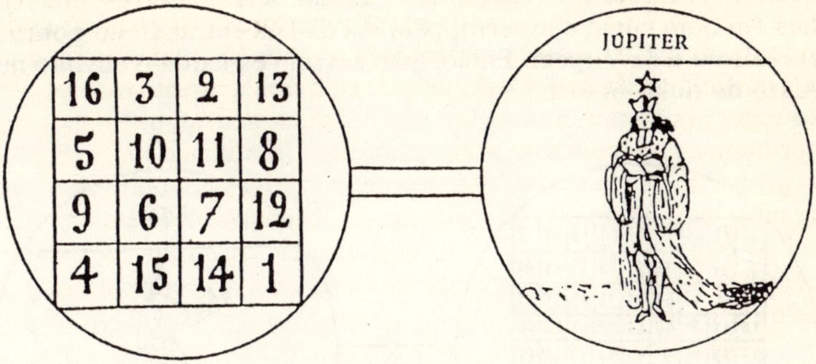


"Primeiro que tudo, o selo serve às mulheres grávidas. Levando-o consigo, elas não terão nenhuma dificuldade no parto. Depois, tudo o que esse selo tocar se multiplicará e crescerá. Se um cavaleiro o leva em sua perneira esquerda, ninguém poderá ferir seu cavalo. Mas, em contrapartida, se se fabrica esse selo com Saturno retrogradando para o dia e a hora de Saturno, ele se oporá ao êxito de toda boa empresa, e se o colocam sobre alguém, essa pessoa perderá suas forças e perecerá. Da mesma forma, se em tempo de guerra alguém foge para um lugar onde se alojam soldados, estes não usarão de nenhum feliz acaso, mas rapidamente levantarão acampamento e baterão em retirada."

O selo de Júpiter deve ser fabricado de puro estanho inglês. Sobre seu círculo, de um lado, será estabelecido um quadrângulo multiplicando de um número quaternário, de que não importa qual linha deve formar o número 34. Do outro lado do selo será desenhada uma imagem, a saber, a de um homem, sacerdote e letrado, lendo num livro que segura à mão e em cuja cabeça encontram-se a coroa e o nome de Júpiter. Para o selo, prepara duas punções como as que figuram acima. Ora, no dia de Júpiter, com a Lua entrando no primeiro grau da Balança, e o planeta Júpiter em bom aspecto, abra as punções e cunha o selo que guardarás em seda azul.

Esse selo assegura a quem o usa a graça, o amor e o favor de todos. Ele multiplicará os dias daquele a quem ele se opuser, tornará seu portador feliz em todos os negócios, afastará dele as preocupações e o medo.

Enfim, o selo da Lua é fabricado com prata pura. A quadratura se multiplica por 9, de tal sorte que não importa qual linha produz o número 369. Do outro lado do selo, ver-se-á a imagem do planeta, que é uma mulher vestida de uma túnica solta e flutuante, segurando com a mão direita uma metade de Lua e de pé sobre uma outra metade de Lua. Sobre sua cabeça, uma estrela e seu nome: Lua. Para esse selo, são igualmente necessárias duas punções. Enfim, será preciso esperar, com a Lua em bom curso e aspecto, pelo dia da Lua entrando no ponto do Capricórnio e da Virgem. Então, marca o selo e guarda-o envolto num pedaço de linho branco.

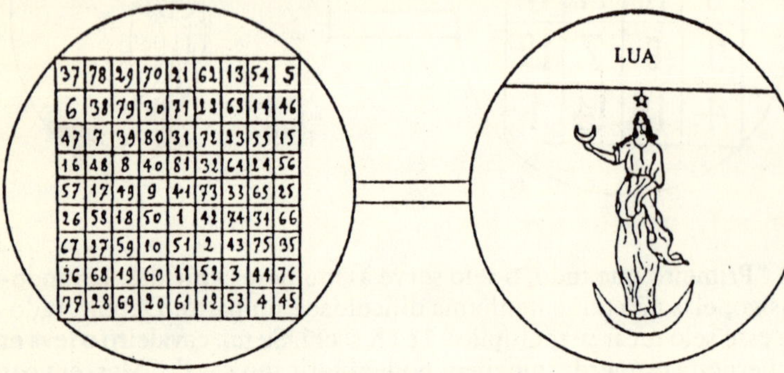


"Esse selo preserva quem o usa de numerosas doenças. Serve aos viajantes, aos agricultores, garante contra os ladrões e os salteadores. Os objetos sobre os quais será aposto conservarão sua integridade e terão longa duração."

O bibliófilo Jacob, em suas *Curiosités des sciences occultes,* encontrou outros comentários sobre o mesmo tema, notadamente a partir de manuscritos conservados na *Bibliothèque de l'Arsenal:*

O *Trésor de l'univers* [Tesouro do universo], atribuído a Raimundo Lúlio, diz que "cada estrela do céu tem a sua influência particular: a estrela do Pólo, sobre o ímã e sobre o ferro; a Lua, sobre as águas do mar; o Sol, sobre o ouro; a Lua, sobre a prata; as imagens dos homens do céu sobre os corpos humanos; a similitude do Carneiro celeste sobre os carneiros terrestres".

O *Traité des esprits célestes et terrestres* [Tratado dos espíritos celestes e terrestres] indica o meio de fazer o pantáculo:

"O pantáculo, diz ele, deve ser feito no dia e hora de Mercúrio, sob o signo do Carneiro. Assim, é preciso formar o pantáculo no crescente da Lua, a 23 de março, à quarta hora do dia, isto é, depois de quatro horas do nascer do sol. É preciso fazê-lo sobre uma placa de cobre ou, pelo menos, sobre um pergaminho virgem de bode. É preciso cuidar de terminá-lo na hora, porque depois entra-se na hora de Júpiter. Uma vez feito, é preciso dizer sobre ele uma missa do Espírito Santo e rorejá-lo com a água batismal. Da mesma forma, é preciso benzer o carvão para formar o círculo, o cordel para se guiar e todos os utensílios necessários ou que servem o mínimo que seja à operação...

"A 29 de março, o operante e seus companheiros começarão a se lavar com água pura e limpa; eles renovarão suas abluções durante três dias. É preciso manter-se em estado de castidade, isto é, não se ter comunicado com nenhuma mulher; é preciso também jejuar. O operante deve estar vestido de seu hábito de sacerdote; um particular ou secular deve ter 'uma túnica de tecido de linho sagrado'. Além dos salmos, é preciso dizer a seguinte oração:

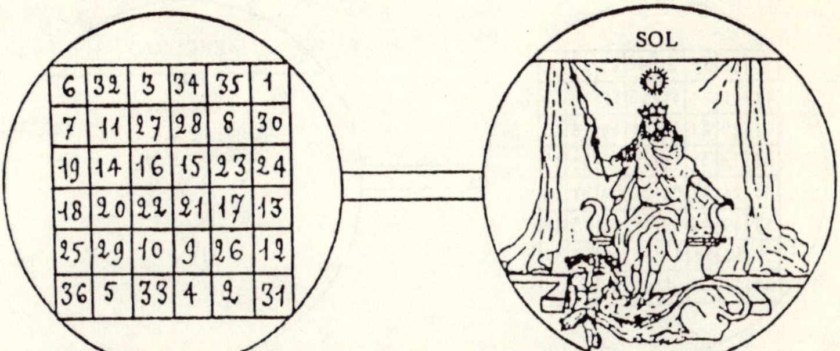


"Senhor Abalidoth, que amais vossos servos e quereis por eles ser amado, eu vos peço, por intermédio de vossos gênios celestes que mais amais, que são Jamael, Corath, Zadiel e Poma, que derrameis sobre minha operação as doces e amorosas influências de que estão repletos os tesouros de vossa bondade, a fim de que aquilo que empreendo tenha êxito de acordo com a minha intenção e que eu possa, por isso, dar-vos glória. Amém."

## *Correspondências celestes*

Os talismãs que respondem à lei da analogia ou das correspondências recebem as influências cósmicas. Robert Fludd bem mostrou que "a Astrologia é a ciência da adivinhação pelo aspecto da harmonia celeste e pelo jogo dos elementos sublunares". Paracelso preparava suas poções sob a influência dos astros. Ele foi cognominado de "o patriarca da medicina talismânica".

Sob o reinado da Henrique II, o conhecimento dos talismãs esteve muito em voga. No *Journal de Henri III* [Diário de Henrique III], de

Estoile diz que não se contavam em Paris menos do que trinta mil "operadores". Catarina de Médicis havia tomado gosto pelos amuletos; ela tinha como conselheiro supremo o astrólogo Cosme Ruggieri, que se havia enriquecido vendendo a seus contemporâneos talismãs que os tornavam invulneráveis, que os libertavam de perigos e que lhes permitiam o acesso às honras e dignidades. Não saberíamos muito a esse respeito, pois Paris, malgrado suas luzes, sempre teve suas mui insólitas assembléias. Lembro apenas o bosque de Meudon, onde, perto do carvalho das Missões, encontra-se um círculo mágico de dolmens, perto de um menir coberto de estranhas inscrições.

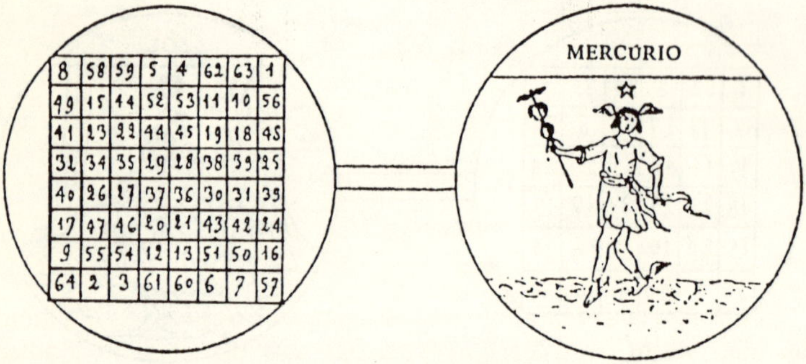


No campo, a feiticeira trabalha durante a noite povoada de mistérios e onde a influência dos planetas é particularmente forte. Pode ocorrer que um astro seja então de influência nefasta para um determinado indivíduo, mas então o mago invoca a virtude benfazeja de outro astro.

Contudo, alguns autores não partilham da opinião segundo a qual os astros têm influência sobre os talismãs. Para François Placet, os planetas não possuem "figuras". "Quem irá se convencer de que a figura do Sol é um Rei sentado em seu trono? que Mercúrio é um jovem segurando um caduceu? que Júpiter é um homem com cara de carneiro? que Vênus é uma dama que tem nas mãos frutos e flores? que Marte é um soldado armado com sua lança, e que Saturno é um ancião que segura na mão uma foice?" Todas essas figuras, para François Placet, não passam de representações dos falsos deuses adorados pelos idólatras. Sorel, que já citamos, recusa igualmente essa opinião geralmente aceita.

De acordo com a Astrologia, os planetas têm, contudo, uma ação sobre tudo o que vive. Tanto sobre as marés como sobre a vegetação, a influência da Lua mostra-se determinante; à Lua minguante, as raízes serão mais espessas. Os camponeses só transvasam vinho ou sidra na

Lua minguante, a fim de evitar a fermentação. Poderíamos dar múltiplos exemplos semelhantes, muitas vezes reproduzidos nos tratados de Astrologia. Pode-se também pensar que essa influência repercute sobre a pessoa humana, e a mulher parece sofrer dessa periodicidade mais do que o homem. Mas, se certas naturezas são ditas lunáticas, pode-se notar que cabelos e unhas crescem mais depressa quando cortados na Lua nova.

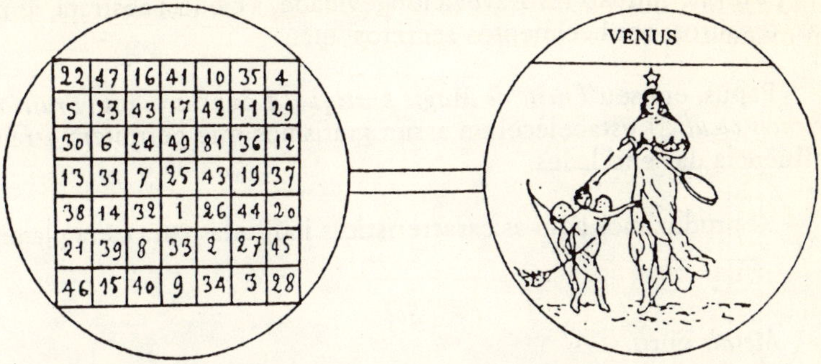


A influência da Lua combina com a dos outros planetas. As efemérides dão assim as diferentes posições dos planetas no Zodíaco; determina-se a seguir o influxo predominante de cada dia e mesmo de cada hora do dia.

De um modo geral, a operação é considerada benéfica quando a Lua está em ascendente, maléfica no caso contrário; de igual modo, os manuais de Astrologia dão para os sete planetas as seguintes influências:

*Sol:* influxo favorável para as obras relacionadas com a vitalidade ativa (conhecimento, dignidade, amor, ouro, etc.).

*Lua:* influxo favorável para as obras relacionadas com a vitalidade negativa vegetativa (segurança, pré-ciência, viagens, etc.).

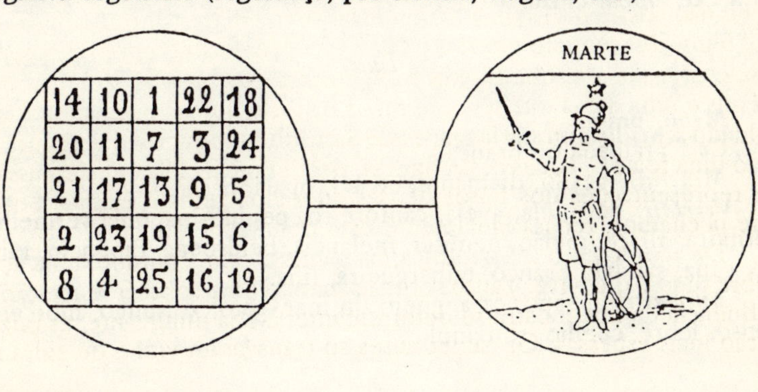

*Marte:* influxo favorável à combatividade (dominação, indústria, cirurgia, etc.).

*Mercúrio:* influxo favorável à adaptação, à habilidade, ao comércio, à medicina, à diplomacia, etc.

*Júpiter:* influxo favorável à posição social, à família, ao bem-estar, às grandes oportunidades, etc.

*Vênus:* influxo favorável à perfeição física, à harmonia, à simpatia, à arte, às meias-oportunidades.

*Saturno:* influxo favorável à longevidade, à ciência abstrata, às minas, tesouros, conhecimentos secretos, etc.

Papus, em seu *Traité de Magie pratique,* e depois Jagot *(Traité des Sciences occultes)* estabeleceram assim grafismos que permitem atrair a influência das entidades.

Reproduzimos aqui as características indicadas para cada planeta:

*Sol*

*Metal:* ouro.

*Cor:* amarelo-ouro.

*Minerais:* âmbar, crisolita, escarbúnculo, jacinto, topázio.

*Vegetais:* angélica, bálsamo, trigo, caneleira, cardamomo, *caron,* celidônia, couve comum, crisântemo, ciclâmen, genciana, goivo, heliotrópio, loureiro, lavanda, lótus, manjerona, morrião, laranjeira, cevada, palmeira, primavera, ranúnculo, sempre-noiva, rosmaninho, açafrão, sândalo vermelho, salva, atanásia, tomilho.

*Animais:* águia, bode, carneiro, canário amarelo, condor, falcão, íbis, leão, papagaio.

*Perfume sintético:* sândalo vermelho.

*Perfume composto:* (por quantidades iguais): açafrão, madeira de aloés, bálsamo, semente de loureiro, cravo-da-índia, mirra, incenso, almíscar, âmbar cinza.

*Lua*

*Metal:* prata.

*Cor:* prateada ou branca.

*Minerais:* berilo, diamante, cristal, opala, nácar.

*Vegetais:* berinjela, aveia, canforeiro, pepino, papoula vermelha, abóbora, alface, melão, nenúfar, melancia, beldroega, rapôncio, rábano, cana, sândalo branco, tamargueira, tília.

*Animais:* rã, sapo, caranguejo do mar, gato, xofrango, morcego, ganso, lebre, coelho, rouxinol.

*Perfume sintético:* aloés.

*Perfume composto* (por partes iguais): semente de dormideira-branca, estoraque, benjoim, cânfora pulverizada, cabeça de rã, olho de touro. A pasta deve ser preparada com sangue de ganso.

### *Marte*

*Metal:* ferro.

*Cor:* vermelha.

*Minerais:* rubis, sangüínea, pedra-ímã, hematita, jaspe, granada.

*Vegetais:* absinto, acanto, aipo silvestre, agárico, alho, artemísia, alcachofra, arum, espargo, bardana, basilisco, beladona, urze, briona, cânhamo, carvão, cebolinha, coloquíntida, chifre-de-boi, corniso, agrião, mastruço, eufrásia, fava, samambaia, giesta, gladíolo, gueda, marroio, menta, mostarda, noz-moscada, cebola, orelha-de-urso, urtiga, dormideira, pimenteira, abrunheiro, rábano silvestre, aleli amarelo, ruibarbo, verônica, vinha.

*Animais:* tigre, jaguar, pantera, milhafre, galo, picanço, cavalo, lobo, javali, cachorro, gavião, escorpião, aranha.

*Perfume sintético:* urze.

*Perfume composto* (por partes iguais): eufórbia, corniso, sal amoníaco, raíz de heléboro, pó de ferro imantado, enxofre, raiz de genciana. Reduzir a pasta com o sangue de um dos animais correspondentes a Marte ou, na falta dele, com sangue de qualquer animal de talho.

### *Mercúrio*

*Metal:* mercúrio.

*Cor:* toda tinta neutra de vários reflexos.

*Minerais:* sardônica, cornalina, ágata, calcedônia.

*Vegetais:* acácia, anis, acelga, camomila, madressilva, chicórea, grama, couve-de-milão, roseira brava, endívia, garança, zimbro, malvaísco, margarida, matricária, mercurial, mil-folhas, milho miúdo, aveleira, azedas, qüinqüefólio, salsaparrilha, segurelha, escabriosa, sabugueiro, chá, trevo, alfeneiro, valeriana.

*Animais:* gato (já indicado como lunar, mas duplamente assinalado), raposa, pega, andorinha, macaco, pintarroxo, doninha, tordo, abelha, formiga, lagarto verde comum.

*Perfume sintético:* resina de almácega.

*Perfume composto* (por partes iguais): almácega, incenso, cravo-da-índia, qüinqüefólio, pó de ágata, para transformar em pasta com o sangue de um dos animais correspondentes, preferivelmente de uma raposa.

### *Júpiter*

*Metal:* estanho.

*Cor:* azul.

*Minerais:* safira, ametista, turquesa, jaspe, diamante de reflexo verde ou azul.

*Vegetais:* agrimônia, aloés, amaranto, rilha-boi, *bélin, béloine,* beterraba, borragem, buglossa, cedro, centáurea, cerejeira, carpa, couve vermelha, marmeleiro, cólquico, sorveira, uva-espim, figueira-branca, morangueiro, *rêne,* carvalhoto, linho, amoreira, olmo, choupo, peônia, plátano, ameixeira, trigo-mourisco, sésamo, violeta.

*Animais:* gamo, cervo, girafa, cotovia, perdiz. Os animais jupiterianos se reconhecem por seu porte pacífico, majestoso, distante.

*Perfume sintético:* Açafrão.

*Perfume composto* (por partes iguais): semente de freixo, madeira de aloés, estoraque, benjoim, pó de azul-ultramarino, pó de penas de pavão. Transformar em pasta com o sangue de uma perdiz.

### *Vênus*

*Metal:* cobre.

*Cor:* verde.

*Minerais:* esmeralda, coral claro, safira com reflexos rosa.

*Vegetais:* amendoeira, buxo, cássia, celidônia, cabrito-de-Vênus, limoeiro, coentro, agrião-de-fonte, espinafre, fúcsia, cravo-da-índia, gui, íris, jacinto, saião, lilás violeta, lis, malva, melissa, miosótis, mirto, margarida, amor-perfeito, pervinca, tanchagem, macieira, resedá, rosa, satirião, serpão, tussilagem, verbena, vesicária.

*Animais:* rola, rouxinol, torcaz, pomba, juriti, cabra, ovelha, pardal, faisão, borboletas.

*Perfume sintético:* almíscar.

*Perfume composto* (por partes iguais): almíscar, âmbar cinzento, madeira de aloés, rosas vermelhas, pó de coral, para transformar em pasta com o sangue de um dos animais correspondentes, preferivelmente de uma pomba.

### *Saturno*

*Metal:* chumbo.

*Cor:* negra.

*Minerais:* obsidiana, ônix, azeviche, diamante e coral negros.

*Vegetais:* acônito, agnus castus , asfódelo, cactus, cicuta, coca, cominho, cipreste, datura, heléboro, eufórbia, funcho, figueira-preta, samambaia macho, *herbe aux poux,* líquen, mandrágora, musgo, parietária, pulmonária, arruda, saponária, salgueiro, saxifrago, escrofulária, serpentária, tabaco.

*Animais:* abutre, mocho, sapo (já indicado, mas de signo duplo), morcego, *grand-duc,* coruja, toupeira.

*Perfume sintético:* enxofre.

*Perfume composto* (por partes iguais): semente de dormideira-preta, semente de meimendro, raiz de mandrágora, pó de ferro imantado, pó de mirra, para transformar em pasta com o sangue de um dos animais acima, preferivelmente de um morcego.

## *O operário e sua obra*

A obra *Les Talismans Justifiés,* publicada sem nome de autor pela casa de Pierre Bresche, em Paris, mas devida de fato a Dom Jean Albert Belin, também se interessa pela astrologia.

"É preciso que o planeta esteja na sua melhor disposição: pois, se atrairdes suas influências numa conjuntura desfavorável, elas se encontrarão alteradas por uma mistura má; os planetas têm os seus inimigos, que alteram e infectam de qualidades contrárias suas influências naturais; de onde vem que, tendo sido atraídas por um artifício numa disposição má, isto é, numa conjuntura ou aspecto maus, elas se misturarão com as influências do seu inimigo, contrárias às nossas intenções.

"É preciso igualmente que a atração da influência dos planetas se faça na hora planetária, tanto mais que, como os planetas dominam todos os dias uma hora por vez, sendo as suas influências mais fortes na hora que eles dominam, hora que chamamos de hora planetária, é muito conveniente que essa atração se faça na hora do planeta, pois então ela influi mais forte e copiosamente.

"Exige-se, ainda, que o Operário do Talismã trabalhe num dia belo e sereno, a fim de que as influências sejam recebidas e atraídas facilmente; essa condição não é desejada em vão, pois, embora as influências astrais penetrem por toda parte, e todos os corpos, mesmo os mais opacos, sejam para elas como vidro, contudo, como o ar e a luz lhes servem de veículo e de passagem, como vemos no Sol, é mais a propósito começar sua operação num lugar arejado e num tempo sereno.

"Enfim, os Sábios deixaram por escrito que o Operário do Talismã deve ser de tal modo austero na fé que não deixe que seu espírito se disperse por pensamentos estranhos, mas que pense unicamente em sua obra, e no desígnio para o qual ela é feita; e eis a mais suspicaz condição dos talismãs, e que primeiro obriga as almas escrupulosas a condená-las: contudo, se considerarmos que o entendimento do homem é formado de imagens das coisas que ele conhece por meio das espécies falsas ou verdadeiras que recebeu por intermédio dos sentidos, e que ele próprio recebe essa imagem, sendo o princípio ativo e passivo de suas intelecções, e que o homem, resumo de toda a natureza, e por isso chamado de pequeno mundo, pode receber e com efeito recebe as influências dos planetas, conheceremos que, se ele se aplica fortemente ao fim e ao desígnio de sua obra, e se por essa atenção ele une o seu espírito ao planeta, ele formará para si uma imagem desse mesmo planeta e, por essa imagem que estabelece sua semelhança, ele atrairá juntamente com o metal a influência astral, tanto sobre o metal como sobre si mesmo, como é necessário: de outro modo, carregando consigo o seu talismã, ele poderia receber as impressões tão bem quanto os astros. Por exemplo, se ele tivesse feito um talismã para infundir terror, ele próprio o receberia ao aspecto do talismã; mas, tendo atraído sobre si tanto quanto sobre o metal essa qualidade terrífica, ele não fará impressão sobre o seu talismã, e o talismã não age sobre ele como sobre os outros [...]. Por esse motivo, ninguém deve abalançar-se a fazer talismãs se não conhece os verdadeiros selos, imagens, figuras ou caracteres das constelações; de outro modo ele seria privado de suas previsões e frustrado de suas esperanças."

## *O dia e a hora*

Em seu notável tratado *La Science cabalistique ou l'Art de faire connaître les bons génies* [A ciência cabalística ou a arte de fazer conhecer os bons gênios], obra que apareceu em Amiens em 1823, Lenain dá algumas explicações acerca das influências favoráveis para compor os talismãs:

"De acordo com as tradições egípcias e árabes, os antigos astrólogos compunham o selo misterioso do Sol pelo primeiro grau do Carneiro. É no momento em que ele se une às constelações da Baleia, ou monstro marinho, e onde ele se junta no mesmo instante à Medusa; o que acontece todos os anos a 20 de março; nesse dia, o Sol entra no Carneiro e chega ao ponto de sua exaltação.

"O talismã contém 6 colunas, que representam o número 6 encerrado num quadrado que corresponde ao número 4; esses dois números formam o número 10, emblema da unidade e do círculo; cada coluna tem 6 quadrados, cujo total é 36, que correspondem às 36 faces do céu e aos 36 gênios que dominam sobre a esfera, de acordo com o sistema dos egípcios.

"O número 36 é a metade de 72, que é o número dos 72 gênios que governam os 72 quinários do céu, de acordo com o sistema dos cabalistas.

"Cada um desses quadrados contém um número misterioso; se somardes todos esses números, seja horizontal, vertical ou diagonalmente, tereis sempre 111, que é o selo misterioso do Sol; e se somardes as seis colunas, isto é, 6 vezes 111, encontrareis no total 666, que é o número da besta, de acordo com o Apocalipse; nisto está a sabedoria; diz-se que com esse selo podemos nos garantir contra todas as adversidades, e que todos devem possuí-lo.

"Atribuem-se a esse talismã virtudes maravilhosas; a pessoa que o usar sobre si será muito feliz em todos os seus empreendimentos; será estimada por todos e conseguirá os favores dos grandes; nenhuma força humana poderá prejudicá-la, e todas as forças invisíveis temê-la-ão."

Eis a passagem de *Abenpharagi* sobre esse selo, com a maneira pela qual os astrólogos árabes preparavam esse talismã:

"Tomai 6 dracmas de ouro puro (*é o metal do Sol*), e fazei com ele uma placa redonda, sobre a qual gravareis uma tábua característica do selo, no dia e na hora em que o Sol se encontra no lugar de sua exaltação, que é cerca do 16.º grau de *Áries* ou Carneiro; isso feito, vós o aquecereis no vapor do açafrão; lavá-lo-eis com água de rosa, na qual colocareis uma dissolução de almíscar e de cânfora; em seguida, envolvê-lo-eis num pedaço de tecido de seda da cor do açafrão e o levareis sobre vós; ele vos tornará feliz em todos os vossos empreendimentos; todos terão medo de vós; conseguireis dos príncipes e dos reis tudo o que desejardes, quer se vós mesmo o pedires, quer se o pedirdes pelo intermédio de quem vos aprouver lhes mandar; tornareis a encontrar o que tiverdes perdido, e Deus derramará sua bênção sobre vós e sobre tudo o que vos pertence: essa figura do Sol é o seu selo; seu caráter, que deve ser gravado no reverso, contém um grande segredo (*est magnum secretum*); chamam-no criador, luz, perfeito, poderoso, glorioso, vida, virtude, brilhante, radioso: os anjos do Sol são Anael e Rafael."

"[...] Em geral, a influência mais favorável é aquela na qual se encontra um concurso de circunstâncias extraordinárias. Primeiramente, é preciso que a Lua se encontre em número igual com o Sol, o que ocorre todos os cinco anos.

"É preciso que a Lua se renove um domingo, fazendo o Sol a sua entrada no 1.º grau de Carneiro; então a hora favorável começa no momento em que a conjunção ocorre, isto é, na hora em que a Lua se renova; pode acontecer nesse momento um eclipse do Sol, e, enquanto ele durar, o instante será favorável para escrever o talismã.

"A segunda influência acontece quando a Lua se renova num domingo, fazendo o Sol a sua entrada no 1.º grau de Leão; e a pessoa que nascer nessas horas favoráveis será uma criatura privilegiada da natureza; terá um gênio extraordinário no que respeita às ciências e às artes.

"A primeira influência favorável da Lua chega quando ela se renova num domingo, fazendo o Sol a sua entrada no 1.º grau de Touro; em seguida é preciso esperar o seu 3.º dia, o qual corresponderá ao 3.º grau do mesmo signo, que é o lugar de sua exaltação.

"A segunda influência chega quando ela se renova num domingo, fazendo o Sol a sua entrada no 1.º grau de Caranguejo; então será preciso esperar que ele esteja em sua 9.ª casa, isto é, no seu 9.º dia, que será uma segunda-feira; conseqüentemente, a 1.ª, a 8.ª e a 15.ª horas desse dia são favoráveis para compor os talismãs dos gênios que estão sob a influência da Lua.

"A primeira influência favorável de Marte chega quando a Lua se renova num domingo, fazendo o Sol a sua entrada no 1.º grau de Capricórnio; é preciso esperar que ela esteja no seu 18.º dia, que será numa terça-feira, pois a sua 18.ª casa corresponde a Escorpião, que é o domicílio de Marte; então o Sol e a Lua se encontrarão em número igual no 18.º grau de Capricórnio, que é o lugar de sua exaltação.

"A segunda influência chega quando a Lua se renova num domingo, fazendo o Sol a sua entrada no 1.º grau de Gêmeos; então, a 1.ª quarta-feira da Lua será favorável às operações de Mercúrio.

"A segunda influência chega quando a Lua se renova num domingo, fazendo o Sol a sua entrada no 1.º grau de Virgem; em seguida, é preciso esperar que ela esteja no seu 15.º dia; então ela corresponderá ao 15.º grau de Virgem; nesse dia, Mercúrio chega ao ponto de sua exaltação.

"A primeira influência de Júpiter chega quando a Lua se renova num domingo, fazendo o Sol a sua entrada no 1.º grau de Caranguejo; em seguida, é preciso esperar o dia e a hora em que ela entra em sua plenitude; então ela corresponde, com o Sol, ao 15.º grau de Caranguejo, que é o lugar da exaltação de Júpiter.

"A segunda influência chega quando a Lua se renova num domingo, fazendo o Sol a sua entrada no 1.º grau de Sagitário; em seguida, é preciso esperar que ela esteja em sua 19.ª casa, que corresponde a Sagitário e a Júpiter.

"A primeira influência de Vênus chega quando a Lua se renova num domingo, fazendo o Sol a sua entrada no 1.º grau de Peixes; em seguida, é preciso esperar que ela esteja na 17.ª casa, que corresponde a esse signo, isto é, quando ela estará no seu 27.º dia; então ela corresponderá com o Sol ao 27.º grau de Peixes, que é o lugar da exaltação de Vênus.

"A segunda influência ocorre quando a Lua se renova num domingo, fazendo o Sol a sua entrada no 1.º grau de Touro; então, a 1.ª sexta-feira da Lua será favorável às operações.

"A primeira influência de Saturno chega quando a Lua se renova num domingo, fazendo o Sol a sua entrada no 1.º grau de Balança; em seguida, será preciso esperar o dia e a hora em que a Lua chega ao seu último quarto; então ela corresponderá com o Sol ao 21.º grau de Balança, que é o lugar da exaltação de Saturno.

"A segunda influência ocorre quando a Lua se renova num domingo, fazendo o Sol a sua entrada no 1.º grau de Capricórnio; então será preciso observar o dia e a hora em que a Lua chega a seu último quarto, fazendo sua entrada na 21.ª casa, que corresponde a Capricórnio.

"Resulta de tudo o que acabo de dizer que o sábio deve observar as influências dos astros; e, quando ele se encontrar numa circunstância favorável, é preciso que se prepare com antecedência para aproveitá-la adequadamente, a fim de operar com sucesso nos mistérios do planeta que dominará. A pessoa que desejar tirar partido das influências celestes jamais deve pronunciar ou escrever o que tiver concebido e decidido em seu espírito relativamente a esse assunto; apenas Deus e o gênio da alma podem conhecer nosso pensamento. O mau gênio só o pode conhecer quando o pronunciamos; pois, se vosso mau gênio chegar a penetrar em vossos desígnios, ele provocará todos os incidentes possíveis para fazer com que fracasseis."

# CAPÍTULO V

## O Valor dos Signos

### *O poder do gesto*

O pantáculo que, a princípio, tem um papel protetor, às vezes foi usado como sinal de reconhecimento. Os peregrinos que se dirigiam a São Tiago de Compostela usavam em seu chapéu a *mérelle* (ou concha de São Tiago), e as igrejas situadas em seu percurso possuíam o mesmo sinal de reconhecimento. Nicolas Flamel também usava sobre si esse símbolo energético, a fim de ver levantar-se, resplendendo no meio das trevas metálicas, a estrela de Compostela, uma estrela cristalina, prateada, indício do bom caminho que leva ao fim do périplo aurígero.

Sem dúvida, a palavra é um meio de comunicação eficaz. Mas o signo também confirma o valor da palavra. O signo transmite.

Nas cerimônias iniciáticas, no ato do batismo, nas tradições mais antigas, muitas vezes transmite-se o *poder* pelas mãos, ou (como na religião católica), desenhando a cruz na fronte da pessoa que se ajoelha. Mesmo nos tribunais, jura-se levantando a mão. Assim, o sinal age como um talismã.

Eis as reflexões que nos faz a esse respeito Stanislas de Guaita, no seu livro *La clef de la magie noire* [A chave da magia negra]:

"É preciso que alguém escreva um livro a respeito da virtude do *gesto,* como sinal expressivo de idéias e de volições [...]. O pontífice oficiante multiplica os gestos misteriosos e solenes, que contribuem em grande parte para a magia do sacerdote. Mas o clero em geral ignora isso, de acordo com a censura de Musset, pela boca de Fortúnio, a Cassius, um mau sacerdote:

*Eh quoi, toi confesseur, toi prêtre, toi romain,*
*Tu crois qu'on dit un mot, qu'on fait un geste en vain?*
*Un geste, malheureux! Tu ne sais pas peut-être*
*Que la Religion n'est qu'un geste, et le prêtre*
*Qui, l'hostie à la main, lève le bras sur nous,*
*Un saint magnétiseur qu'on écoute à genoux...*

[Ora, tu confessor, sacerdote, romano,/ Crês que se diz uma palavra, ou que se faz um gesto em vão?/ Um gesto, infeliz! Não sabes, talvez/ Que a Religião não passa de um gesto, e o sacerdote/ Que, com a hóstia na mão, levanta o braço sobre nós,/ Nada mais é que um santo magnetizador que se ouve de joelhos...]

"Mas é a respeito do Querer imperativo e de sua virtualidade criadora que o signo se transforma num poderoso auxiliar, seja na Magia, seja na Religião.

"Ele serve, primeiro, para determinar a Vontade, para circunscrevê-la, formulando-a.

"Uma vez fixada e traduzida, ele serve ainda de apoio para projetá-la à distância, na direção desejada.

"Ele serve, enfim, e esta é a sua mais alta virtude, para dinamizar o esforço solitário do teurgo, multiplicando esse esforço por todos aqueles análogos das Vontades amigas, que fazem uso do mesmo sinal. O uso inteligente desse sinal cria num instante a *corrente mágica* num círculo determinado e, imediatamente, evoca o *Egrégoro* que rege essa comunhão.

"Fazer o sinal da cruz, por exemplo, é participar dos bens espirituais de toda a comunidade de crentes, para quem esse signo foi o estandarte da adesão à religião, ao mesmo tempo que o hieróglifo da redenção e o esquema da Doutrina.

"Por outro lado, o mágico que, fechando-se dentro do círculo pantacular das evocações, segura em sua mão a Estrela do Microcosmo, comunga com a vontade, a ciência e a intenção com todos os iniciados, mortos ou vivos, que fizeram uso do *círculo* a título de símbolo da comunhão adelfala, e confiaram na força cabalística do *pantáculo* estrelado: dois emblemas clássicos de uma verdade invariável, no cerimonial universal da Ciência.

"Religiosos ou mágicos, os ritos constituem, em seu conjunto, grinaldas de signos evocadores, sinfonias de emblemas taumatúrgicos.

"Será mesmo necessário explicar, neste instante, o motivo dessas minúcias ritualísticas, e essa norma inflexível que preside à disposição do cerimonial? Perdoem-nos então uma comparação bem profana: suponhamos que os dirigentes do santuário tenham dotado a porta do tabernáculo de um fechadura de segurança, como o fazem os nossos banqueiros com seus cofres-fortes. O homem de Deus sobe ao altar: é a hora de fazer resplandecer sobre as frontes curvadas dos fiéis o ostensório da mística aliança... Acaso alguém perguntará por que o sacerdote se demora, com o cuidado minucioso de repetir, letra por letra, a senha que comanda a fechadura e irá permitir que ela se abra? Tal se revela, analogicamente, a primeira razão de ser do cerimonial."

Ao poder da palavra podemos acrescentar a magia do número, que é ritmo. O simbolismo do número está presente não apenas no pensamento do indivíduo, mas como sobrevivência de uma antiga tradição onde se abeberaram todos os livros sagrados. Mais próximo de nós, a Bíblia insiste sobre esse valor dos números, a partir dos quais os cabalistas judeus desenvolveram uma verdadeira magia encantatória.

Além do número de ouro, que verifica as proporções visíveis da natureza, podemos nos surpreender com a repetição de números misteriosos, tais como 1, 3, 7, 12, 13, 40, 50. Seus valores correspondem à preocupação de uma magia encantatória, que junta o poder da palavra ao poder do número. Seu poder surpreendente aparece nesta conjuração tirada da Cabala:

> "*Número misterioso que não se possui, que se levanta*
> *contra o demônio.*
> *Palavra misteriosa que não sai da boca e que*
> *se bate contra o demônio:*
> *que o número de Ea o detenha*
> *que a palavra misteriosa do Deus Mirba o detenha!*"

Ritmo e som associam-se ao valor do número. Essas correspondências da ciência tradicional foram muito bem analisadas pelos antigos. Não temos a intenção de apontar aqui todas as possibilidades de interpretação dos números, mas somente a de evocar brevemente algumas dentre elas, a fim de que cada um de nós, colocado no caminho que lhe for mais acessível, possa continuar essa pesquisa interior que não termina jamais.

A construção do Templo continua a ser um conceito de harmonia; trata-se de "um acordo de proporções entre as partes do conjunto e entre cada parte e o conjunto", uma comodulação.[1] Platão retoma essa noção introduzida por Pitágoras. Vitrúvio, ao exaltar as virtudes do número Dez, número da pura Década, estabelece um paralelismo entre as proporções do templo ideal e as proporções do corpo humano.

Pitágoras, ao inventar a palavra "Cosmos", concebe um universo ordenado pelos Números, isto é, harmoniosamente concebido pelo Criador. Assim, o Templo será a imagem do Cosmos.

Deve existir um acordo entre o Universo, o Templo e o corpo hu-

1 M. Ghyka, *Philosophie et mystique des nombres* [Filosofia e mística dos números], Paris, Payot, 1972.

mano. Essas proporções são visíveis nos monumentos egípcios e, mais particularmente, na Grande Pirâmide.

É no *Livro da Sabedoria* de Salomão — redigido no século II antes de nossa era por um judeu de Alexandria — que encontramos a primeira menção ao número enquanto abstração: "Deus tudo fez com medida, número e peso."

De acordo com Pitágoras, "tudo é organizado de acordo com o Número". Seu discípulo Filolao define a harmonia como a unificação do diverso mediante a colocação em concordância do discordante, a correspondência entre a asserção da Tábua de Esmeralda ("o que está no alto é como o que está embaixo, para a realização da coisa única") e a idéia da força do Verbo Divino criando a ordem no caos, criando o equilíbrio natural entre o conjunto de seus elementos; ele usa, é verdade, a Década, o número perfeito de Pitágoras, o cânon divino, que havia ordenado as relações de concordância entre as coisas do céu e as da terra.

De acordo com Porfírio e Jâmblico, Pitágoras havia organizado em Samos uma "casa de Filosofia" numa gruta subterrânea, símbolo do mundo das aparências (a "caverna" de Platão retoma essa mesma idéia). A confraria pitagórica, que se baseava num conhecimento matemático, era uma sociedade secreta muito fechada; sua doutrina baseava-se na geometria das extensões irracionais, com a construção do pentágono regular e do dodecaedro. Para os pitagóricos, os Números podiam receber três definições: os Números puros ou divinos, gerados pela mística do Número ou Aritmologia; depois, os Números científicos; enfim, os Números concretos, sendo estes últimos os números do cálculo, os números dos homens de negócios. Nossa análise será baseada nos números puros, onde podemos associar as Idéias.

Na Antigüidade, a ciência dos números formava uma espécie de linguagem universal muito misteriosa, que só os iniciados podiam compreender. Com efeito, cada número, além de seu valor numérico, possui uma significação física, teológica e moral, um valor ao mesmo tempo intelectual e científico.

A teoria da ciência dos números baseava-se na da música, com seu fluxo dinâmico, sua periodicidade, seu ritmo (de onde a noção de *Números harmônicos*). O sistema dos sons simbolizava o sistema do Universo; os intervalos eram relacionados com a distância entre os astros. Pitágoras aplicava a ciência dos números até mesmo ao mundo invisível.

A Mônada, ou número *Um,* representa tudo o que não pode ser dividido — Pitágoras, Platão e Sócrates fazem dele o símbolo do divino, porque Deus, princípio e fim de todas as coisas, é indivisível por essência. *Um* é um elemento aditivo que permite a produção, por iteração de toda a seqüência dos números inteiros. No *Um* está incluída a idéia de identidade, de unidade, de Princípio. No Tarô de Marselha, o Saltimbanco é o primeiro arcano maior, o símbolo do iniciado e da Luz.

A díade, ou número *Dois*, é o primeiro número par, chamado feminino. É a Mulher que se une ao Homem para a realização de um mesmo destino. Encontramos, portanto, no centro da idéia de dualidade, a de oposição entre o Eu e o Não-Eu. A segunda lâmina dos arcanos maiores do Tarô representa a Papisa, o Feminino superior. Se *Um* é Deus, dois é a Virgem Maria, a Imaculada Conceição, a Lua crescente.

*Três*, ou Tríade, primeiro número ímpar e masculino, é um número perfeito, que permite construir uma figura geométrica fechada: o Triângulo. Ele se encontra na base dos números triangulares, signo da atividade, do entusiasmo e do fogo. Com a Trindade — Pai, Filho e Espírito Santo — temos a grande lei "Três são Um" (São João, Epístola I, V, 7, 8). Paracelso, em seus *Prognósticos*, acha que a divindade encerra o número Três, mas que esse número é reduzido à Unidade, que deveríamos nos consagrar somente ao número *Um*, o número único, e viver nesse número, que é serenidade e paz, enquanto todos os outros números ocasionam lutas e querelas. A terceira lâmina do Tarô, a Imperatriz, representa no mundo divino a força suprema, o mundo intelectual, a fecundidade universal.

O símbolo da cruz impõe igualmente uma meditação a partir da Tríade. Nele o céu está representado por um traço vertical, a terra por um traço horizontal; o homem se encontra na intersecção dessas duas linhas, no lugar onde se encontram espírito e matéria. Ele se situa, portanto, no centro da cruz. Céu, Homem, Terra, formam assim os três pólos da Grande Tríade.

Por sua vez, a cruz céltica inscreve-se num combinado de três círculos, cada um dos quais é o triplo do outro, em relação com os números 9, 27 e 81. Esses três círculos da vida universal são definidos nas tríades bárdicas, onde o círculo de Keugant é o círculo do vazio, o círculo de Abred, o círculo da fatalidade e do Destino, e o círculo de Gwandel, o da Bem-aventurança.

Ao Pai, ao Filho e ao Espírito Santo do catolicismo corresponde enfim a trindade hindu: Bhôktei (o sujeito), Bhôhgia (o objeto) e Preritri (o motor). De um modo geral, o Universo se manifesta de acordo com três aspectos diferentes sob o princípio de uma unidade eterna. Essa Unidade original chama-se *Prakriti*, cujas vibrações são as do éter cósmico.

A *Tétrada*, ou número *Quatro*, é o quadrado da Díade; ele é o quarto número no diagrama punctual da Tetraktys, símbolo esotérico muito usado pelos pitagóricos. Para os chineses, quatro era o signo da terra. A Potência divina, enquanto Verbo, manifesta-se por sua própria atividade na realização. O Quatro inscreve-se na figura geométrica do quadrado, que encontramos igualmente na cruz (de quatro braços), símbolo do equilíbrio pela união dos contrários. No Tarô, é o Imperador, cuja tiara é encimada por uma bola, talvez um órgão de percepção;

mas o *torquac* e seu cinto mostram os elos que o ligam à sociedade; se ele é o senhor, seu dever mantém-no amarrado. Quatro é, enfim, o número do ritmo perfeito.

Para os pitagóricos, o número *Cinco* era muito importante; a Pêntada, metade da Década, representava o número do Amor; dedicado a Afrodite, deusa da união fecundadora, do Amor Gerador, é também o número da harmonia na saúde. Esse número representa a projeção da alma cósmica no plano material. Seu emblema geométrico é o pentagrama, a estrela de cinco pontas.

Como sabemos, através de Luciano, "O pentagrama" (pentágono regular estrelado), que gera uma corrente de proporções douradas, era a senha secreta e o símbolo maior dos números da confraria; essa proporção da Secção Dourada, que domina as três figuras geométricas mais importantes da mística pitagórica — o pentágono, o pentagrama e o dodecaedro —, é expressa pelo número irracional

$$\frac{1 + \sqrt{5}}{2} = 1{,}618\ldots \text{ ou número de ouro.}$$

É a Estrela de cinco pontas, a cujo respeito nos diz Éliphas Lévi: "O Pentagrama é o signo da onipotência e da autocracia intelectual. — É a Estrela dos Magos; é o signo do Verbo feito carne; e, de acordo com a direção dos seus raios, esse símbolo, absoluto na magia, esse pantáculo, representa o bem ou o mal, a ordem ou a desordem. O Cordeiro abençoado de Ormuzd e de São João ou o Bode maldito de Mendés."

Essa estrela de cinco pontas, que se desenha com um único traço sem levantar a mão, figura como o número da perfeição humana. O homem nela inscrito com a cabeça para o céu, os braços e as pernas esticadas, parece incapaz de poder orientar-se por si mesmo; o livre-arbítrio não lhe é acessível, pois ele é prisioneiro de uma forma geométrica. Mas cinco é o mesmo que 3 + 2; o número ativo, masculino, liga-se ao feminino superior. Cinco representa, assim, a harmonia e o equilíbrio dos contrários, embora Guaita tenha escrito que cinco representa igualmente o número da queda. Vemos nele, com mais certeza, o número da vontade, da reintegração.

Os etruscos e os romanos haviam feito do número Cinco o número nupcial: durante a cerimônia do casamento, cinco tochas presidiam ao futuro destino. O Tarô associa a esse número o Papa iniciador.

O número *Seis,* ou Héxada, representa a estabilidade, o equilíbrio, e Vitrúvio considera-o um número perfeito, pois $6 = 1 \times 2 \times 3 = 1 + 2 + 3$; o número corresponde, portanto, à soma ou à multiplicação de seus fatores. *Seis* consagra a organização do Cosmos, pois $36 \times 360 = 12.960$, período do mundo. Trata-se, portanto, de um número perfeito, um múltiplo exato de 360, se concordarmos que 12.960 é o número da eternidade, o número simbólico inscrito nas místicas rosáceas de nossas catedrais. O hexagrama ou o Selo de Salomão representa o equilíbrio perfeito, a harmonia aparentada com a música, considerada, na Antigüidade, como um elemento de saúde, de beleza, de perfeição, a imagem auditiva do ritmo das esferas.

O número *Sete*, associação de 4 e de 3, número do mundo sideral, dos astros que têm influência sobre o nosso destino, é um número primo, um número virgem, que se basta a si mesmo; por isso ele é o número de Palas, nascida sem contacto carnal. O setenário sagrado representa a síntese universal. Encontramo-lo associado aos sete dias da semana, às sete notas da oitava musical, aos sete planetas mágicos.

Esse número é um dos mais curiosos, aliás dos mais usados pelo simbolismo mágico ou religioso; se existem sete pecados capitais, existem também os sete selos do Apocalipse, o candelabro de sete braços, as sete palavras divinas, as sete palavras humanas. Maurice Buisson, em *La Magie*, transcreve este encantamento de Sarahil em *La Reine de Saba* [A rainha de Sabá], traduzido por J. C. Mardrus, onde vemos, ao mesmo tempo, a força do nome e a virtude dos Números:

*"E na véspera Sarahil declamou:*

*"E pelo grande nome, o Inefável, que não se pronuncia, e por seu poder, eu te invoco e te conjuro, ó Sorte, eu te imploro e te conjuro, ó Sorte;*

*"E pelo Sabaoth, que mora em Thor, e por sua sublimidade;*

*"E por aquele cuja voz é o raio e cujas vestes são a luz;*

*"E pelo nome, cuja força é tal que o proprietário desse nome é seu escravo submisso, submisso, eu te adjuro, ó Sorte;*

*"E pela palavra e seus prodígios; e pelo verbo incriado, o único mágico, o irresistível, o irresistível, eu te adjuro, ó Sorte;*

*"E pelo número sete; e pelos sete nomes que se soletram, o belo, o antigo, o um, o Doador, o Perigoso, o primeiro e o último;*

*"E pelas sete palavras divinas e as sete palavras humanas, as sete jornadas divinas e os sete membros humanos, as sete danças da mulher e os sete êxtases do homem;*

*"E pelos sete climas, as sete regiões, os sete oceanos e os sete abismos;*

*"E pelos sete céus, os sete planetas, as sete Plêiades, as sete constelações;*

*"E pelas sete revoluções, os sete astros que giram e os sete astros que dançam, eu te adjuro, ó Sorte;*

*"E pelo nome supremo inscrito no coração da Lua;*

*"E pela fórmula siríaca, a mais temível das fórmulas;*

*"E pelos segredos e a virtude da Letra Kaf..."*

*Oito* é a manifestação da lei, considerada do ponto de vista da aplicação estrita e impiedosa. Como mostra o Tarô, o oito é o número da justiça. Encontramo-lo em numerosas referências na arquitetura merovíngia, em certos batistérios que reproduzem a forma geométrica do octógono. *Oito*, primeiro número do cubo, representa a terra.

*Nove* é o número de todas as realizações e das formas espirituais; é o numero das musas, podendo ser escrito 6 + 3. Mas $9 = 3^2$ implica igualmente a idéia da trindade multiplicada por si mesma. No Tarô, *Nove* é o eremita. O número seria enfim representado pela estrela de oito raios que partem de um ponto central; esse símbolo solar é encontrado entre os Templários, que levam sobre o seu brasão um ponto central, uma figura formada por oito raios divergentes a partir de um ponto central. Pensamos, então, no círculo que nasce de um ponto único (Deus), com seus raios múltiplos (os homens) que atingem a circunferência (o universo).

De acordo com os pitagóricos, a Década tinha a dignidade do "Número do Mundo" e Matila Ghyka[2] resume assim a sua tríplice qualidade, que nada tem a ver com o nosso sistema decimal, concebido com objetivos práticos: a Década é o duplo da Pêntada (ela repete, na geometria, a simetria pentagonal e reflete também a proporção da Secção Dourada: a relação entre o raio do círculo circunscrito no decágono regular e o lado deste é $\frac{R}{dr} = \emptyset = 1{,}618$; o mesmo ocorre com a relação entre o lado do decágono estrelado e o raio do círculo; ela representa a soma dos pontos contidos na Tetraktys, ou seja, 1 + 2 + 3 + 4; ela é, enfim, como Década, o símbolo do cosmos.

Em hebraico, *Dix* é *Yod* ou *Gaspiré*. Trata-se de um número perfeito e universal; ele se torna o G dos pantáculos mágicos e, depois, da Estrela Flamejante (pantáculo estrelado ou pentagrama). Nicômaco fala da Década do Todo, "pois ela serve de medida para o todo como um esquadro e um cordel na mão do ordenador". Dez é, portanto, o número perfeito, a representação de todos os princípios da divindade; ele é a nova unidade, ao mesmo tempo o ponto e o círculo (no Tarô, é a Roda da Fortuna, que representa a inelutável lei da fatalidade).

Depois do Onze, número da violência, precisamos sublinhar a importância do número *Doze,* sobre o qual teremos ocasião de voltar a falar. Evoquei, por outro lado, o simbolismo do número *Treze:*[3] em muitas lendas, a décima terceira câmara representaria o Santo dos Santos; da mesma forma, Galaad é o décimo terceiro cavaleiro, cujas renúncias concordam com a imagem de Jesus; a graça do esforço interior modelou esse rosto de uma humanidade em marcha rumo ao advento definitivo do Cristo; os doze signos zodiacais gravitam em torno do Sol; contudo, a lâmina XIII do Tarô representa a Morte, morte ritual, sem dúvida, pela qual teremos de passar para renascer num ciclo melhor, pois o nú-

2 M. Ghyka, *op. cit.*

3 Bayard, in *La voix solaire* [A voz solar], n.º 13.

mero treze implica, evidentemente, uma "mudança de plano". Não nos esqueçamos, enfim, que 26 = 2 × 13 é o número do Grande nome divino: IHWH. Gérard de Nerval mostrou-nos, aliás, que a décima terceira hora é também a primeira, imagem do tempo que se fecha sobre si mesmo, da imobilidade de um mundo que parece modificar-se enquanto permanece profundamente imóvel.

## *A virtude oculta das coisas*

O padre Bourdelon, em sua obra, publicada em 1689, *De l'astrologie judiciaire, entretien curieux* [Dissertação curiosa sobre astrologia judiciária], lembra os seguintes acontecimentos:

"Gregório de Tours diz que sob o reino de Quilperico foi encontrada, nos esgotos de Paris, uma placa de cobre sobre a qual estava gravada a figura de um rato, de uma serpente e de uma chama de fogo; que, pouco tempo depois que se tirou essa placa, que era um talismã, foi vista em Paris uma quantidade prodigiosa de ratos e de serpentes, e que, a partir do dia seguinte, fez um calor considerável na cidade.

"No matadouro de Nápoles havia uma mosca de bronze que impedia a entrada das outras moscas. Dizia-se que Vergílio foi quem a modelou.

"Uma figura de escorpião preservava a cidade de Hamptz dos escorpiões; da mesma forma, uma cidade do Egito ficou livre dos crocodilos pela figura de chumbo de um desses animais; o mesmo se pode dizer de uma cegonha em Constantinopla, de uma serpente de bronze na mesma cidade e da famosa serpente de bronze de Moisés.

Segundo as *Curiosités inouïes*, de Gaffarel, Esacalígero filho, de acordo com um cosmógrafo árabe, fala do 'talismã que se vê nos arredores de Hamptz, na cidade do mesmo nome, que nada mais é que a figura de um escorpião, gravada sobre uma das pedras de uma torre, que tem o poder de não deixar entrar na cidade nenhuma serpente ou escorpião; e se por prazer alguém trouxer um desses animais dos campos, nem bem chegados à porta, eles morrem de repente. Esta figura tem ainda a seguinte virtude: quando alguém é picado por algum escorpião, ou mordido por alguma serpente, basta imprimir a imagem da pedra com argila e aplicá-la sobre o mal, que imediatamente ficará curado'. Que, se não se quiser dar crédito a esse Cosmógrafo, que se dê crédito ao Sr. de Breves, como testemunha ocular, que diz, na relação de suas viagens, que em Trípoli da Síria, no muro onde se abre a porta da marinha, vê-se uma pedra encantada, sobre a qual está talhada em relevo a figura de um escorpião, a qual foi colocada ali por um mágico, para exterminar as bestas venenosas que infestavam essa província, como em Constantinopla a serpente de bronze ou Hippodromos, e acima da cidade se vê uma caverna de carcaças e de esqueletos de serpentes que morreram então."

"O mesmo autor pensa que, quando figuras de animais são representadas naturalmente nas pedras ou mármores, elas podem transmudar-se em animais de verdade, e assim ele explica a presença do sapo vivo encerrado numa pedra, como o que foi encontrado por Gorropius, em Anvers, num mármore serrado, muito espesso e sem nenhuma fenda ou abertura, porque, diz ele, tendo sido representada no interior dessa pedra a figura de um sapo, aconteceu que, por alguma propriedade do lugar, ela foi mudada num sapo natural. O mesmo pode acontecer com outras figuras, com exceção da humana, cuja forma é obra tão-somente da mão de Deus. Portanto, elas não são representadas em vão, seja sobre a pedra, seja sobre outras coisas, pois, se se souber aplicá-las, elas certamente possuem alguma força secreta."

Segundo o Pe. Lebrun,[4] "uma das pedras de que há muito se serve para um uso que não pode ser natural é a aetita. Dioscórides diz que se usava essa pedra da seguinte maneira para descobrir os ladrões: pulverizava-se a pedra e, misturando esse pó num pão feito expressamente para isso, davam-no de comer a todos os que eram suspeitos, e assegura-se que o ladrão não podia engolir o pedaço. Belon relata que os gregos fazem comumente a mesma coisa, apenas acrescentando algumas orações. Essa superstição é muito antiga, como se pode ver nas notas de M. Gale sobre Jâmblico, no Glossário de Lindenbrok *In Leges antiquas* [Sobre leis antigas] e naqueles que comentaram essas palavras do concílio de Auxerre: *Qui sortes de ligno aut pane faciunt*".

O mesmo autor faz-nos conhecer o uso do ímã para falar à distância:

"Ouvi dizer várias vezes que algumas pessoas haviam comunicado seus segredos a mais de cinqüenta léguas de distância por meio de duas agulhas imantadas. Dois amigos tomavam cada um uma bússola, a cujo redor estavam gravadas letras do alfabeto, e pretende-se que um dos amigos, fazendo aproximar a agulha de uma das letras, a outra agulha, embora distante várias léguas, voltava-se também para a mesma letra. Eu não afirmo esse fato; sei apenas que algumas pessoas, como Salmut, julgou isso possível e que vários autores refutaram esse erro."

Na mesma ordem de idéias, queremos citar também um extrato da mui curiosa obra de J. B. de Porta, *La Magie naturelle* [A magia natural], publicada em Nápoles em 1589 e traduzida em Ruão em 1631:

4 *Histoire critique des pratiques superstitieuses qui ont séduit les peuples et embarrassé les savants* [História crítica das práticas supersticiosas que seduziram os povos e embaraçaram os sábios], Paris, 1702.

"Há muitas propriedades e virtudes ocultas das coisas, não pela qualidade dos elementos, mas procedentes da forma, como dissemos, e, tendo em vista que aquelas derivam destas, segue-se que uma matéria pequena produz um grande efeito, que pode até ser contrário a essa matéria: todavia, para trabalhar mais prontamente, ela requer uma matéria mais abundante. Ora, chama-se a essas propriedades de ocultas e escondidas, porque não podemos conhecê-las mediante demonstração. Esse é o motivo pelo qual os sábios antigos julgaram bom estabelecer um certo termo ou limite, além do qual eles não poderiam passar na pesquisa da razão das coisas, tendo em vista que nos segredos da natureza há muitas coisas ocultas, cheias de energia, cujas causas o entendimento humano não pode escrutar nem compreender. Porque elas jazem sepultadas nos arcanos da natureza, numa majestade oculta, o que faz com que devamos admirá-las em vez de sondá-las. Teofrasto, considerando isso, falou com sabedoria quando disse: 'Quem procura a razão de todas as coisas, tira a razão com a ciência.' E Alexandre, por sua vez, diz que há muitas coisas cuja razão não se pode fornecer, tanto mais que elas ultrapassam totalmente a medida e a capacidade do entendimento humano e são conhecidas apenas do Deus imortal, que é pai e autor de todas as coisas. Porque, visto como essas coisas ultrapassam a natureza e a força dos elementos, elas não podem ser encerradas nem compreendidas em demonstrações: esse é o motivo pelo qual, maravilhados com as coisas encontradas pelos filósofos, eles preferiram manter a curiosidade em relação a elas a se esforçarem para encontrar-lhes a razão. E não só maravilhados de que essa divina grandeza tenha criado todos os animais e de que estes se diferenciem em figura e tamanho, mas enamorados pelo fato de que, de acordo com a diversidade de cada espécie, Deus deu a cada um deles alguma propriedade ingênua e particular, pela qual eles se distinguem e são diferentes uns dos outros em seus costumes e em sua maneira de ser, proporemos vários exemplos que talvez serão agradáveis aos leitores e que algum bom espírito, aliás, não desprezará. Começando, portanto, nós vos mostraremos primeiro o touro, feroz e furioso, que, amarrado à figueira, é logo domado e se torna doce e domesticado; aliás, ungindo-lhe as narinas com óleos feitos com rosas vermelhas, e ficando todo atordoado, ele se contorce tantas vezes em roda que cai, como o afirma Zoroastro, autor de um tratado dos arrestos usados pelos antigos, chamado *Geopônica*. O galo também se enternece se o pendurarem na mesma árvore. Os abutres e caracóis, segundo afirma Aristóteles, morrem com o odor das rosas. Se puxardes com as mãos a barba de uma cabra colocada num rebanho, todo o rebanho se deterá, deixará lá a sua pastagem, e todas as cabras ficarão espantadas e não cessarão de se admirar, enquanto aquele que puxou essa barba não a tiver largado. É Aristóteles quem o diz, embora vários autores tenham afirmado a esse respeito a mesma coisa da erva chamada

*Eryngium,* atribuindo-lhe também esse efeito, mas eles foram enganados, acho eu, pela conformidade que tem essa dicção latina *Arnucus,* que significa barba de bode, mas essa planta não responde à experiência. Se a hiena chegar a avistar um homem ou um cão dormindo, ela se deita estendida junto deles, e se o seu corpo ultrapassar em comprimento o do dormente, ela o enlouquece e, a fim de que ele não lhe possa causar danos ou resistir, ela lhe rói as mãos; mas se ela tiver o mesmo comprimento, prestamente foge, como conta Nestor no discurso de sua *Panacéia.* Se uma hiena furiosa surgir à vossa frente, tomai todo o cuidado para não recebê-la pelo lado direito, porque ela vos causará terror tão grande que não vos será mais possível resistir-lhe. Mas se vós a atacardes pelo flanco esquerdo, vós a tornareis impotente e a matareis facilmente. A sombra das hienas torna os cães mudos e sem força para ladrar; sabendo isso, quando são perseguidas, elas correm contra a luz do astro do dia e, à sua sombra, batem com golpes vigorosos a garganta dos cães que as perseguem. O leão, atacado pela febre, ficará curado se devorar um macaco. As cabras e os bodes são venenosos para a agricultura, pois certas cabras corrompem as oliveiras plantadas e as vinhas, de modo que essas plantas se tornam estéreis. Esse é o motivo pelo qual, com razão, imolava-se a Baco, inventor do vinhedo, o bode, e a cabra a Minerva, a fim de que, pela perda de sua cabeça, eles fossem punidos pelos seus crimes. A oliveira plantada e colhida pela mão de uma donzela tornará seus frutos mais saborosos; mas se isso for feito pela mão de uma libertina, ela se tornará estéril. A serpente (ou a víbora) ferida por uma cana-brava, fica toda entorpecida, e se a ferirdes de novo, retomando seus espíritos, ela foge. Apuléio diz a esse respeito: 'Se a serpente, escondendo-se numa caverna, for agarrada com a mão esquerda, ela será facilmente tirada de lá, mas, se a pegardes com a mão direita, não a podereis arrancar de lá.' A víbora fica toda espantada se se lançar um ramo de faia contra ela. As formigas, a fim de que os montes de trigo não deixem cair os seus grãos fora das espigas, são tão hábeis que elas retiram-lhe a essência. O avestruz, por uma virtude secreta, digere o ferro e o converte em alimento. Se colocardes um círculo de sarmento no pescoço de um galo, vós o impedireis de cantar. A estrela-do-mar tem tal poder de digestão, que devorará conchas e estrelas inteiras e as quebrará.

"Existe um pequeno peixe chamado, em grego, *Etheneis,* e que os latinos chamam *remova* ou *remiligo,* admiravelmente pequeno e que, atado ao leme dos navios, mesmo que estes sejam empurrados por um vento favorável e navegando à sua mercê, pode, mediante a força de que são dotados, pôr-lhes um freio e detê-los. Esse pequeno e poderoso animal, quer os ventos soprem em tempestade, ou as vagas se levantem e as trovoadas estrondem, apazigúa todas as forças das naves e as torna imóveis, como se elas estivessem amarradas e contidas por âncoras.

"A torpilha tem tal força de entorpecimento que, mesmo de longe, tocando o anzol, a seda, a vara ou caniço da linha do pescador, entorpecerá e amortecerá os membros dele, e usando da mesma violência para com todos os peixes que deseja, por menores que sejam, ela os entorpece de forma tão forte que se farta deles à vontade. Ela tem ainda outra virtude: se a aplicardes na cabeça, apaziguará as dores; isso é confirmado pela experiência de Platão, de Aristóteles, de Galieno e pelo testemunho de Eliano. A lebre-marinha provoca o vômito em todos os que a vêem e incomoda as mulheres prestes a darem à luz, chegando mesmo a fazê-las abortar. Não existe no mar animal mais execrável e mais pernicioso do que a pastinaca, cujo aguilhão é tão poderoso que, se o enterrardes numa árvore verde e vigorosa, ele a matará imediatamente.

"O loureiro e a figueira nunca são atingidos pelo raio do céu, do mesmo modo que o traseiro do veado-marinho, a pele da hiena e a vinha-branca. É por esse motivo que os marinheiros guarnecem as velas de seus navios com tais coisas, a fim de que, fulminadas pela injúria do céu, elas não se queimem nem sejam consumidas. Era também com tais coisas que Otávio se protegia para se garantir contra as violências do raio.

"Tibério César, para evitar o raio, tinha o costume de tomar como defensor o loureiro, e com ele cingia a cabeça; os imperadores também usaram desse meio com a mesma finalidade. Pois essas plantas não escapam apenas da violência do raio; elas também são dotadas de uma natureza tão forte que podem repelir a injúria de um adversário: é por isso que Tarcon outrora rodeou de vinhas-brancas a sua casa. O corpo que é fulminado e morto pelo raio torna-se incorruptível, motivo pelo qual os antigos poucos se importaram em queimar os corpos fulminados. Aliás, eles sequer os cobriam de terra, pois não cheiravam a corrupção e estavam isentos da podridão. É pois com razão que julgamos que se agiu bem quando alguém criticou os poetas que escreveram que o audacioso Faetonte, cocheiro dos cavalos celestes, fulminado pelo raio, foi apodrecer nos vales.

"O que é igualmente maravilhoso é que, pelo olhar de um pequeno pássaro chamado *rupex,* um homem manchado pela varíola recobra a saúde. A força da Lysimachia é tão grande que, colocada no jugo dos bois ariscos, não tarda em refrear-lhes a petulância. A buglossa, colocada no vinho, aumenta o júbilo e a volúpia do espírito, e adquiriu tal grau de excelência que chamam-na de *euphtonona.* O basilisco, como o afirma Teofrasto, desgostoso pelas injúrias e violências, cresce e se alonga, e, quanto mais o provocam, mais ele cresce. Talvez Pérsio tenha aludido a esse fato nestes versos:

*Ayant du serf fêtard dit mainte injure étrange*
*Dont l'oisif basilic autrement ne s'arrange.*

[Tendo o servo estróina dito muita injúria estranha,
com o que basilisco ocioso, aliás, não concorda.]

"É ainda certo que, se se ferir a arruda, ela cresce mais, e que aquela que cresce em segredo cresce melhor, como o afirmaram os antigos. O mesmo acontece com a salsa, quando a pisam pesadamente com os pés. O diamante hindu resiste a qualquer prova, tal a sua dureza, mas se for rorejado com sangue de bode torna-se mole e fácil de ser rompido. De todos os humores, o ruibarbo purga apenas a cólera, a tinha do tomilho a melancolia, e o agárico a fleugma. Os remédios que foram descobertos pela diligência dos médicos, para a cura dos animais doentes, não são menos interessantes. Aplicando-lhes certas ervas que provocam o vômito, eles purgam o ventre do cão; o íbis-egípcio opera da mesma forma. As cabras de Cândia, feridas pelas flechas fixadas em seu couro, vão procurar o dictâmon e, comendo dessa erva, fazem sair essas flechas de seu corpo.

"Os pássaros marinhos, quando têm o bico ulcerado, comem da segurelha para se curarem.

"Quando a tartaruga, tendo comido uma serpente, adoece, ela come orégão e recobra a saúde. Depois que os ursos saboreiam os frutos da mandrágora, de medo que o mal-estar causado por eles não aumente e que eles venham a morrer disso, caminham e comem formigas, o que os torna de novo sadios e salvos. Da mesma forma, se o cervo se apercebe de que comeu alguma erva venenosa, ele se purga imediatamente comendo uma erva chamada alcachofra.

"Quando um elefante come um camaleão que se detém sob as folhas das árvores e que, por sua cor, enganou o animal, este, reconhecendo o próprio erro, remedeia-o roendo folhas da oliveira selvagem. As panteras que comeram o veneno espalhado pelos caçadores sobre pedaços de carne, para sufocá-las, procuram excrementos humanos, o que remedeia o seu mal-estar e as cura. A pomba, o gaio e o melro curam suas enfermidades com a ajuda de folhas de loureiro. As pombas e os galos se alimentam da parietária e fornecem guano à agricultura. As andorinhas mostraram suficientemente que o relâmpago é salutar à vista, pois é assim que elas curam os filhotes, cujos olhos sofram de um mal qualquer. Há animais que se transformam em animais de outra espécie. É o que acontece com a lagarta que, criando asas, transforma-se em borboleta. As lagartas que nascem nas figueiras transformam-se em cantáridas. As cobras-d'água, depois que os tanques ou pântanos secam, tornam-se serpentes de verdade. Há outras transmutações em algumas estações, como por exemplo o gavião ou o falcão, a poupa, o *eritacus* e o *phoenicuturus*, que mudam então sua plumagem. O papa-moscas e o atripala, que os gregos chamam de *melancoriphos*, transformam-se reciprocamente um no outro, de sorte que o que foi papa-moscas no verão se tornará atripala no tempo de vindima. Assim, o trigo se transforma em joio e, de joio, volta a ser trigo e, semeado, transforma-se em aveia. Se se semear freqüentemente o manjericão, como o afirma Marcial, ele se transformará em agrião ou em menta aquática. Assim, pelo testemunho do pai Galieno, resulta dessa metamorfose natural — porque, tendo semeado trigo, separado, de um lado, e cevada limpa, do outro, a fim de conhecer com certeza a experiência feita por outros — que ele encontrou joio no trigo, mas muito pouco na cevada. Esse autor conta ainda muitas outras coisas, mas basta-nos dar os exemplos que precedem, para ilustrar o assunto que ora nos ocupa."

E J. B. de Porta acrescenta:

"Assim, nos animais, nos vegetais e, geralmente, em todas as espécies de propriedades ocultas há uma mesma paixão que os gregos chamam de simpatia e antipatia, e nós, mais comumente, de conveniência e desacordo. Pois algumas dessas coisas se aliam e se enlaçam simpaticamente, enquanto outras, pelo contrário, estão em desacordo e são antipáticas umas às outras, sem que se possa encontrar a razão verdadeira dessa simpatia ou dessa antipatia.

"No entanto, essa razão existe, pois a natureza não formou nenhuma coisa sem lhe dar seu criador, e não existe nada nas coisas ocultas da natureza que não tenha um segredo e uma propriedade particular. Empédocles, encantado com as maravilhas que tinha sob os olhos, afirma que todas as coisas se faziam por altercação e concórdia, e se dissipavam da mesma forma; ele acrescenta que esses dois contrários eram a semente ou a fonte de tudo, que elas se encontravam nos elementos por qualidades discordantes e concordantes, do modo como acima ficou exposto. Ele continua dizendo que o mesmo se encontra nos astros do céu, alegando, por exemplo, que Júpiter e Vênus amam todos os outros planetas, com exceção de Marte e de Saturno. Eis, de resto, como Marilius se expressa a este respeito:

*Aussi par propres lois les astres éthérés*
*Ont convenance entre eux et sont énamourés,*
*Voire et heureusement l'un envers l'autre exerce*
*De mainte et mainte chose et trafic et commerce.*

[Também, por leis próprias, os astros etéreos
Têm conveniência entre si e estão apaixonados,
E até, e felizmente, um exerce em relação ao outro,
O tráfico e o comércio de muitas e muitas coisas.]

"Essas coisas podem ser vistas mais claramente ainda nos livros dos astrólogos, mas elas se mostram com mais evidência ainda nos animais. Por exemplo, citarei o homem e a serpente, que se odeiam de um ódio irreconciliável: de sorte que o homem, apenas vê a serpente, logo se assusta, e esse animal pernicioso, mostrando-se diante de uma mulher grávida, a faz abortar, e ela perde o seu fruto. A saliva do homem jovem também tem um grande poder, pois mata os escorpiões. O crocodilo do Nilo e a pantera são animais muito cruéis e muito perigosos para o homem, pois o primeiro, seduzindo com suas lágrimas falsas, devora-o incontinenti, enquanto o outro lhe causa um medo mortal. O rato-da-Índia é pernicioso para o crocodilo, pois a natureza lho deu como inimigo, de sorte que quando esse violento animal se alegra ao Sol, arma-lhe emboscadas, das quais ele morre. Pois, percebendo que o crocodilo dorme com a goela aberta, descobrindo assim um abismo misterioso, o rato entra por aí e escorrega pela larga garganta até o ventre do animal. Rói-lhe as entranhas e, afinal, sai pelo ventre do animal morto. Todavia, esse animal não se dá bem com a aranha e, muitas vezes, combatendo contra a áspide, morre. O olhar do lobo também é muito nocivo ao homem; se for ele o que olhar primeiro, o lobo o priva da voz, tanto que, se o homem quiser gritar, não poderá fazê-lo, pois de súbito é privado do uso da fala. Mas se o lobo se sente observado, ele se cala, sua crueldade se ameniza e ele perde muito de suas forças: de onde vem o provérbio que Platão enunciou em *O lobo está na fábula.* Se o lobo morde um cavalo, é coisa certa que este será maravilhosamente ligeiro e disposto para correr; mas se, numa queda, o cavalo pisar no rastro do lobo, ele ficará todo apavorado e suas pernas se tornarão completamente adormecidas, como o assegura Panfílio.

"O lobo sente um ódio mortal pela ovelha, que se arreceia dele e o teme de tal modo que, se da pele ou do tosão da ovelha atacada pelo lobo e que tenha conseguido fugir, se fizerem vestidos, eles gerarão mais pulgas que os outros. Também as carnes das ovelhas que sentiram o dente do lobo tornam-se mais tenras e saborosas. A cauda e a cabeça do lobo penduradas no estábulo das ovelhas consome-as de pena e de tristeza, de sorte que, deixando o cuidado da pastagem, elas imploram ajuda e socorro com o lamento de seus balidos. O cão é o inimigo do lobo, como é o amigo do homem; e este é igualmente amado pelo cavalo. Mas este tem como inimigo os grifos e os ursos.

"O musaranho ou musaranho-vulgar não se dá bem com o sapo e a serpente; e isso a tal ponto que, logo que ela pode perceber o inimigo, despoja-se de sua teia e vai plantar-lhe o aguilhão no meio da testa e, por esse meio, causa-lhe a morte. O leão ultrapassa todos os animais em generosidade, e põe medo em todos os outros animais. Mas assusta-se com o simples canto do galo, principalmente se o galo for branco, e sua crista também lhe inspira terror. O macaco tem horror da tartaruga; quando a vê, foge, lançando gritos selvagens. O elefante, que é o maior dos animais terrestres, sente um medo extremo ao ouvir a porca soltar seus grunhidos. Também está em luta contínua contra o dragão.

"O galo não se preocupa com o elefante e não o teme absolutamente; ele despreza essa massa grande e pesada, mas tem medo do milhafre. Quando o elefante é transportado em furor e crueldade, se percebe um cordeiro, se enternece de súbito e sua impetuosidade cessa imediatamente. Usando desse artifício, os romanos puseram em fuga os elefantes de Pirro, rei dos epirotas, sobre os quais alcançaram uma vitória brilhante. O pintarroxo odeia o jumento e luta estranhamente contra ele; por isso, quando o jumento se aproxima dos arbustos e das moitas para se coçar e, ao se roçar contra os ramos, destrói os ninhos dos passarinhos, de medo que ele faça cair os ovos ou os filhotes, o pintarroxo vai em seu socorro e pica com o bico a parte mole das narinas do animal. O gavião é o maior inimigo dos pombos, mas eles são protegidos pela tartaranha, cuja voz e olhar assustam o gavião; por isso eles não se afastam desse pássaro, no qual têm toda a confiança. A gralha e o bufo estão em perpétua guerra; eles espiam os ninhos um do outro e comem os filhotes que aí encontram. O bufo opera de noite, mas a gralha trabalha de dia e é mais forte que seu inimigo. A doninha é a inimiga da gralha, enquanto o milhafre não suporta a presença do corvo. A força do milhafre reside sobretudo em suas unhas, que são muito duras.

"O picanço-vermelho não gosta nem da garça nem do verdelhão, o corvo odeia o abutre, a vespa é inimiga encarniçada do cavalo e do jumento. Quando o jumento dorme em seu estábulo, a vespa entra-lhe pelas narinas e, quando ele acorda, impede que ele se alimente. A garça faz guerra à águia, como a cotovia à raposa. Contra a águia, um gavião que voa à noite, chamado *cibidus,* guerreia furiosamente; encarniçados até a loucura, eles se matam um ao outro.

"Os animais aquáticos também se movem uma guerra contínua; o congro e a lampréia, por exemplo, comem a cauda um do outro. As lagostas têm horror do polvo, que as enlaçam com seus fortes tentáculos e as sufocam. Existe também no mar um pequeno verme, chamado *Ostrum,* semelhante ao escorpião, do tamanho de uma aranha que, com seu aguilhão, penetra sob as nadadeiras dos peixes chamados *Thinnis* e as comprimem de tal modo que, tomados de dor e de raiva, eles saltam sobre os navios que fazem vela em suas paragens.

"A couve e a vinha são perniciosas uma à outra porque, embora a vinha, por seus tendões torcidos, tenha o costume de enlaçar todas as coisas, ela foge todavia da couve, e a repugnância que sente por esse vegetal é tanta que, sentindo a couve por perto, ela se afasta, como se alguém a tivesse advertido de que seu inimigo se encontra nas vizinhaças. E isso também é digno de nota: enquanto a couve cozinha, se colocardes um pouco de vinho no recipiente onde se faz a cozedura, a couve não chegará a ficar cozida e não conservará a própria cor. A vinha também não suporta o loureiro, porque com o seu odor ela piora a própria condição. O heléboro e a cicuta, como se sabe, são perigosos para o homem; todavia, é notório que as codornizes comem um e os estorninhos a outra, o que o poeta Lucrécio expressou muito bem nestes versos:

*Il est aisé à voir mainte caille barbue*
*S'engraisser maintes fois de l'amère cigüe*
*Combien qu'à l'homme, né pour regarder les cieux*
*Elle soit un poison âpre et pernicieux.*

[É fácil ver-se muita codorniz barbuda
Engordar muitas vezes com a amarga cicuta
Enquanto para o homem, nascido para contemplar os céus
Ela é um veneno áspero e pernicioso.]

"E, alhures, o mesmo poeta diz:

*Et encore d'ailleurs, l'ellébore malin*
*À nous humains appert dommageable venin*
*Mais la graisse il augmente aux chèvres fort actives*
*Et l'accroît mêmement en ces cailles lascives.*

[E ainda, alhures, o maligno heléboro
Oferece a nós humanos um veneno prejudicial
Mas aumenta a gordura das cabras muito ativas
E a aumenta igualmente nessas codornizes lascivas.]

"A canafrecha é uma pastagem muito agradável para os jumentos, mas é um cruel veneno para outros animais, que mata prontamente; é por isso que esse animal é dedicado a Baco, assim como a canafrecha. Se o escorpião rasteja ao pé do acônito, fica todo apavorado e entorpecido no mesmo instante. Existe uma erva, chamada *cerastis*, cuja virtude é tal que, se manuseardes entre vossas mãos sua semente, o escorpião não vos poderá causar nenhum mal, mas, pelo contrário, podereis esmagá-lo à vontade. Os gatos não tocarão nos pássaros que tiverem sob suas asas sementes de arruda-brava. A doninha que quer lutar com uma serpente se fortalece igualmente armando-se com essa planta. O leão que pisar nos ramos ou nas folhas da azinheira torna-se de repente muito medroso. Se o lobo tocar numa cebola, perde sua força, o que explica o costume das raposas que cobrem e muram com cebolas as suas tocas. As folhas do plátano espantam os morcegos, motivo pelo qual as cegonhas enchem com elas os seus ninhos, para preservar-se de seus ataques.

"Os pássaros chamados *harpae* se provêm de hera; as gralhas, de verbena; o tordo, de murta; a perdiz, de cana; a garça, de *carni;* a cotovia, de dente-de-cão, o que deu motivo a estes versos:

*Au lustre gracieux de l'herbe dent-de-chien*
*L'alouette bâtit son gîte et repos sien.*

[Ao brilho gracioso da erva dente-de-cão
A cotovia constrói sua casa e seu repouso.]

"Os cisnes, quando querem que nasçam os seus filhotes, levam o agnocasto, ou *agnus castus,* para seus ninhos. Mas, se contamos as coisas contrárias e nocivas, como acharemos mais maravilhosas as agradáveis e benfazejas? Se eu disse que a serpente é a inimiga do homem, notarei, em contrapartida, que o lagarto o ama e o adora até, e que a sua vista o enche de alegria. Aliás, que animal é mais amigo do homem do que o cão, que o acaricia até lamber a sua saliva? E entre os animais aquáticos, que pode haver de mais amável do que o delfim? E ele o é de tal modo que, com razão, chamam-no *philanthropos,* e é coisa notória, no dizer de Ápion, que ele é capaz de amar. Como narra Teofrasto, sabe-se de delfins perdidamente apaixonados, tanto que, ao ver algumas lindas crianças navegando ao longo da costa, eles ficaram imediatamente enamorados. A raposa vive em boa inteligência com a serpente; os pavões amam as pombas; os melros, os tordos e os papagaios logo caem de amores pelas andorinhas. Ovídio fala assim a esse respeito nos seguintes versos:

*Du verd oyseau, c'est chose bien notoire,*
*Fort chérie est la tourterelle noire.*

[Do verde pássaro, é coisa bem notória,
a negra andorinha é muito querida.]

"As gralhas amam as garças e se entrejudam contra a insolência das raposas, seu inimigo comum. Existe a mesma familiaridade e a mesma ajuda mútua entre os peixes que vivem em cardumes. Há, por exemplo, uma real amizade entre a baleia e um pequeno peixe do tamanho do cadoz, que de bom grado ela deixará esse pequeno animal nadar na frente dela para lhe servir de guia, e ela o seguirá como aquele a quem deve a segurança de sua vida; e quando ele descansa, ela descansa, e quando ele retoma sua caminhada, ela faz o mesmo e se sujeita inteiramente a ele. Também entre as plantas, as vinhas amam os olmos novos e os choupos, tanto e tão bem que elas crescem magnificamente junto deles, pois, casados, estendem seus rebentos, sobem delicadamente e abraçam com suas gavinhas os ramos dessas árvores, de sorte que não podem mais se separar, o que não constitui o caso de outras árvores. As palmeiras se prezam de um amor veemente; elas enlanguescem uma pela outra e são de tal modo castigadas pelo desejo amoroso, que se abaixam, inclinam suas cabeleiras e se retorcem movidas por uma doce amizade. E se, enxertadas uma junto da outra, forem enlaçadas mediante um nó de corda, elas se abraçarão por um toque recíproco e gozarão das doces dádivas de Vênus, de sorte que, alegremente, levantarão a folhagem de suas cabeças graciosas. Contra essa loucura os agricultores usam um remédio, que relataremos mais tarde, remédio com a ajuda do qual esse amor furioso se extingue, e a árvore a partir de então se torna frutuosa. Leontius também fala do ardente desejo dessas plantas e se apóia no que disseram os antigos. O desejo venéreo, diz ele, é tão grande e tão vivo na palmeira, que ela não dará trégua a seu desejo amoroso se o macho amado não a tiver consolado. Se não se der o remédio a seu mal-de-amores, ela morre, o que não é ignorado pelo agricultor conhecedor do assunto. Assim, munido do remédio de que carece, a fim de que possa conhecer aquele a quem ela tem o desejo de se unir pelo casamento, ele irá procurar todas as palmeiras que se encontram ao redor da palmeira lânguida e, tendo tocado esse um, leva sua mão à amante apaixonada, fazendo o mesmo com os outros; e quando sente que suas mãos são roçadas como por um beijo, então ele reconhece que a palmeira anuncia que o seu desejo foi saciado e ela sacode sua cabeleira pequena e graciosa. Então, o prudente lavrador irá arrancar flores do tronco do macho e com elas coroa a cabeça da amante que, por esse meio, carregada do presente de seu amado, produz frutos e, contente com esse penhor de amor, torna-se fecunda. O fruto não pode durar na palmeira fêmea se não se espalharem folhas do marido, junto com o pó, sobre ela. O amor entre a oliveira e o mirto também é grande; como o relata Andrócio, as vergônteas deste sobem sobre a oliveira, e suas raízes, contorcendo-se entrecruzam-se mutuamente. Por isso não se planta nenhuma outra árvore junto da oliveira, com exceção do mirto; de resto, ele é o inimigo da figueira e mesmo de qualquer outra árvore. O mirto também gosta da vizinhança da romãzeira, pois se eles são plantados um ao lado do outro, tornar-se-ão mais fecundos e mais férteis. Se a romãzeira for enxertada sobre o mirto, dará muito mais frutos. É Dídimo quem o assegura. Existem ainda muitas outras árvores que se tornam estéreis, se junto delas não se plantar um chuço ou se o macho não estiver bem próximo. O rebento da oliveira-selvagem tira a esterilidade da oliveira-doméstica, como o exprimem estes versos:

*Le sauvage olivier, fécondité naïve,*
*Octroie heureusement à cette grasse olive*
*Et enseigne à donner d'une largesse extrême*
*Les dons lesquels porter il ne peut pas lui-même.*

[A oliveira-selvagem, fecundidade nativa,
Outorga com alegria a essa fértil oliva
E ensina a dar com una largueza extrema
Os dons que ela própria não pode carregar.]

"Entre as rosas e os lírios existe uma simpatia secreta, de sorte que, nascendo estes perto daquelas, eles se ajudam mutuamente, e os lírios e as rosas produzem flores mais suaves e perfumadas. Nos lugares onde se planta a cebola albarrã, todas as outras plantas irão alegremente, como toda espécie de ervas hortenses serão favoravelmente ajudadas em seu crescimento se se semear junto delas a urga. Os pepinos gostam tanto da água que têm uma aversão pronunciada pelo óleo. A arruda jamais será tão bela como à sombra da figueira, ou mesmo enxertada na casca dessa árvore. O gato alegra-se com a presença da verbena, porque essa planta fortalece os seus olhos. Creio que posso encerrar aqui este capítulo, porque é de meu aviso que nós vos divertimos, amigo leitor, mais do que era conveniente."

Paracelso se expressou assim muito bem sobre o valor e a força dos signos em seu livro *Arquidoxo mágico:*

"Eles também, os signos, os caracteres e as letras, têm a sua força, a sua eficácia. Se a natureza e a essência própria dos metais, a influência e o poder do céu e dos planetas, a significação e a disposição dos caracteres, sinais e letras, se harmonizam e concordam simultaneamente com a observação dos dias, tempos e horas, o que então, em nome do céu, impediria que um sinal ou um selo fabricado seguindo essas características possuísse sua força e faculdade de operar? Por que isto, no devido tempo, não serviria para a cabeça, ou aquilo não acomodaria a vista? Por que uma terceira coisa não seria de bom uso para o cálculo dos rins? E por que então não aliviarias assim os que afadigam o próprio corpo à força de ingerir outros remédios? Contudo, nada deve ser executado ou esperado sem a ajuda e o socorro do próprio Pai da medicina, *Jesus Cristo,* o verdadeiro e único médico.

"Os outros protestam e objetam que as palavras e os sinais não têm força alguma, que não há neles nenhuma eficácia, com exceção da cruz, pois não passam de figuras e de caracteres.

"Compreenderás que não são as palavras em si, mas o clamor concorrente do homem que produz tais efeitos? Eu te contradirei abertamente. Se escreveres, em tempo favorável, essas únicas palavras sobre velino, pergaminho, papel, e as mostrares a uma serpente, esta não ficará menos imóvel do que se as pronunciares em voz alta. Além do mais, não deve parecer-te extraordinariamente impossível e incrível que a medicina possa aliviar o homem, não por meio de absorção, mas usando-a pendurada ao pescoço à maneira e costume de um selo. Vês operar-se um fato semelhante na bexiga pela ação das cantáridas. Se segurares na mão algumas cantáridas, a urina torna-se sanguinolenta; de nada adianta o fato de a bexiga, receptáculo da urina, estar escondida no mais profundo do corpo, e a mão fora do corpo, estar muito afastada da bexiga."

R. P. François Placet, em sua obra *La Superstition du temps reconnue aux talismans* (1668), escreve, enfim:

"Pois, como está bem assinalado nas coletâneas gerais, tudo o que age neste mundo o faz pelas qualidades primeiras ou segundas, ou por substância, de onde vêm as propriedades ocultas e simpáticas; mas as figuras dos talismãs não podem agir por nenhum desses meios; porque é certo que elas não agem por calor, frio, dureza ou maciez, nem por nenhuma qualidade primeira ou segunda, não mais do que por suas substâncias, pois as figuras não aumentam essas qualidades nos sujeitos que elas modificam, e tampouco aperfeiçoam a substância do metal ou da pedra; e, conseqüentemente, é absurdo dizer-se que a figura seja necessária ao talismã para que ele produza efeito.

"Aliás, a figura nada mais é do que uma certa situação e disposição das partes, e um modo da quantidade que ela configura; a qual, dependendo da matéria que é puramente passiva, é igualmente incapaz de ação, como a figura que chega ao seu fim. E mesmo que a figura artificial do talismã pudesse agir de forma artificial, ela não poderia produzir nenhum efeito natural, pois este estaria acima de sua força: ainda menos agir sobre a vontade para induzir a amar ou a odiar; como o autor o ensina em seus talismãs..."

## *A força dos símbolos*

Todavia, essas figuras encerram em si mesmas uma série de ensinamentos que são verdadeiros símbolos, que se poderá penetrar em diferentes níveis, de acordo com o estado do progresso espiritual de cada um. Eis o que afirma a respeito Papus, no *Traité élémentaire de science occulte* [Tratado elementar de ciência oculta]:

"O iniciado pode dirigir-se a todos expressando suas idéias por meio das histórias simbólicas que correspondem aos *fatos* e no sentido positivo.

"Muitos compreendem ainda, se não o sentido, pelo menos as palavras que compõem os quadros analógicos correspondentes às *leis* e ao sentido comparativo.

"A compreensão *total* da última língua usada pelo iniciado é reservada unicamente aos adeptos.

"Munidos dos elementos que possuímos, podemos contudo abordar a explicação parcial desse método sintético, a última e a mais elevada das ciências ocultas. Ela consiste em resumir exatamente, num único signo, os fatos, as leis e os princípios que correspondem à idéia que se quer transmitir.

"Esse signo, verdadeiro reflexo dos signos naturais, chama-se *pantáculo*.

"A compreensão e o uso dos pantáculos correspondem aos *princípios* e ao sentido superlativo da hierarquia ternária.

"Temos que conhecer duas coisas a respeito dessas figuras misteriosas: primeiro, a sua construção; depois, e sobretudo, a sua explicação.

"Já demos a redução da Tábua de Esmeralda em signos geométricos. Trata-se de um verdadeiro pantáculo, que construímos assim; contudo, para maior clareza, construiremos outro.

"O segredo mais escondido, o mais oculto do santuário, era, nós o sabemos, a demonstração da existência de um agente universal designado sob uma multidão de nomes e a colocação em prática dos poderes adquiridos mediante o seu estudo.

"O que teríamos de fazer para designar essa força por um signo?

"Estudemos para tanto as suas propriedades.

"Antes de mais nada, essa força única, como o seu criador, que ela ajuda a constituir, é dotada de duas qualidades polarizáveis; ela é ativa e passiva, atrativa e repulsiva, ao mesmo tempo positiva e negativa.

"Temos uma multidão de modos de representar o ativo; poderemos designá-lo pelo número 1, marcando o passivo pelo número 2, o que nos daria 12 para o ativo-passivo. Esse é o processo pitagórico.

"Podemos ainda designá-lo por uma barra vertical, designando o passivo por uma barra horizontal; teremos então a cruz, outra imagem do ativo-passivo. Esse é o método dos gnósticos e dos rosa-cruzes.

"Mas essas duas designações, que significam exatamente *ativo-passivo,* não fazem menção do positivo e do negativo, do atrativo e do repulsivo.

"Para alcançar nosso objetivo, procuraremos nossa representação no domínio das formas, na própria Natureza, onde o positivo será representado por um cheio e o negativo pelo seu contrário, isto é, por um vazio. É dessa maneira de conceber o ativo que provêm todas as imagens falóides da Antigüidade.

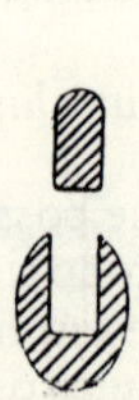

"Portanto, um *cheio* e um *vazio*, eis os elementos graças aos quais exprimimos as primeiras qualidades da força universal.

"Mas essa força é ainda dotada de um perpétuo movimento, a tal ponto que foi por esse nome que Louis Lucas a designou. A idéia de movimento cíclico corresponde, em geometria qualitativa, ao círculo e ao número dez.

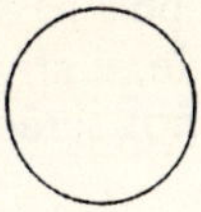

"*Um cheio, um vazio e um círculo.*

"Eis o ponto de partida do nosso pantáculo.

"O cheio será representado pela cauda de uma serpente, o vazio por sua cabeça e o círculo pelo seu corpo. Esse é o sentido do antigo ουροβορος.

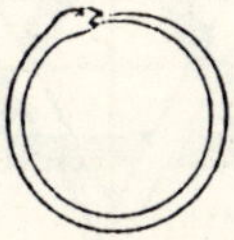

"A serpente está enrolada sobre si mesma de tal modo que sua cabeça (vazio - atrativo - passivo) tenta continuamente devorar sua cauda (cheio-repulsivo-ativo), que foge num eterno movimento.

"Eis a representação da força. De que modo exprimiremos as suas leis?

"Estas, nós o sabemos, são harmônicas e, conseqüentemente, equilibradas. Elas estão representadas no mundo pelo Oriente positivo da Luz, equilibrado pelo Ocidente negativo da Luz ou positivo da Sombra; pelo Meio-Dia positivo do Calor, equilibrado pelo Norte negativo do Calor ou positivo do Frio. Duas forças, Luz e Calor, opõem-se uma à outra, como positivo e negativo, para constituir um quaternário: eis a imagem das Leis do Movimento designadas por suas Forças Equilibradas. Sua representação será a Cruz:

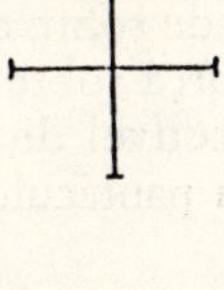

"Acrescentaremos, portanto, entre a boca e a cauda da serpente ou em torno dela, a imagem da Lei que rege o movimento, o quaternário.

"Conhecemos a força universal e sua representação, assim como a representação de suas leis. Como exprimiremos a sua marcha?

"Sabemos que essa força evolui, e evolui perpetuamente, das correntes vitais que se materializam, depois se espiritualizam, que saem da unidade e voltam constantemente a ela. Uma dessas correntes, a que vai da Unidade à Multiplicidade, é pois passiva e descendente; a outra, que vai da Multiplicidade à Unidade, é ativa e ascendente.

"Vários meios, portanto, nos serão fornecidos para representar a marcha da força universal.

"Poderemos designá-la por dois triângulos, um negro e descendente, o outro branco e ascendente. Esse é o processo seguido no pantáculo martinista:

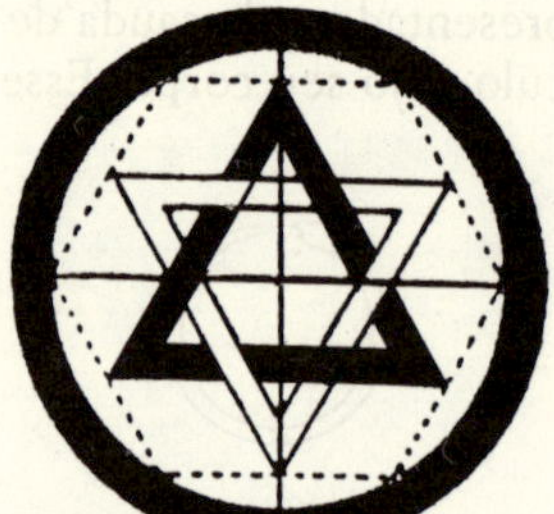

"Poderemos designá-la por duas colunas, uma branca, a outra negra (processo seguido pela Franco-maçonaria, colunas Jakin e Bohas) ou pelas posições dadas aos braços de um personagem, um voltado para cima, para designar a corrente ascendente, o outro voltado para a terra, para designar a corrente descendente.

"Reunamos todos esses elementos e veremos aparecer a figura que constitui a 21.ª chave do Tarô, a imagem do absoluto.

"A serpente representa a força universal, os quatros animais simbólicos, a lei das forças equilibradas emanadas dessa força, as duas colunas no centro da serpente, a marcha do Movimento, e a jovem mulher, a produção dela resultante, a Vida.

"O ουροζορος considerado sozinho, sem o seu desenvolvimento, exprime portanto um dos princípios mais gerais que existem. Esta será a imagem: no Mundo Divino, da ação do Pai sobre o Filho; no Mundo Intelectual, da ação da Liberdade sobre a Necessidade; no Mundo Material ou Físico, da ação da Força sobre a Resistência.

"Essa figura é ainda suscetível de uma multidão de aplicações. Numa palavra: trata-se de um pantáculo, uma imagem do absoluto."

## *Os signos de Papus e o pentagrama*

Papus observa que tais figuras, que à primeira vista parecem bem misteriosas, são finalmente muito fáceis de explicar, contanto que se dê ao trabalho de praticar com cuidado as três operações seguintes: decompor a figura em seus elementos; ver a situação que ocupam esses elementos na figura, uns em relação aos outros; procurar a ciência à qual se liga mais de perto o pantáculo.

"Todo pantáculo, por mais complexo que pareça, pode ser decomposto num certo número de elementos ligados à geometria qualitativa.

"Mas, antes, eu tenho de dar um meio que sempre deve ser usado quando a determinação dos elementos é difícil: é contá-los. Vemo-los, então, alinhados por três, por sete ou por doze.

"Se estão alinhados por três, a idéia que eles encerram é a do Ativo-Passivo-Neutro e de suas conseqüências.

"Se estiverem alinhados por sete, podem reportar-se quer aos sete planetas, quer às cores da obra hermética, e a 3.ª consideração (ciência à qual está ligada a figura) esclarecerá então a descrição.

"Enfim, se estiverem alinhados por doze, eles exprimem todo o movimento zodiacal e, particularmente, o do Sol.

"Afastada essa dificuldade, vejamos alguns dos principais elementos.

"A *cruz* exprime a oposição das forças, duas a duas, para dar nascimento à Quinta essência.

"É a imagem da ação do Ativo sobre o Passivo, do Espírito sobre a Matéria.

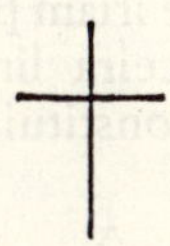

"Naturalmente, a cabeça domina o corpo, o Espírito domina a Matéria; quando os feiticeiros querem exprimir suas idéias num pantáculo, formulam suas imprecações destruindo a harmonia da figura; eles colocam *a cruz de cabeça para baixo,* e assim exprimem as seguintes idéias:

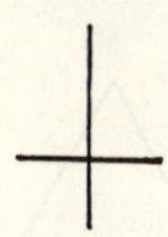

*"A Matéria domina o Espírito;*
*"O Mal é superior ao Bem;*
*"As Trevas são preferíveis à Luz.*
*"O homem deve deixar-se guiar unicamente por seus mais baixos instintos e tudo fazer para destruir sua inteligência,* etc.

"Sabemos que a cruz exprime suas idéias porque é formada de uma barra vertical (imagem do ativo) e de uma barra horizontal (imagem do passivo) com todas as analogias ligadas a esses termos.

"O *quadrado* exprime a oposição das forças ativas e passivas para constituir um equilíbrio; é por isso que ele é particularmente a imagem da forma.

"O *triângulo* exprime idéias diferentes, de acordo com as posições tomadas por seu ápice:

"Em si mesmo, o triângulo é formado por duas linhas opostas, imagem do 2 e do antagonismo, que iriam perder-se no infinito sem se encontrarem jamais se uma terceira linha não viesse unir as duas, reconduzindo-as à Unidade e constituindo a primeira figura fechada:

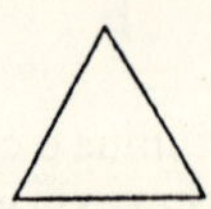

"O *triângulo com a cabeça para cima* representa tudo o que sobe de baixo para o alto:

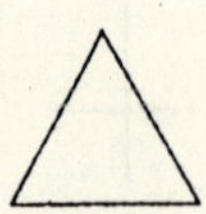

"Ele é, particularmente, o símbolo do Fogo, do quente. É o mistério hierárquico da Luz e da Matéria radical do Fogo Elementar; é o princípio formal do Sol, da Luz, das Estrelas e de toda Vida Natural. Essa luz primitiva leva para o alto todos os fenômenos de sua virtude porque, estando purificada pela Unidade da Luz incriada, ela se lança sempre rumo à Unidade de onde tira o seu ardor.[5]"

"O *triângulo de cabeça para baixo* representa tudo o que desce do alto para baixo:

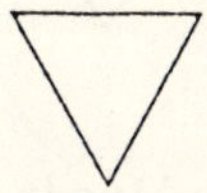

"Ele é particularmente o símbolo da Água, do Úmido: é a Água superceleste ou a Matéria metafísica do Mundo saída do Espírito protótipo; a Mãe de todas as coisas que do Binário produz o Quaternário. Todos esses movimentos tendem para baixo, e daí vem que ela individualiza as Matérias particulares e os corpos de todas as coisas, dando-lhes a existência.[6]"

"A *União dos dois triângulos* representa a combinação do Quente e do Úmido, do Sol e da Lua, o princípio de toda a criação, a circulação da Vida do Céu à Terra e da Terra ao Céu, a evolução dos hindus:

"Essa figura, chamada Selo de Salomão, representa o Universo e seus dois Ternários: Deus e a Natureza; é a imagem do Macrocosmo.

"Ela explica as palavras de Hermes na Tábua da Esmeralda: Ele sobe da Terra ao Céu e de novo desce à Terra e recebe a força das coisas superiores e inferiores.

"Ela representa ainda as virtudes (η βασιλεια, και η δωξα και η δυναμις) espalhadas pelos círculos regeneradores (εις τους αιωνας) do versículo oculto do *Pater* de São João, que os padres ortodoxos ainda

5 *L'Ombre idéale de la Sagesse universelle* [A Sombra ideal da Sabedoria Universal].
6 *Ibid.*

recitam. É a perfeição do Universo na obra mística dos seis dias, quando se determina ao Mundo o alto e o baixo, o Oriente e o Ocidente, o Meio-Dia e o Setentrião.

"Assim, esse hieróglifo do Mundo descobre as suas sete luzes no mistério dos sete dias da Criação, porque o centro do Senário faz o Setenário, sobre o qual rola e repousa a Natureza e que Deus escolheu para santificar seu Nome adorável. Digo, portanto, que A Luz do Mundo sai do Setenário porque dele se sobe ao Denário, que é o Horizonte da Eternidade, de onde partem toda a fruição e a virtude das coisas.[7]"

"O leitor deve ser capaz de, após as indicações precedentes, compreender essas passagens de um texto do mais puro misticismo."

Segunda operação: determinar, pelo método das oposições, a posição ocupada pelos elementos do pantáculo:

"Esse método consiste em aplicar à inteligência de um elemento que ficou obscuro a significação oposta do elemento colocado em oposição a ele.

"Vejamos o seguinte exemplo:

P...

L∴ D∴

7 *L'Ombre idéale de la Sagesse universalle.*

"Eis as três letras que formam a divisa de Cagliostro. Suponhamos que eu tenha conseguido encontrar o sentido da primeira e ver que ela significava: *Liberdade;* vi minha suposição confirmada pelo triângulo de ápice superior representado pelos três pontos e situado logo a seguir; procuro o significado da outra letra, D.

"De acordo com o método das oposições, sei que essa letra que se opõe à primeira terá um sentido recíproco do primeiro sentido, Liberdade; esse sentido deve estar contido na idéia de *Necessidade.* Mas o triângulo de ápice inferior ∵ logo me diz que essa necessidade é passiva em suas manifestações e que a idéia de Dever vem tomar o lugar da letra D; a reação de L sobre D dá o *Poder.*

"Esse exemplo muito simples permite captar os dados do método das oposições, que é de grande utilidade na explicação das figuras misteriosas. Esse método sempre é usado, seja designando os opostos por meio de cores diferentes, como as duas colunas J e B dos franco-maçons, uma vermelha, outra azul, seja designando-os por meio de formas diferentes, como a boca e a cauda da serpente, imagens do ativo e do passivo, ou os símbolos de gerações colocados sobre as colunas maçônicas, seja ainda dando-lhes direções diversas, como no *Selo de Salomão* (os dois triângulos de vértices opostos) ou na *cruz* (oposição das Linhas).

Cores<br>
Formas } opostas<br>
Direções

"Tais são os três modos sob os quais são designados os antagonistas nos pantáculos.

"Encontramos a aplicação disso nos diversos modos de representar o quaternário, imagem do absoluto.

"Literalmente, o quaternário é designado por quatro letras hebraicas: יהוה

"A primeira י (iod) representa o ativo.<br>
"A segunda ה (hé) é a imagem do passivo.<br>
"A terceira ו (vau) representa o elo de ligação entre as duas.

"Enfim, a quarta ה (hé) é a segunda repetida e indica a perpetuidade das produções de Osíris-Ísis.

"Para escrever essas letras ao modo dos iniciados, precisamos dispô-las em cruz, assim:

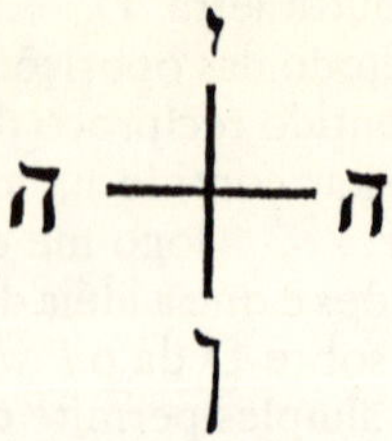


"Nesse caso, a direção indica a significação dos elementos, porque os elementos ativos (iod e vau) encontram-se sobre a mesma linha vertical.

"Os elementos passivos, sobre a mesma linha horizontal.

"Pode-se designar igualmente esse quaternário por diferentes formas:

| | |
|---|---|
| "O *Bastão* | imagem do ativo, representará o *iod* ( י ). |
| "A *Taça* | vazia, imagem do passivo, representará o primeiro *hé* ( ה ). |
| "A *Espada*<br>"A *Cruz* | ou imagem da aliança do ativo e do passivo. representará o *vau* ( ו ). |
| "O *Disco* | representará duas taças sobrepostas e, em seguida, 2 vezes 2 indicando a repetição do *hé* ( ה ). |
| "*Bastão* ou *Trevo*<br>"*Taça* ou *Coração*<br>"*Espada* ou *Lança*<br>"*Disco* ou *Quadrado* | Tais são os elementos, imagens do absoluto, que constituem as cartas de jogar. |

"Esses elementos são pintados de dois modos opostos (*vermelhos* e *negros*) para mostrar que o quaternário é formado pela oposição, dois a dois, de duas forças primordiais, uma ativa: vermelha — outra passiva: negra.

"Eis o resumo geométrico dessa maneira de considerar o quaternário:

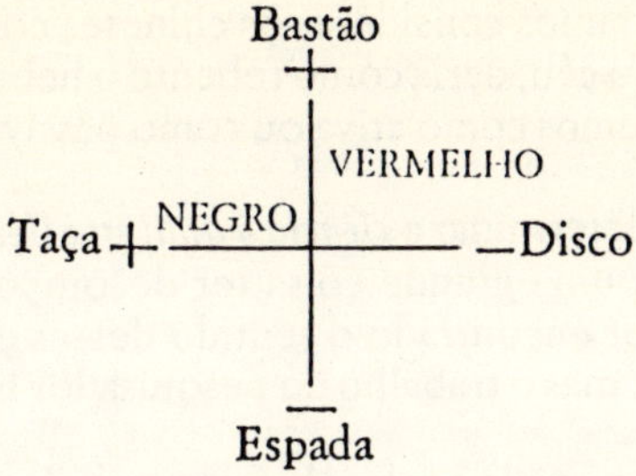


"Considerai a 21.ª chave do Livro Hermes e encontrareis tudo isso nos quatro animais simbólicos.

"Em resumo, o segundo método de explicação consiste em opor o alto da figura ao baixo, a direita à esquerda, para daí tirar os esclarecimentos necessários à explicação.

"E raro que o sentido de uma figura, por mais misteriosa que ela seja, não apareça, aliando o primeiro método (separação dos elementos) a este.

"Todas essas considerações sobre a explicação das figuras parecerão, talvez, bem fúteis a alguns leitores: mas reflitam que a ciência antiga reside quase que inteiramente nos pantáculos, e então, sem dúvida, perdoarão a monotonia dessas explicações.

"Não encontramos, acaso, a explicação desses dados no modo de escrever as três línguas primitivas: o chinês, o hebraico e o sânscrito?

"O chinês é escrito de cima para baixo, isto é, verticalmente, e da direita para a esquerda.

"O hebraico horizontalmente, e da direita para a esquerda.

"O sânscrito horizontalmente, e da esquerda para a direita.

"Segundo Saint-Yves d'Alveydre,[8] a direção da escrita indicaria a origem da instrução dos povos. Se aplicarmos isso às escritas precedentes, encontraremos que:

"Todos os povos que escrevem como os chineses, isto é, do Céu para a Terra, têm uma origem que toca de muito perto na fonte primitiva. (Os chineses são os únicos que ainda possuem uma escrita ideográfica.)

"Todos os povos que escrevem como os hebreus, do Oriente para o Ocidente, receberam sua instrução de uma fonte oriental.

8 *Mission des juifs* [Missão dos judeus].

"Enfim, todos os povos que escrevem como o sânscrito, do Ocidente para o Oriente, receberam a sua cultura dos primitivos santuários metropolitanos do Ocidente e, sobretudo, dos druidas.

"Assim, poderíamos considerar os chineses como uma raiz primitiva que, partindo do céu, daria como rebento o hebraico ou o sânscrito, conforme a tomássemos como ativa ou como passiva, como oriental ou ocidental."

Resta, enfim, determinar a *ciência à qual está ligado o pantáculo:*

"Já representa uma grande coisa ter decomposto uma figura em seus elementos e ter encontrado o sentido desses elementos pelo método das oposições; mas o trabalho do pesquisador não deve limitar-se a isso.

"Suponhamos que ele tenha chegado a atribuir aos sete planetas sete elementos de uma análise difícil; terá ele razões para se dar por satisfeito?

"Somente o sentido geral do pantáculo poderá esclarecê-lo a esse respeito. Se se trata de Astrologia, o sentido positivo atribuído aos planetas lhe bastará; se se trata de Alquimia, somente o sentido comparativo será útil, e os planetas designarão as cores da obra; enfim, se se trata de Magia, os planetas corresponderão aos nomes das inteligências que os governam.

"Vê-se qual a importância da determinação do sentido de um pantáculo, e essa determinação não pode ser obtida senão pela combinação dos dois primeiros métodos: *Decomposição em elementos — Oposições dos elementos*.

"Enfim, digamos que essa especificação do sentido das figuras misteriosas não existe quase nunca nas figuras antigas e que elas designam, analogicamente, as três significações que correspondem aos três mundos.

"Apliquemos agora os dados precedentes à explicação das figuras simbólicas mais fáceis de encontrar no estudo da ciência oculta.

"Eu me absterei muitas vezes de analisar as explicações, que o leitor poderá encontrar, tão facilmente quanto eu, pelo uso dos métodos acima.

"O Pentagrama ou estrela de cinco pontas, a Estrela Flamejante dos franco-maçons, é ainda um pantáculo e um dos mais completos que se possa imaginar.

"Seus sentidos são múltiplos, mas todos eles estão relacionados com a idéia primordial da aliança do quaternário e da Unidade.

"Essa figura designa sobretudo o homem, e é nessa acepção que iremos estudá-la.

"A ponta superior representa a cabeça; as quatro outras pontas, os membros do homem. Pode-se também considerar esse pantáculo como a imagem dos cinco sentidos; mas esse significado demasiado positivo não nos deve deter.

"Sem querer explicar aqui completamente os segredos dessa figura, podemos mostrar como é fácil a interpretação que pode nos guiar ao colocá-la em prática. Com efeito, para agir sobre os espíritos, os mágicos se servem do Pentagrama com a cabeça para cima, e os feiticeiros do Pentagrama com a cabeça para baixo.

"O Pentagrama com a cabeça para cima indica o homem, no qual a vontade (a cabeça) domina as paixões (os membros).

"Sendo a idéia representada por 3 e a matéria (díade) por 2, pode-se, decompondo assim o Pentagrama, demonstrar esse domínio do Espírito sobre a Matéria.

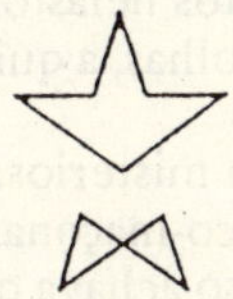

"O Pentagrama com a cabeça para baixo representa a mesma figura que a cruz invertida: é o homem no qual as Paixões comandam a Vontade; é o homem passivo, o homem que deixa que sua vontade seja subjugada pelos maus espíritos; é o Médium.

"Nessa situação, o Pentagrama indica a materialização do Espírito, o homem que consente em colocar sua cabeça para baixo e as pernas para o alto.

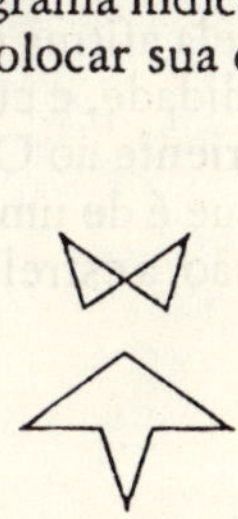

"O Pentagrama pode, portanto, representar o Bem ou o Mal, de acordo com a direção que ele afeta, e é por isso que ele é a imagem do

Homem do Microcosmo, capaz de fazer o Bem ou o Mal segundo sua Vontade."

Stanislas de Guaita, em *La Clef de la magie noire,* fornece-nos outras explicações:

"A *localização de forma pentagonal* equivale à Estrela Flamejante invertida, emblema da vontade criminal. Sabe-se que o Pentagrama, onde se inscreve a figura do microcosmo humano (Vontade, Intelecto, Amor, Força e Bondade), constitui um hieróglifo conversível: em sua posição normal, com uma única ponta no alto, ele é o escudo do mago de luz, e traduz as virtudes benéficas e as gloriosas prerrogativas da Inteligência, espontaneamente ligada ao plano providencial; as cinco letras do nome do Homem-deus יהשוה cintilam aos raios da Estrela. Mas, orientado no sentido inverso, o Astro pentagramático nada mais é do que um símbolo de iniqüidade, de perdição, de blasfêmia: essas duas pontas no ar transformam-se nos chifres do Bode imundo que ameaça o Céu, e cuja cabeça se enquadra no pantáculo estelar, com suas orelhas baixas nos ramos laterais, e sua barba em desordem na única ponta inferior. Notemos, de resto, que o sistema particular do teósofo d'Amboise atribui ao número *cinco* atributos nefastos e fúnebres: no Livro Universal do Homem, que tem dez folhas, a quinta é a 'da idolatria e da putrefação'."

Se podemos pensar na misteriosa letra G que figura na Estrela Flamejante honrada pela Franco-maçonaria, evocamos outro pantáculo, o "Selo de Salomão". Paracelso achava que esse selo era um dos signos mais completos e que ele era a síntese das outras figuras mágicas.

Eis o que Éliphas Lévi nos diz a respeito em seu *Dogma e Ritual da Alta Magia:*

"O ternário é traçado no espaço pelo ponto culminante do céu, o infinito em altura, que se liga por duas linhas retas e divergentes ao Oriente e ao Ocidente. Mas, a esse triângulo visível, a razão compara outro triângulo invisível, que ela afirma ser igual ao primeiro: é aquele que tem como ápice a profundidade, e cuja base, invertida, é paralela à linha horizontal que vai do Oriente ao Ocidente. Esses dois triângulos reunidos numa única figura, que é de uma estrela de seis raios, forma o sinal sagrado do Selo de Salomão, a estrela brilhante do Macrocosmo."

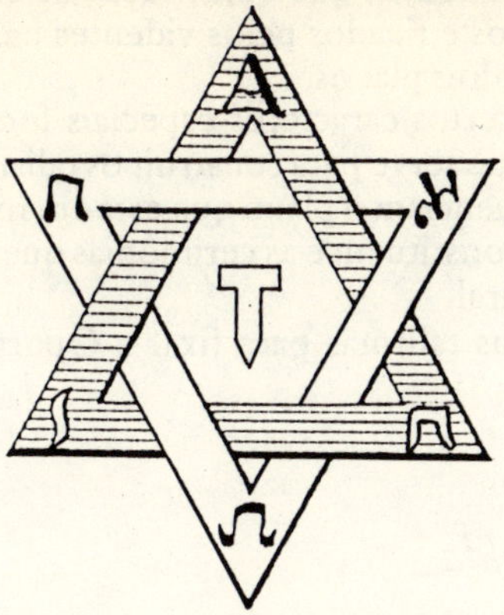

Segundo Pierre Mora, filósofo cabalista, citado por P. L. Jacob, eis outra interpretação:

"Ordinariamente, os pantáculos são cobertos por um duplo círculo, dos misteriosos nomes de Deus tirados de uma passagem da Sagrada Escritura que tem relação com o que tendes o desejo de conseguir por meio desse pantáculo. Exemplo: Se vossa intenção numa empresa misteriosa está ligada às riquezas e aos homens, colocareis no duplo círculo do pantáculo: *Gloria et divitiae en domo ejus*, e no centro ou vazio do círculo gravareis com ordem e simetria os caracteres dos planetas sob cujos auspícios formareis esse pantáculo."

Roch le Baillif, por sua vez, conta que: "Serenus Samonicus, entre os preceitos da medicina, diz que escrevendo o nome *Abracadabra*, diminuindo letra após letra por ordem retrógrada, desde a última até a primeira, e levando-a ao pescoço, é remédio para as doenças, e que, declinando-as, elas logo se curam."

Papus, como vimos, revelou muitas vezes o que era preciso entender sobre o valor do símbolo e da representação. Eis o que ele escreveu, mais particularmente, sobre o valor do talismã no seu *Livro de la Chance* [Livro da Sorte]:

"A linguagem do mundo invisível é a imagem.

"Uma imagem é compreendida por seres que podem falar línguas muito diferentes.

"Eis por que nos sonhos anunciadores de graves acontecimentos, nas visões proféticas e na maioria de suas manifestações, o Mundo invisível se comunica com os humanos terrestres ou com outros por meio de figuras simbólicas.

"Alguns desses símbolos que constituem os elementos da língua do Mundo foram vistos e fixados pelos videntes para formar meios de comunicação entre os dois planos.

"Os números e certos caracteres especiais formam os elementos dessa língua sagrada que serve para construir os talismãs.

"Os talismãs influenciam o plano que está em relação com os caracteres gráficos que os constituem e as cerimônias que serviram para estabelecer sua atração astral.

"Podemos usar os talismãs para fixar a Oportunidade sobre um ponto onde ela é fugaz."

## *A Tábua de Esmeralda*

É à luz dessa ciência dos símbolos que convém notadamente interpretar a célebre Tábua de Esmeralda, síntese da Ciência Iniciática estabelecida por Hermes Trismegisto. O texto, como parece, foi gravado sobre uma placa de metal precioso enriquecida de esmeraldas (outros autores dizem que sobre uma única esmeralda). Transcreveremos esse texto, com um brevíssimo comentário entre parênteses, notando que ele nos faz percorrer um périplo que vai da trindade humana (corpo, alma, espírito), a uma trindade cósmica (mundo natural, mundo humano, mundo divino) para terminar na trindade divina (Espírito, Essência, Energia-Vida).

Eis esse texto, do qual não se costuma citar mais do que os dois primeiros parágrafos:

I. "Isto é verdade, sem mentira, muito verdadeiro.
(A verdade nos três mundos.)

II. "O que está embaixo é como o que está em cima,
(Lei da analogia, lei dos sinais de apoio.)
"e o que está em cima é como o que está embaixo,
(Lei da polaridade, da imantação.)
"para fazer o milagre de uma única coisa.
(Lei do Ternário e de série, lei das correspondências.)

III. "E como todas as coisas vieram e vêm do Um,
(Lei da unidade e da criação divinas, lei do Número.)
"assim todas as coisas nasceram dessa coisa única, por adaptação.
(Lei da adaptação.)

IV. "O Sol é o seu pai; a Lua, sua mãe; o vento carregou-o no seu ventre; a terra é a sua nutriz.
(Os quatro elementos: Fogo (Sol), Água (a Lua, elemento úmido), Ar (o vento); Terra.)

V. "Separarás a terra do fogo, o sutil do espesso, docemente, com grande indústria.
(Arcano da salvação; separação do espírito (sutil) e da matéria (espesso); espiritualização.)
"Ele sobe da terra para o céu, e de novo desce à terra, e recebe a força das coisas superiores e inferiores.
(Leis da involução e da evolução.)
"Terás, por esse meio, toda a glória do número e toda escuridão se afastará de ti.

VI. "É a força forte de toda força.
(Lei do amor e do sacrifício.)
"Porque ela vencerá toda coisa sutil e penetrará toda coisa sólida.
(É pela lei do Amor que o Espírito move o universo.)

VII. "Assim foi criado o mundo.
(Lei da realização. Amor e Sacrifício criam as obras duráveis.)

VIII. "Disso sairão inúmeras adaptações, cujo meio está aqui.

IX. "Por isso eu fui chamado de Hermes Trismegisto, possuindo as três partes da filosofia do mundo.
(Conhecimento absoluto dos três planos do universo: divino, astral, físico.)
"O que eu disse da operação do Sol está realizado e aperfeiçoado."

## *A Mão de Fátima*

Reproduzimos esta passagem da *Encyclopédie des Sciences occultes* [Enciclopédia das Ciências Ocultas], de M. C. Poinsot:

"A *Mão de Fathma* (ou Fátima) foi descoberta, parece, por Cagliostro, no castelo de Saint-Léon, onde ele morreu, em 1795, num velho manuscrito que lembrava esse antigo costume do Oriente e revelava o seu duplo oráculo, a saber:

"1.º) A Chave dos Números individuais, que serve para determinar o temperamento de uma pessoa;

"2.º) A Chave do Duplo Zodíaco, que serve para levantar o véu do futuro.

"Eis como se opera:

"1.º) Para conhecer o caráter, aptidões, temperamento de uma pessoa, tomar cada uma das letras do nome e do prenome e substituí-las pelos números correspondentes inscritos nos casulos da Mão de Fátima. Somar. Encontra-se assim *o número individual* do interessado.

"2.º) Para ter o significado desse número, consultar a Tabela da

Mão, suprimindo os milhares e decompondo o número restante em centenas e unidades, caso ele não conste da tabela.

"3.º) Para saber se sairá vitorioso nas lutas futuras, contra um rival (no amor, nos negócios, etc.) escrever o seu nome de batismo e o do rival, e procurar a soma que forma cada um com a chave em cifras do Duplo Zodíaco. Dividir cada soma por 9 e procurar o número restante nas colunas do quadro especial. Saber-se-á qual será o número vencedor do outro".

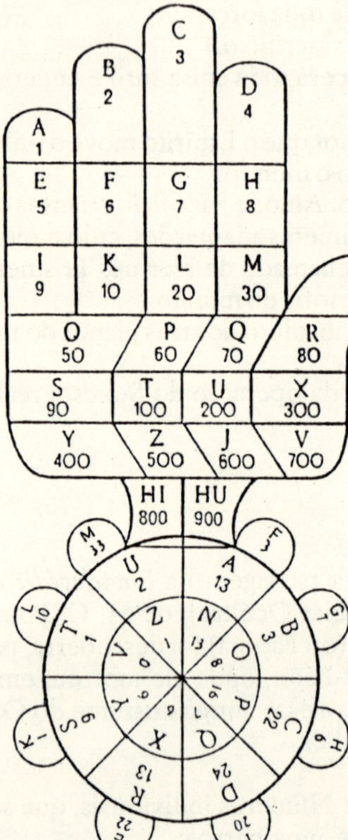


*Quadro das vitórias numéricas*

| | | | |
|---|---|---|---|
| 1 vence | 3, 2, 7, 9 | 6 vence | 1, 3, 5, 7 |
| 2 — | 1, 4, 6, 8 | 7 — | 2, 4, 6, 8 |
| 3 — | 2, 5, 7, 9 | 8 — | 1, 3, 5, 7 |
| 4 — | 1, 3, 6, 8 | 9 — | 2, 4, 6, 8 |
| 5 — | 2, 4, 7, 9 | | |

1 Paixão, ambição, ardor.
2 Destruição, morte, catástrofe.
3 Misticismo, sonho, amor etéreo.
4 Temeridade, sabedoria, poder.
5 Felicidade, fortuna, casamento.
6 Perfeição, trabalho.
7 Pureza de sentimentos, contemplação.
8 Amor da justiça, honestidade.
9 Imperfeições, dores, sofrimentos, atentado.
10 Realização, razão, felicidade futura.
11 Muitos defeitos, êxitos dolorosos.
12 Amuleto, presságio feliz.
13 Cinismo descarado.
14 Devotamento até o sacrifício.
15 Culto do belo e do ideal.
16 Felicidade, volúpia, amor.
17 Inconstância volúvel.
18 Teimosia incorrigível.
19 Número nulo (como 29, 39 e 49).
20 Tristeza, austeridade.
21 Brutalidade, violência.
22 Invenção, prudência, mistério.
23 Calamidade, vingança.
24 Indiferença, egoísmo.
25 Inteligência, prole numerosa.
26 Gosta de se tornar útil.
27 Coragem e firmeza.
28 Favores, ternura, amor.
29 Nulo (como 19, 39 e 49).
30 Núpcias, celebridade.
31 Ambição e glória.
32 Hímen, castidade.
33 Conduta exemplar.
34 Sofrimento, desgostos.
35 Saúde física e moral.
36 Grande gênio, amplas concepções.
37 Doces virtudes, amores conjugais.
38 Imperfeição, avareza, inveja.
39 Número nulo (como 19, 29 e 49).
40 Festas, festins, prazeres.
41 Sem valor moral ou físico.
42 Viagem, vida infeliz e curta.

43 Cerimônias religiosas, apostolado.
44 Poderes, pompa, honras.
45 Concepção, descendência numerosa.
46 Vida campestre, abundância, fertilidade.
47 Vida longa e feliz, sem preocupações.
48 Tribunal, julgamento, ruína.
49 Número nulo (como 19, 29, 39).
50 Cativeiro, depois liberdade, felicidade.
60 Viuvez.
70 Amor pela ciência.
73 Ama a natureza e a simplicidade.
75 Sensibilidade, afeição, caridade.
77 Arrependimento, graça final.
80 Doença, cura, vida longa.
81 Belas-artes, cultura intelectual.
90 Nenhuma clarividência, aflição.
100 Favores, honras, glória.
120 Bom esposo, patriota fervoroso.
150 Lisonja, hipocrisia.
200 Irresolução funesta.
215 Calamidade constante.
300 Espírito filosófico.
313 Clarividência, lucidez.
350 Singeleza, vã esperança de justiça.
360 Sociabilidade, muitos talentos.
365 Cálculo, interesse, egoísmo.
400 Arte, amor, irritação.
490 Claustro, fervor, mistério.
500 Eleição, honras, estátua.
600 Vítima da inveja, sucesso seguido de catástrofe.
666 Complô, cabala, desmoronamento social.
700 Força, vigor, saúde.
800 Império, glória, exílio.
900 Guerreiro valoroso, cruz, condecorações.
1 000 Ambição coroada.
1 095 Destinado à perseguição, mártir.
1 260 Tormentos, consolação na velhice.
1 390 Fraqueza física, energia moral.

"Tomemos um exemplo: uma pessoa chamada Jean Barret quer consultar a mão de Fátima, para se conhecer e saber se no amor, junto com a senhorita X, ele vencerá um rival, Louis. Façamos as operações indicadas:

| | | | | | |
|---|---|---|---|---|---|
| J | = 600 | | B | = | 2 |
| E | = 5 | | A | = | 1 |
| A | = 1 | | R | = | 80 |
| N | = 40 | | R | = | 80 |
| | —— | | E | = | 5 |
| | 646 | | T | = | 100 |
| | | | | | —— |
| | | | | | 268 |

Total: 646 + 268 = 914 (número individual).
Esse número, que ultrapassa o 100, decompõe-se assim:
900 = Combatente valoroso e glorioso;
14 = Devotado até o sacrifício.

"Tradução: J. Barret é combativo, devotado, corajoso, e será recompensado.

| | | | | | |
|---|---|---|---|---|---|
| J | = | 20 | L | = | 10 |
| E | = | 22 | O | = | 8 |
| A | = | 13 | U | = | 2 |
| N | = | 13 | I | = | 20 |
| | | —— | S | = | 9 |
| | | 68 | | | —— |
| | | | | | 49 |

"Enfim, Jean vencerá Louis:
49 : 9 = 5, sobram 4
68 : 9 = 7, sobram 5
Ora, o 5 vence o 4 (pois o 4 só vence o 1, o 3, o 6 e o 8)."

# CAPÍTULO VI

# Representação dos Talismãs

## *A escritura e os alfabetos mágicos*

A palavra possui em si mesma uma força mágica; o som, a articulação, a cadência enfeitiçam. Pela repetição das palavras-chaves, por seu ritmo, o canto adquire um determinado valor. Essas fórmulas moduladas constituem, sem dúvida, um meio superior de ação. Graças ao canto, conseguem-se comandar as forças mais temíveis, seduzem-se os espíritos celestes sensíveis à melodia, às entonações particulares. A música torna-se, assim, um valor concreto, uma substância tangível.

Mas convém tambem *fixar* a palavra. A escrita tem essa função: conserva nas palavras o poder de encantamento, enquanto a forma tornou-o mais durável. A palavra pode ser esquecida ou deformada; a escrita mantém rigorosamente o que foi pronunciado, o que foi cantado. Transcreve-se, primeiro, o pensamento com sinais que traduzem a idéia, depois chega-se a uma representação simbólica para, enfim, chegar às letras do alfabeto.

Todos esses "alfabetos", sejam eles celestes, angélicos ou humanos, conservam de fato um poder talismânico. Os textos sagrados, fixados pela escrita, não podem ser abandonados em mãos profanas; não se podem destruí-los quando eles levam o nome divino. Tanto na China como no Islã, esses costumes foram respeitados, pois o texto sagrado não pode servir a finalidades ímpias. Aliás, é graças a esses princípios que documentos como os do mar Morto puderam chegar até nós.

Aliás, em determinadas circunstâncias, a letra pode ter um poder criador. É o caso das letras do alfabeto hebraico, de acordo com a doutrina da Cabala. Segundo o *Zohar,* elas comparecem diante do Senhor e todas reivindicam a honra de começar a criação do mundo:

"A letra ב (*beth*) entrou dizendo: 'Senhor dos Mundos, praza-te servires-te de mim para fazer a criação do mundo, pois sou a primeira letra da palavra que te abençoa, no alto e embaixo'. ברוך (*Baroukh*, abençoado). O Santo, bendito seja ele, respondeu: 'Na verdade, é de ti que me servirei para fazer a criação do mundo, e tu serás o fundamento da obra da criação.' ... E é por isso que as duas primeiras palavras da Escritura têm como primeira letra dois *beth* בראשית ברא *bereshit bara*, 'no começo criou', a fim de mostrar as letras do céu e as deste mundo de baixo, que nada mais são, na realidade, do que as mesmas letras pelas quais tudo se faz no mundo dos céus e no mundo de baixo."

O *alef*, por sua vez, segundo Henri Seronga, seria "o símbolo do universo inteiro, servindo a barra horizontal dessa letra de intermediária entre o escudo de cima, que representa o mundo superior, e o escudo de baixo, que representa o mundo inferior".

Os alfabetos mágicos seriam de origem caldaico-hebraica: hebraico-samaritano e hebraico-quadrado; letras com *lunettes* ou *bouletées*. É o caso de lembrar, também o "Alfabeto Secreto", que figura num dos livros de Cornélio Agripa e cuja descrição foi feita por Maurice Buisson.

Podemos também lembrar a palavra misteriosa *Abrasax* ou *Abraxas*. Parece que, entre os persas, esse termo designa Deus, sendo-lhe dadas muitas explicações. Pensou-se até que, derivando do persa ou do pehlvi, ela era um sinônimo de Mitra. Para os gnósticos, esse termo seria o nome da Divindade suprema, cujo valor numérico forma 365. Abraxas simboliza, assim, a revolução anual do Sol, porque A = 1, B = 2, R = 100, A = 1, X = 60; A = 1 e S = 200. Em hebraico, *ab* significa o pai, *ruah* o espírito e *dabar* a palavra. Esse talismã foi muito utilizado pelos gnóticos, e a palavra foi gravada em numerosas peças decorativas, pingentes, camafeus, medalhas. Igualmente misteriosa, a célebre fórmula *Abracadabra*, que vem do hebraico *abreq ad hâbra* ("manda o teu raio até a morte"). Escrita num pergaminho virgem, essa fórmula tinha o dom de curar certas doenças, mais particularmente a febre, quando se usava esse talismã em torno do pescoço; era preciso ainda que ela fosse escrita de certa maneira. Ernest Bosc, em seu *Dictionnaire*, lembra Serenus Samonicus: "entre os preceitos da medicina, diz-se que, escrevendo-se esse nome Abracadabra, diminuindo letra por letra por ordem retrógrada desde a última até a primeira, e usada ao pescoço, é remédio para as doenças, e que elas declinando logo se curam".

ABRACADABRA
ABRACADABR
ABRACADAB
ABRACADA
ABRACAD
ABRACA
ABRAC
ABRA
ABR
AB
A

Pode-se notar que as letras que formam um dos lados desse triângulo isósceles, com a ponta voltada para baixo, recriam a palavra, Abracadabra, enquanto que no outro lado aparecem apenas as letras *A*, a primeira letra do alfabeto, o *alpha*. Pode-se também virar a palavra que, de trás para a frente, escreve-se *Arbadacarba*.

Maurice Buisson, em *La Magie* dá outras formas:

ABRACADABRA
BRACADABR
RACADAB
ACADA
CAD
A

"Em seus *Préceptes de la médecine*, o médico gnóstico Serenicus Samonicus (século II) recomenda-lhe o uso, escrita sobre uma folha de papel dobrada em quatro, de modo que nenhuma das linhas fique visível. Pendurava-se o papel por um fio branco no pescoço do doente. Este deveria usá-lo assim durante nove dias. Depois, o doente se levantava, dirigia-se bem cedinho à margem de um rio que corresse para o Oriente, desamarrava o amuleto e o lançava na água, de costas, tomando cuidado para não o abrir.

"Outra fórmula do mesmo gênero é o *Ablanathanalba*. Ela é lida da direita para a esquerda e da esquerda para a direita. Podem-se reconhecer aí várias palavras hebraicas, entre as quais, *ab*, Pai."

A B Λ A N A Ø A N A Λ B A
A B Λ A N A Ø A N A Λ B
A B Λ A N A Ø A N A Λ
A B Λ A N A Ø A N A
A B Λ A N A Ø A N
A B Λ A N A Ø A
A B Λ A N A Ø
A B Λ A N A
A B Λ A N
A B Λ A
A B Λ
A B
A

No mesmo espírito, notamos, num papiro conservado em Londres, essa fórmula egípcia contra a doença-da-Ásia, também igualmente surpreendente: *Santikapoupiwaïeîmontirakakara.*

Ou ainda, entre as palavras cabalísticas, este talismã contra o mau olhado e as vertigens, que deve ser escrito em triângulo sobre um pergaminho virgem:

S
S C
S C H
S C H I
S C H I A
S C H I A U
S C H I A U R
S C H I A U R I
S C H I A U R I R
S C H I A U R I R I

À margem dessas tradições, grande número de engrimanços medievais atribuem igualmente uma grande importância ao valor e ao significado das letras. Entre todos esses escritos, pensamos sobretudo no *Enchiridion,* atribuído pela lenda ao papa Leão III, onde se encontram receitas do gênero das seguintes:

*Contra ladrões:* lançar na água o nome dos supostos ladrões, cada um escrito sobre uma folha de papel, e dizer: "Aragoni - Labilasse - Parandamo - Eptalicon - Lamboured." A essas palavras, um ou vários papéis vêm a flutuar; eles contêm o nome dos delinqüentes.

*Contra a epilepsia:* soprar na orelha direita, repetindo por três vezes: "*Fora consumatio est ramus-malin-rite-confedo-saluero.*" A essas palavras, o doente terá um sobressalto convulsivo. Enfiar três pregos no lugar do chão em que ele caiu e acrescentar: "*Valeam de zazoeo attila allelluia.*"

*Contra as queimaduras:* dizer três vezes, colocando geléia de groselha sobre a chaga: "Esoenareth. Fogo de Deus, perde teu calor. Esoenareth!"

## *Os quadrados mágicos*

O quadrado mágico parece responder a uma preocupação intelectual e depende, de fato, da aritmologia. Mas, além de uma pesquisa cerebral, que talvez não passe de um jogo, de um divertimento para o espírito, a numerologia também deixou grandes marcas nos conhecimentos mais secretos; com efeito, parece que os antigos não a utilizaram, no nível dos valores concretos, bens de nossa civilização mecanicista; em contrapartida, procuraram dar-lhe interpretações transcendentais.

Assim, por esse motivo, os quadrados mágicos têm um poder talismânico, e pode-se dizer que essas pesquisas antigas, que parecem não ter nenhum fundo de seriedade, de rigor, têm na verdade uma ambição muito maior que as nossas, pois visavam nada menos do que à transformação da natureza humana, enquanto nós não procuramos nos números senão melhorar nossa vida e, portanto, um bem externo ao nosso ser.

Os quadrados mágicos indicam os números sagrados, assinalados pelo nome divino ou por nomes carregados de grande influência. Eles podem ser escritos tanto com letras como com números, pois, na língua sagrada, os números têm o mesmo sentido que as letras.

O que nos resta, atualmente, dessa pesquisa sobre a numerologia, sobre a aritmosofia, presta-se freqüentemente, ao riso. Toda uma glosa numérica nasceu, na maioria das vezes, da divulgação de movimentos espiritualistas que esqueceram o verdadeiro espírito tradicional. Oswald Wirth, autor maçônico muito considerado, deduziu dos números e das cartas do Tarô muitas interpretações, mais pessoais do que simbólicas; Abellio, conhecedor da matéria, se alça a considerações quase que inacessíveis para seus contemporâneos. Cada um, portanto, se esforçava por encontrar significados para o transcorrer de nossa vida graças à aritmologia. Seria o caso de lembrar aqui os comentários do bom padre Moreux, tomado de idealismo, que não temia explorar com fé o mistério das pirâmides, determinando, a partir do número dos degraus ou de certas dimensões, todo um sistema no qual o futuro do mundo seria desvendado. Nós sorrimos diante dessas teorias e gostaríamos de acreditar naquelas criadas pelos nossos contemporâneos.

No entanto, a mística dos números impregnou as antigas civilizações que estavam à procura de poderes que atuassem sobre o comportamento humano. Essas noções também são encontradas na magia judaica, a Cabala, assim como nas tradições islâmica e chinesa. É que o número, como já o sublinhamos, tem um valor sagrado. O mundo árabe nos deixou, a esse respeito, os mais amplos comentários, e pode-se dizer que o quadrado mágico (o *ouifq*) é uma das especialidades da tradição islâmica. Às letras hebraicas sucedem os números que correspondem ao valor numérico das letras. Chochod relata, em *Occultisme et Magie en Extrême-Orient,* que os chineses usavam, no lugar das letras, pontos, ligados muitas vezes por linhas; pensamos de imediato no nosso jogo de dominós, e é também verossímil que nossos dados se baseiem no mesmo simbolismo.

O quadrado mais simples é o *ouifq* de 15, também conhecido na China com o nome de *loshu.* É o menor quadrado que usa todos os números, de 1 a 9. É atribuído a Apolônio de Tiana; também é conhecido como o selo de Ghazâli.

| | | |
|---|---|---|
| 4 | 9 | 2 |
| 3 | 5 | 7 |
| 8 | 1 | 6 |

Somando-se esses números sob todas as formas possíveis (horizontais, verticais, diagonais) obtém-se sempre o número 15. Podem-se obter 8 variantes por rotação, mas não existe senão uma única combinação fundamental com o 5 como número central.

As vezes, é preciso sobrepor dois quadrados mágicos, cada um com as suas particularidades. Ao quadrado precedente, podemos acrescentar este, cuja constante forma 18.

| | | |
|---|---|---|
| 7 | 2 | 9 |
| 8 | 6 | 4 |
| 3 | 10 | 5 |

O primeiro tem como centro o número 5; o segundo, o numero 6; 5 é o número da terra, 6 o do céu. Se, de um modo simbólico, ligarmos o céu à terra, encontraremos o total de 11; mas podemos somar os números de cada caso sobreponível para encontrar a cada vez o número 11. Batizou-se o *ouifq* de 15 como sendo a "Presença", enquanto o de 18 é comparado à Ação.

Jean Marquès-Rivière substituiu os quatro números pares por seu valor literal correspondente: o que forma a palavra *badoûh* "forte apelo mágico usado na ciência talismânica... no caso de dores físicas, de impotência sexual; ela é usada também na adivinhação pelo espelho de tinta".

| d | | b |
|---|---|---|
| | | |
| h' | | oû |

"Os quadrados mágicos têm de 9 a 16 compartimentos; acrescentam-se números de uma mesma quantidade às cifras de base, ou então formam-se séries matemáticas sobre essas mesmas cifras, ou ainda aumenta-se o número de colunas do quadrado. Compreende-se que a multiplicação dos quadrados mágicos é, assim, infinita e cada qual pode construir seu próprio quadrado mágico."

Marquès-Rivière revelou alguns quadrados mágicos chamados *bípedes*, como este:

| 3 | 8 | 1 |
|---|---|---|
| 2 | 4 | 6 |
| 7 | | 5 |

Um dentre eles é formado pelo total do valor numérico das letras do Corão:

| 2.911.536.642 | 7.776.097.710 | 970.512.213 |
|---|---|---|
| 1.941.024.426 | 3.882.048.855 | 5.823.073.284 |
| 6.793.585.497 | | 4.852.561.068 |

Os nomes sagrados, bem-entendido, dão lugar ao estabelecimento de quadrados mágicos. Na tradição gnóstica, cada uma das sete vogais do alfabeto correspondia a um planeta, ou a uma esfera; eis essas sete vogais dispostas em quadrado mágico:

α ε η ι ο υ ω
ε η ι ο υ ω α
η ι ο υ ω α ε
ι ο υ ω α ε η
ο υ ω α ε η ι
υ ω α ε η ι ο
ω α ε η ι ο υ

A partir dos valores numéricos tradicionais foi possível estabelecer os quadrados mágicos dos sete planetas:

| 6 | 32 | 3 | 34 | 35 | 1 |
|---|---|---|---|---|---|
| 7 | 11 | 27 | 28 | 8 | 30 |
| 19 | 14 | 16 | 15 | 23 | 24 |
| 18 | 20 | 22 | 21 | 17 | 13 |
| 25 | 29 | 10 | 9 | 26 | 12 |
| 36 | 5 | 33 | 4 | 2 | 31 |

Sol

| 37 | 78 | 29 | 70 | 21 | 62 | 13 | 54 | 5 |
|---|---|---|---|---|---|---|---|---|
| 6 | 38 | 79 | 30 | 71 | 22 | 63 | 14 | 46 |
| 47 | 7 | 39 | 80 | 31 | 72 | 23 | 55 | 15 |
| 16 | 48 | 8 | 40 | 81 | 32 | 64 | 24 | 56 |
| 57 | 17 | 49 | 9 | 41 | 73 | 33 | 65 | 25 |
| 26 | 58 | 18 | 50 | 1 | 42 | 74 | 34 | 66 |
| 67 | 27 | 59 | 10 | 51 | 2 | 43 | 75 | 35 |
| 36 | 68 | 19 | 60 | 11 | 52 | 3 | 44 | 76 |
| 77 | 28 | 59 | 20 | 61 | 12 | 53 | 4 | 45 |

Lua

| 11 | 24 | 7 | 20 | 3 |
|---|---|---|---|---|
| 4 | 12 | 25 | 8 | 16 |
| 17 | 5 | 13 | 21 | 9 |
| 10 | 18 | 1 | 14 | 22 |
| 23 | 6 | 19 | 2 | 15 |

Marte

| 8 | 18 | 59 | 9 | 64 | 62 | 63 | 1 |
|---|---|---|---|---|---|---|---|
| 49 | 15 | 14 | 52 | 53 | 11 | 10 | 53 |
| 41 | 23 | 22 | 44 | 45 | 19 | 12 | 48 |
| 32 | 34 | 35 | 29 | 28 | 38 | 39 | 25 |
| 40 | 26 | 27 | 37 | 36 | 30 | 31 | 33 |
| 17 | 47 | 44 | 20 | 21 | 43 | 42 | 24 |
| 9 | 55 | 54 | 12 | 13 | 51 | 50 | 16 |
| 64 | 2 | 3 | 61 | 60 | 6 | 7 | 57 |

Mercúrio

| 4 | 14 | 15 | 1 |
|---|---|---|---|
| 9 | 7 | 6 | 12 |
| 5 | 11 | 10 | 8 |
| 16 | 2 | 3 | 13 |

Júpiter

| 6 | 1 | 8 |
|---|---|---|
| 7 | 5 | 3 |
| 2 | 9 | 4 |

Saturno

| 22 | 47 | 16 | 41 | 10 | 35 | 4 |
|---|---|---|---|---|---|---|
| 5 | 13 | 48 | 17 | 42 | 11 | 29 |
| 30 | 6 | 24 | 49 | 18 | 36 | 12 |
| 13 | 31 | 7 | 25 | 43 | 19 | 37 |
| 38 | 14 | 32 | 1 | 26 | 44 | 20 |
| 21 | 39 | 8 | 33 | 2 | 27 | 45 |
| 46 | 15 | 40 | 9 | 34 | 3 | 28 |

Vênus

Mas o quadrado mágico que foi mais bem estudado é mesmo o pantáculo cristão que contém a fórmula mágica Sator. Alex Bloch escreveu a este respeito uma obra notável, *Le Carré Magique Sator* [O quadrado mágico Sator]. Mas deixaremos a palavra a Jean Marquès-Rivière, que resume perfeitamente a questão:

"Uma das fórmulas de amuletos cristãos que conheceu mais sucesso e cujo interesse não se esgotou é a famosa frase:

SATOR AREPO TENET OPERA ROTAS

"Essa fórmula, de acordo com a mui abalizada opinião de Guillaume de Jerphanion, remonta ao ano 200 de nossa era e gozava de grande favor nos meios militares romanos de então. Ela foi encontrada em Doura, no Eufrates, num móvel que servia de secretária aos *actuarii* das cortes auxiliares, sob a seguinte forma, pintada com tinta vermelha na parede:

R O T A S
O P E R A
T E N E T
A R E P O
S A T O R

"No Egito, essa fórmula tinha um valor mágico e profilático reconhecido; o papiro copta 193 e 194 da coleção do arquiduque Renier apresenta-nos a fórmula com a seguinte disposição:

| | |
|---|---|
| + SATOR | |
| ARETO | ALPHA |
| TENET | LEON |
| OTERA | PHONE |
| ROTAS | APER |

"Sobre um *ostrakon* do museu do Cairo pode-se lê-la, acompanhada de palavras mágicas. Um amuleto de bronze, de origem egípcia, encontrado na Ásia Menor e conservado no museu de Berlim, contém igualmente a fórmula do Sator.

"A fórmula mágica viajará através do mundo ocidental; vemos os coptas chamarem os cinco cravos[1] da cruz de Cristo com cada um dos cinco versos do Sator. Os bizantinos fizeram-nos desempenhar um papel singular: fizeram deles os nomes dos pastores que testemunharam a Natividade! Na capela de Santo Eustáquio, em Gueurémé, G. de Jerphanion assinala que os três pastores que foram adorar a Cristo chamam-se *Sator, Arepo, Teneton.* E o fato é assinalado por esse autor numa meia dúzia de Igrejas dessas regiões da Capadócia; ele data essas inscrições do século IX, mais ou menos.

"Toda a Idade Média conheceu essa fórmula, a Gália em particular. O exemplo mais antigo foi encontrado numa Bíblia de 822, proveniente da abadia de Saint-Germain-des-Prés e que traz o quadrado do *Sator* numa vinheta. A fórmula *Sator* foi usada em toda a Idade Média como profilática. Vemo-la nas lajes de Igrejas (de Pieve Tersagni, perto de Cremona; de Saint-Laurent de Rochemaure), nos castelos (Loches — Beaulieu-lez-Loches — Chinon — Jarnac) e mesmo em conventos (Santa Maria Madalena de Verona, onde o *Sator* pode ser lido no parlatório).

"Encontramo-la, enfim, nos meios mágicos e nos círculos esotéricos medievais; o Sator encontra-se rodeado de palavras hebraicas, de gênios árabes, de fórmulas coptas. Às vezes é deformado, maltranscrito; existe apenas no estado de iniciais, ou então é encontrado incompleto e com as letras deslocadas de seus lugares...

1 Os quatro cravos das mãos e dos pés e o cravo da inscrição sobre a cruz.

"De todos os quadrados mágicos, essa fórmula é a mais curiosa. Notemos, primeiro, que ela é reversível; pode ser lida nos dois sentidos, seja palavra a palavra, seja letra a letra. Com efeito:

*Rotas opera tenet arepo sator.*
*Sator arepo tenet opera rotas.*

"E pode-se, letra a letra, ler a fórmula começando pelo fim, sem nada mudar. Além do mais, o quadrado que se formava gozava dessa rara propriedade de se poder ler começando com cada um dos quatro cantos e seguindo suas linhas horizontalmente ou verticalmente em todos os sentidos.

"O sentido? Coisa curiosa: sua tradução literal, que desencorajou tantos pesquisadores, na verdade, não quer dizer nada. C. Wescher, o primeiro que o estudou cientificamente, traduziu-o da seguinte maneira: 'O semeador está na charrua, o trabalho (o labor) ocupa as rodas'; R. G. Collingwood traduz, tomando *Arepo* por um nome próprio: 'Arepo, o semeador, conduz as rodas cuidadosamente.' E os especialistas nada compreendiam do que eles chamavam "um pensamento banal, vago e incerto, relativo aos trabalhos dos campos" (G. de Jerphanion).

"É preciso procurar um sentido mais profundo e mais mágico; semelhante tradução só pode ser explicada mediante uma significação esotérica. Descartemos, antes de mais nada, as tentativas de tradução hebraica, grega ou copta da fórmula; ela é latina e é do latim que vem o seu sentido.

"Não mencionaremos as diversas tentativas do Dr. Kolberg, de F. Sauerhering e de Kuno von Hardenberg. O verdadeiro sentido foi o descoberto pelo professor Félix Grosser de Chemnitz. Ei-lo:

"As vinte e cinco letras do quadrado do *Sator* podem ser dispostas em forma de cruz e rodeadas pelas letras A e O, em grego, $\alpha$ e $\omega$. Se as colocarmos no quadrado, surge uma cruz mediante um simples artifício de apresentação. Todas as letras, que se correspondem duas a duas, estão agrupadas em torno de uma mesma letra central, *N*, a única que só intervém uma única vez. Como o diz justamente M. de Jerphanion, 'tais coincidências só podem ser explicadas se resultarem de uma intenção predeterminada'.

A
P
A
T
E
R
A PATERNOSTER O
O
S
T
E
R

O

| R | O | T | A | S |
|---|---|---|---|---|
| O | P | E | R | A |
| T | E | N | E | T |
| A | R | E | P | O |
| S | A | T | O | R |

"Trata-se, portanto, de um pantáculo cristão, nascido na Gália, que contém a Cruz, o *Pater,* a oração por excelência do cristão e a lembrança daquele que é o Alfa e o Ômega". Devemos ver aí uma sobrevivência dos símbolos das catacumbas no tempo das perseguições? Mas, enquanto o peixe crístico, o *Ikthus,* as *cruces dissimulatae,* os criptogramas, as iniciais misteriosas, as pombas, os *Pax* desapareceram com a desocultação do cristianismo primitivo, o Sator seria conservado, comovente testemunho de uma fé perseguida."

## *As estátuas talismânicas*

Toda obra de arte, todo objeto de valor dotado de uma beleza estética inegável, recebeu no momento de sua criação influências particulares; ela é "confirmada" em seu papel fazendo-se com que uma força mágica a penetre. Assim, as máscaras são submetidas a encantamentos, a gestos que transmitem forças misteriosas. O mesmo se pode dizer de todos esses objetos, desenhos, decorações que captam as forças do "Mana", do criador, e que também podem restituí-las.

Podemos até pensar que a obra de arte, originalmente, foi criada com uma intenção mágica. Jacques Gaffarel, no século XVII, diz que pinturas e esculturas são talismãs dotados de poderes que agem sobre a sensibilidade de quem as contempla: "De que modo uma obra de arte poderia provocar em nós alegria ou tristeza, consolação ou desespero, se as formas representadas artificialmente não obedecessem às leis do universo?"

No mesmo espírito, Tommaso Campanella recomenda que se imite, ao escrever cartas, as reações que desejamos produzir em nosso correspondente; a letra desenhada, a representação gráfica, também são formas da arte.

O artista, aliás, é um pouco mago, pois ele quer criar uma imagem particular do mundo; ele faz ressaltar uma força sugestiva graças a uma unidade harmoniosa obtida ao preço de qualidades diversas: destreza manual, conhecimento e uma grande dose de imaginação. É preciso saber interpretar, é preciso saber descobrir os verdadeiros sentimentos que animam essas obras criadas pelo capricho dos homens. Com exceção da estatuária grega e romana, que procura formas muito definidas, de curvas harmoniosas, a maioria das outras manifestações da arte transgridem as formas, dão mais importância aos sentimentos, procurando transmitir um valor moral.

Mas o homem faz estátuas à sua semelhança, como Deus fez o homem à sua. Ouçamos esta reflexão de Santo Agostinho que, na *Cidade de Deus*, põe na boca de Esculápio e de Hermes Trismegisto estas considerações a respeito das estátuas:

"Sim, ó Esculápio, pois não vedes que elas são animadas, cheias de espíritos e de sentidos, já que realizam tantos prodígios, presidem o futuro, fazem as doenças e a saúde dos homens; e dão a tristeza e a alegria, de acordo com os méritos. Imaginais, Esculápio, que o Egito é a imagem do céu ou, melhor dizendo, que é o Templo do céu, pois é uma emanação e uma iniciação das coisas que se fazem no céu. Não obstante, sabei que tempo virá em que as estátuas serão destruídas, o culto e a veneração dos egípcios serão abolidos."

Isso nos lembra as palavras de Zacarias: "Exterminarei os ídolos da terra, e não haverá mais memória deles entre os homens."

De acordo com Gaffarel, que retoma as palavras de R. P. Campanella, pode haver efeitos prodigiosos entre a semelhança e as figuras gravadas: "Se se contrafizer a aparência de alguém e se se imagina ter os cabelos, os olhos, o nariz, a boca e todas as outras partes como esse alguém; numa palavra, se se imaginar que essa contrafação é semelhante a esse alguém na fisionomia, poder-se-á conhecer o seu natural e os pensamentos que lhe são próprios pelos que se formarão durante essa careta."

Campanella e Gaffarel escreveram particularmente sobre as "caretas", a ponto de colocar como título de um capítulo: "Caretas estudadas" ou "A arte de fazer caretas".

A estatuária (e, de certo modo, também a pintura) implica assim um estranho *poder*. Por isso os livros sagrados proíbem que se criem imagens procurando uma semelhança humana. "Mas quem quer que crie uma criatura humana pela pena, o pincel ou o cinzel, lembra A. Lebois, infringe um decálogo: ele desafiou o Criador mais temerariamente do que Mársias a Apolo. O Islã, Israel, a Sunna proscrevem toda imagem à semelhança do ser humano. O Corão é formal: no dia do julgamento, as personagens sairão do livro ou do quadro para se juntarem ao seu autor, exigindo dele uma alma, a qual ele não poderá dar e será presa das chamas."

Pensamos aqui no Golem, estátua de homem feita de argila vermelha que podia ser animada graças a uma fórmula mágica. Os rabinos de Praga teriam conhecido essa fórmula, que era preciso gravar na cabeça da estátua; mas, uma vez apagada essa inscrição, a estátua voltava ao pó, ao passo que, até então, ela se havia comportado como um ser humano.

O rito tibetano evoca os *toutpas,* que se assemelham a robôs; esses bonecos chegam às vezes a adquirir uma verdadeira personalidade. O mesmo acontece com os *Thay Phap,* manequins de madeira, de palha ou de papel, que os feiticeiros anamitas conseguem animar pelo sopro. O mesmo acontece ainda, no rito vudu, com os Zumbis, "mortos-vivos" que trabalham à noite para benefício daqueles que sabem comandá-los e animá-los temporariamente.

Mas toda estátua possui em si mesma um "poder", na medida em que o seu criador faz passar para ela parte do seu influxo. Às vezes certas estátuas chegam a criar alma. É conhecido o caso do escultor Pigmalião, apaixonado por sua própria obra, Galatéia, que cria alma graças aos deuses. Mérimée nos deu uma versão notável de uma aventura que teria acontecido com o mago Lexilis de Tunis, da qual se encontraram muitas outras versões. Molière, depois de muitos outros autores, dá vida à estátua do Comandante, que não pode aceitar o ultraje: o intrépido Dom Juan, tão secretamente admirado, morre como herói, sem dúvida condenado, mas altivo e nobre diante desse perigo imprevisível. A galeria das estátuas animadas seria muito longa. André Lebois, em *L'Occultisme et l'Amour* [O ocultismo e o amor], cita ainda a estátua da rainha Hermione no *Conto de inverno,* de Shakespeare, o *Zampa,* de Harold e Melesville (1831), onde "o corsário, perdido de vícios, promove uma orgia na galeria onde se encontra a estátua de Alice Manfredi, que ele outrora havia seduzido; o corsário é tragado, na baía de Nápoles, pela *imago* vingadora". Também o *Romance de Berinus* (século XIV), é um dos contos que mais se aproximam da forma dada por Mérimée à sua *Vénus d'Ille* [Vênus de Ille], e também ao seu *Viccolo.* Mérimée, em *Il Viccolo di Madama Luccrezia,* descreve a história de um inglês fetichista, estrangulado pela estátua antiga que ele acabava de descobrir. Não poderíamos esquecer, enfim, o estranho filme de Carné, *Les Visiteurs du Soir* [Os visitantes da noite], no qual, apesar dos malefícios do diabo, o coração da estátua continua a bater ao ritmo do Amor.

Queremos evocar aqui apenas o aspecto talismânico da pedra. O autor anônimo dos *Talismans justifiés* mostra que as estátuas talismânicas sempre estiveram em moda: "As histórias atestam que existem em várias cidades certas figuras que podiam impedir que elas fossem tomadas pelos inimigos. Eram assim o *Palladium* de Tróia, os broquéis de Roma e vários deuses tutelares. E os Anais da Turquia relatam que havia em Constantinopla várias estátuas fatais que, tendo sido destruídas ou derrubadas, a cidade foi castigada por várias desgraças."

De acordo com Santo Agostinho, a virtude do *Palladium* de Tróia não passava de pura ilusão. Muitos autores refutaram o valor dessas estátuas, que só podem originar-se de um culto idolátrico. Outros acrescentam-lhe apenas a fé. Gregório de Tours conta que, ao se limpar o rio Sena, em Paris, encontraram-se aí talismãs contra as serpentes, os ratos e os incêncios. Como tivessem sido roubados uma serpente e um rato de bronze, a cidade voltou a ficar sujeita aos incêndios, e um grande número de serpentes e de ratos causou graves incômodos aos parisienses.

Émile Gilbert, em seu *Essai historique sur les talismans* [Ensaio histórico sobre os talismãs], cita a obra *Les Amusements impériaux* [Os divertimentos imperiais], dedicada ao imperador Oton, e segundo a qual a cidade de Nápoles "tinha como ornamento, em duas de suas portas, duas estátuas, a primeira de bronze, hedionda e triste; a segunda de ouro, alegre e bela. Uma e outra eram consideradas como talismãs. A de bronze era nefasta para os que, por acaso, entrassem na cidade pela sua porta; a estátua de ouro, pelo contrário, assegurava a felicidade e o sucesso a todo transeunte que, sob os seus felizes auspícios, entrasse fortuitamente pela sua porta".

O Dr. François Lexa mostrou que em cada sepultura egípcia existia pelo menos "uma estátua de seu proprietário, na qual o espírito podia se reencarnar e retomar assim um corpo verdadeiro com o qual havia vivido sobre a terra"[2] [...]. "Os egípcios tinham uma fé inabalável no revivescimento das estatuetas depositadas nos túmulos [...]. A crença de que a estatueta podia substituir o corpo vivo passou da vida póstuma para a vida terrestre. As estátuas dos deuses não eram mais imagens sem inteligência, mas corpos reais dos deuses, onde residia o espírito divino que manifestava sua vontade e protegia quem tinha a sua estatueta em casa ou a carregava consigo. [...] Na literatura dos antigos egípcios encontramos muitos contos onde se afirma que estatuetas fabricadas artificialmente em cera se transformam em verdadeiros seres vivos quando o feiticeiro pronuncia sobre elas uma palavra mágica."

As estatuetas africanas *Nkisi*, nas quais se espetam pregos, facas, lâminas e todo tipo de objetos cortantes, passavam igualmente por dotadas de poderes mágicos. É o que ocorre com esse animal proveniente do Congo (conservado no Museu do Homem) e que se parece com um

2 Ph. Dr. François Lexa, *La Magie dans l'Egypte antique* [A magia no antigo Egito], Librairie orientaliste Paul Geuthner, 1925.

ouriço, cujos espinhos devem ferir uma presa cobiçada, a menos que ele não assegure ao postulante a obtenção da "graça" desejada.

Seria o caso de pensar nos pregos que os cristãos enfiam às vezes em estátuas, e que, para os fiéis da Igreja Católica, teriam a virtude de proporcionar apoio às suas concepções, ou seja, benefícios que iriam repercurtir até no outro mundo. Aliás, encontramos aqui o caráter ambivalente do *Nkisi:* ao mesmo tempo, terrível receptáculo de forças mágicas e suportes de ex-votos.

As estatuetas podem tomar vida ativa quando se lhes insufla um poder mágico. É o caso da estátua mágica *Nkisi,* encontrada no Congo e em Angola. O *Nganga* comunica-lhe esse poder; notemos que, na maioria das vezes, ele modifica a obra do escultor, agindo sobre as curvas da cabeça ou dando-lhe outras cores, outra máscara. A estatueta recebe também ingredientes diversos, braceletes, e é durante essa cerimônia que se determina a função que ela deve exercer.

A. David-Néel menciona um cerimonial semelhante em seu livro *Mystiques et Magiciens du Thibet* [Místicos e magos do Tibet], assim como nas *Initiations lamaïques* [Iniciações lamaicas]:

"Essas estátuas vivificadas, que encontramos em toda Ásia, são radiantes e devem ser consideradas como verdadeiros talismãs. Aliás, para esse efeito, elas recebem dois batismos (quando se trata de estátuas de metal). O primeiro, dado pelo fundidor (o *cabira*), que grava caracteres mágicos no dorso das estátuas, e o outro, pelo sacerdote que preside à cerimônia da 'abertura dos olhos', batismo que 'anima' verdadeiramente a estátua e lhe dá a vida no plano espiritual."

Até aqui, evocamos sobretudo as grandes estátuas, protetoras dos edifícios sagrados ou reais, consagrados por ocasião de importantes cerimônias. Mas o número fabuloso de pequenos objetos talismânicos encontrados em toda parte nos sítios arqueológicos do mundo antigo faz pensar que o próprio povo se entregava a esse tipo de magia. As casas particulares também recebiam esses sinais protetores. São os pequenos pantáculos, protetores individuais. Encontram-se entre eles cilindros, cones, estatuetas de madeira ou de argila, tabuazinhas de argila, nas quais são gravados textos de encantamento ou de maldição, que permitem afastar das casas os maus espíritos. Tabuazinhas desse tipo, de forma retangular, destinadas a serem penduradas à porta, são conservadas no British Museum.

De fato, os talismãs protetores das casas assumem todas as formas; nelas se encontram também tiras de pano amarradas nos móveis, nas roupas (deve-se ver aí, sem dúvida, a origem dos filactérios judeus). Mais tarde, os próprios bordados constituirão uma sobrevivência desse talismã, que é incrustado na roupa e que protege aquele que o usa. Sabe-se, aliás, que a roupa transforma as pessoas; de onde as roupas particulares que diferenciam tanto os antigos clãs como as classes sociais ou as pessoas que têm uma profissão. Nas lendas, vestir-se com uma pele de animal implica sempre uma assimilação com o dito animal (João, o Urso, A Gata Borralheira, etc.) de cujas virtudes se quer apropriar.

Mas nem sempre são estátuas ou amuletos de homens que protegem a casa. Às vezes, é um animal e até mesmo um homem que se encontra enterrado nas fundações do edifício; por medo das divindades subterrâneas, sacrifica-se-lhes um homem; a dádiva do sangue, que embebe a terra, é a mais alta oferenda. Na Europa Central, as lendas mencionam que um galo vivo (ou um morcego) é enterrado na soleira da casa; alhures, trata-se de um gato, de um cachorro. Mas o sangue humano conserva um poder muito superior. É o caso do sacrifício de Remo por Rômulo; do de Abel por Caim; a fundação de Cartago repousaria sobre esse mesmo costume. Encontramo-lo, aliás, em muitas lendas, relatadas por Grimm, Sébillot, Van Gennep: o diabo constrói uma estrada, uma ponte; ele deverá receber como salário a alma da primeira criatura que se apresentar; mas o homem, astucioso, zomba do demônio que, ao fim de contas, quase sempre não leva nada mais do que a alma de um animal, pois o homem se faz preceder por um carneiro ou por um cão. Nesse conjunto tão rico de lendas, às vezes a sombra do homem é que é encerrada no edifício: temos medo de perder a nossa sombra, reflexo de nossa personalidade; numerosos contos nos familiarizaram com esses horrores.

Entre as estátuas talismânicas, um lugar à parte é reservado à serpente de bronze da Bíblia. Eis o que nos diz a respeito François Placet, em sua obra *La Superstition du Temps* [A superstição do Tempo]:

"A serpente de bronze levantada por Moisés no deserto, serpente que era um Theraphim, mostra, com evidência, que havia figuras, inspiradas por parte de Deus, cujo poder era miraculoso, pois a Escritura nos ensina que esta afastava as serpentes e curava suas picadas; e, com tantas vantagens, que um número quase infinito de pessoas foram salvas da morte apenas olhando para ela. Sei muito bem que alguns ateus, que atribuem todos os prodígios que lemos nas Sagradas Escrituras à força da Natureza, quiseram dizer que essa Serpente de bronze era um talismã natural; mas, além do fato de a Escritura nos afirmar o contrário, os que querem justificar a doutrina talismânica asseguram que esse caráter era diretamente oposto às suas regras. Primeiramente, quanto à matéria, já que não existe nada de mais nocivo à picada das serpentes e das víboras que o cobre e o bronze. E também quanto à figura, que em lugar de ser antipática aos efeitos das serpentes, lhes é inteiramente semelhante e simbólica; de modo que se acredita que Deus, ao mandar que Moisés fundisse uma serpente de bronze, de preferência a qualquer outro metal, o fez para dar a conhecer aos israelitas que ele os curava por meio de um remédio que não podia ser uma força da natureza: e, ao obrigá-los a apenas olhar para essa figura para se verem livres da morte, pretendia ensinar-lhes que sua salvação era um efeito apenas da misericórdia e da graça."

François Placet concluiu que havia theraphins sagrados, cujas figuras divinas eram dotadas de um poder sobrenatural e miraculoso.

### *O totem*

Teremos também de evocar aqui o *totem,* que pertence igualmente à magia mimética. Totem significa família, tribo: ele é uma espécie de escudo de armas, uma espécie de emblema. De acordo com Van Gennep, "o totemismo caracteriza-se pela crença num laço de parentesco, que ligaria o grupo humano de aparentados (clã) de um lado e, de outro, uma espécie animal e vegetal, ou outra classe de objetos.

"Essa crença é expressa na vida religiosa mediante ritos positivos (cerimônias de agregação ao grupo totêmico ântropo-animal, ântropo-vegetal, etc.) e ritos negativos (interdições).[3]"

Pois o totem é *tabu,* isto é, não pode ser tocado; o que comete esse sacrilégio é condenado à morte. Por extensão, será tabu tudo o que possui um caráter sagrado, e isso pode ir do chefe, do xamã, a todas as espécies de objetos bem determinados. Encontramos, aliás, uma verdadeira sobrevivência do tabu na "etiqueta da corte", que continua no cerimonial das cortes da realeza até nossos dias.

Entre as formas do totemismo, Maurice Buisson, em *La Magie,* nota a *dança mágica*: "Baseada na iniciação das atitudes e dos movimentos do deus cujo culto celebra, essa dança põe em obra o poder das semelhanças, mas, além disso, age sobre os centros nervosos dos participantes, e mesmo dos espectadores, por seus ritmos cada vez mais frenéticos e também pelas fumigações e as beberagens que lhes estão associadas. Ela tem como efeito libertar todas as forças subconscientes das mais longínquas heranças e levar os fiéis ao paroxismo de um êxtase coletivo, em que a personalidade de cada um dá lugar à personalidade do deus."

E eis o que esse autor acrescenta:

"Os cultos totêmicos tendem, essencialmente, a uma troca de alma entre o iniciado e a divindade:

— pela imitação dos gestos do deus e o êxtase das danças;

— e, entre certos povos, pelo *sacrifício comunial,* isto é, pela imolação do animal-totem, a partilha e a consumação de sua carne entre os fiéis.

"Os figurantes das cerimônias totêmicas *imitam* a conduta do totem, os movimentos do animal, o modo de prendê-lo, de utilizá-lo;

3 Van Gennep, *Totétisme et méthode comparative.*

como são ataviados de modo a lembrar e a representar os totens, eles executarão uma *mímica* relacionada com a natureza e a ação desses totens."

Entre os totens, precisamos incluir também os bastões cerimoniais, sejam os dos reis, dos marechais de França ou os mais explícitos, e mais livres, que vêm da África, lugar onde a magia cerimonial ainda conserva grande parte de seu valor (estamos pensando nos bastões cerimoniais do Daomé, onde descobrimos o símbolo do duplo machado de *Shangô*, o deus do trovão). Pois todos esses bastões são cetros do poder. A. Loisy, em *Le Sacrifice*, menciona os ritos de fabricação do bastão mágico dos datus — os sacerdotes — entre os bataks de Sumatra. Trata-se de "uma peça de madeira dura, esculpida de imagens de homens e de animais, cada uma com seu significado e sua virtude". Esse bastão mágico seria consagrado por um sacrifício humano, o de um jovem rapaz raptado de uma tribo vizinha: depois de lhe darem tudo aquilo de que ele precisa, com um ritual determinado, derramam-lhe chumbo pela boca.

## *As bandeiras*

Tal como a estátua ou o totem protetor, as bandeiras desfraldadas nos templos ou flutuando ao vento nas procissões também são talismãs; elas protegem os edifícios nos quais se encontram e espalham à distância a sua virtude. As bandeiras mágicas dos tibetanos possuíam as mesmas características; as mais populares representam um cavalo muito veloz, o *lumg-ta;* inscrições na bandeira invocam uma força precisa. Não deveríamos acaso lembrar aqui as bandeiras medievais, de cores bem determinadas, ostentando os títulos distintivos das corporações? Também nesse caso o homem ingressa num vasto clã, no qual se integra e que o protege. Colocada acima dele, acima de sua cabeça, a bandeira assegura-lhe uma comunicação com o céu; estabelece-se uma ligação entre o mundo do alto e o mundo de baixo (a franco-maçonaria, até 1940, conservava o uso da bandeira).

Contudo, a estatueta talismânica nem sempre é protetora. Podemos nos servir dela no caso de atos maléficos. Os hindus da casta Kahdu-Curubaru são acusados de serem feiticeiros. Acusam-nos de envenenar as fontes de água, de fazer as mulheres grávidas abortarem com seus encantamentos, de vender pequenas estatuetas com terra argilosa e ossos de mortos pulverizados, que têm a propriedade, quando se bate com elas sobre o coração pronunciando em voz alta o nome de um inimigo, de fazer morrer este último instantaneamente.

Os romanos tinham as mesmas superstições de seus ancestrais do Oriente. Os feiticeiros de Horácio também fabricavam figurinhas em liana ou em cera, destinadas a causar a morte.

Encontramos as mesmas práticas na Idade Média. Durante as guerras de religião, os membros das ligas e os protestantes fabricavam estatuetas de cera para fazer morrer Henrique III, ou seja, Henrique de Navarra. Embora o Concílio de Trèves (1310), por seu Cânone 81, afirme que o *sabbat* não existe, de acordo com Alberto, o Grande, muitos são os autores que afirmam os poderes dos membros das assembléias noturnas. No *Formicarius*, o dominicano Nieder — ou Nyder — indica o modo como os feiticeiros provocam tempestades; Nicolas Jacquier, em 1458, demonstra o vôo das feiticeiras no *Flagellum haereticorum fascinorum*. A Igreja de Roma contenta-se, a princípio, em punir com penas espirituais, que mesmo assim vão até a excomunhão. Por isso, os membros da coletividade devem defender-se individualmente.

A partir da bula *Super Illius Spetacula*, pronunciada por João XXII em 1326, os feiticeiros tornam-se hereges, e são levados diante dos tribunais da Inquisição: são submetidos ao braço secular e serão queimados vivos se seu comércio com o demônio for provado. Essas penas serão aplicadas até 1672, até o momento em que Luís XIV, instigado por Colbert, suprime os processos de feitiçaria. Mas nos campos, quem defenderá o povo miúdo contra os ataques do *sabbat?* Os camponeses continuam, portanto, a praticar em segredo toda sorte de atos de feitiçaria — para o bem, mas também para o mal. Nisso eles nada mais fazem do que prolongar uma tradição que se perde na noite dos tempos. Margaret Murray, em *Le Dieu des Sorcières* [O deus dos feiticeiros], considera essas práticas como resquícios de uma religião; os adeptos seriam os fiéis do deus chifrudo, divindade venerada desde os tempos mais remotos e que deixou profundas marcas em muitas religiões. O cristianismo, a fim de lutar contra esse deus, tê-lo-ia identificado com Satanás, o representante das forças do mal.

Pensamos, aqui, no deus Pã, que também é representado com chifres, e no Minotauro. No Egito, o deus supremo, Amon, usava chifres, e a cabeça de Osíris também era enfeitada com uma coroa onde o simbolismo dos chifres era aparente; esse deus encarnava-se na pessoa do Faraó, que também usava uma coroa semelhante. Alexandre Magno, depois de suas fabulosas conquistas, a fim de afirmar que sua realeza era mesmo de ordem divina, fez-se representar coroado de chifres. Poderíamos encontrar outros exemplos na Mesopotâmia, na Babilônia, na Assíria, na Índia. Na caverna dos Três Irmãos, em Ariège, foi encontrado um desenho que seria proveniente do início do paleolítico: um homem parece carregar os despojos de um animal e sua cabeça é ornamentada com chifres de cervo. Esse desenho, de extraordinária maestria, não é o único que representa homens cuja cabeça se assemelha à de um animal. Encontram-se desenhos semelhantes em outras cavernas (que não eram simples moradias mas, sem dúvida, templos consagrados); eles permitem-nos pensar que o homem representava assim um deus, um personagem excepcional, ao qual se deviam dar graças.

Desenhar é um ato mágico de ordem ritual. A representação repousa numa concepção do sagrado. Também a quantidade dos chifres, primeiro em número de dois, aumenta até realizar uma verdadeira hierarquia que define a pessoa que deles for investida. Os deuses supremos têm sete chifres (pensamos, aqui, no candelabro de sete braços que ilumina o mundo).

Se na Gália se honrava Cernunnos, um deus chifrudo (talvez seja por essa razão que nossos ancestrais usavam capacetes de guerra munidos de dois chifres que, depois, deram lugar às asas), na Igreja Católica, o Senhor muitas vezes é representado pelo Carneiro, animal chifrudo por excelência. Talvez essa representação se tenha tornado necessária pelo fato de a antiga religião já ter um animal chifrudo, muito venerado pelos fiéis, e pela necessidade de aproximar o novo culto do antigo. Não nos esqueçamos de que as transformações das sociedades e das culturas não se estabelecem segundo rachaduras nítidas; na realidade, na vida, tudo se liga e cada acontecimento se sucede ao precedente prendendo-se a ele.

De outro modo, como compreender que, em 1303, o Papa acuse o bispo de Coventry por prestar homenagem ao diabo sob a forma de uma ovelha? Seria o mesmo que ligar curiosamente o símbolo do carneiro, do cordeiro, ao antigo culto pagão e ao poder do demônio.

Não evocaremos aqui a personalidade do Diabo, de Mestre Leonardo, que assina contratos comprometedores, por certo, mas, apesar de tudo, bem atraentes. Lembremos apenas que os chifres, atributos dos deuses, são talismãs protetores que permitem aos que os usam comunicar-se com as forças superiores do cosmos; o uso dos chifres implica também um caráter sagrado, uma relação com o mundo do alto; capta-se — às vezes mesmo por uma única ponta apenas, como no capacete prussiano — uma energia, um vigor que colocam o homem em condições melhores, aptas a elevá-lo, a torná-lo mais forte.

## *O caduceu*

O caduceu, emblema enigmático, é, não nos esqueçamos, um talismã poderoso, já que protege todos os homens, colocando-os a salvo da doença e levando a sua ajuda aos que têm o poder de curar. Essa figura, que permite que os humanos recobrem a saúde, instaura também a paz e comunica-lhes o sentido da prudência e da justiça.

Talismã de múltiplos dons, sempre presente em nossa vida, nem por isso é menos misterioso, com suas duas serpentes entrelaçadas ao redor de uma haste central. Estilizado, o caduceu muitas vezes ostenta uma única serpente; nas embalagens de produtos farmacêuticos, esse réptil parece querer dessedentar-se numa taça. Podemos ouvir vozes sentenciosas e graves dizer, com uma ironia mesclada de compaixão, que o médico, representado apenas por uma serpente, definia-se infelizmente, muito bem: as duas serpentes mostravam um equilíbrio natural, enquanto que uma única serpente simbolizava, quando muito, o saber; a medicina, ao suprimir o segundo réptil, confessava que não possuía mais o depósito sagrado do Conhecimento.

Não devemos nos esquecer que os primeiros curandeiros eram representantes diretos da divindade. Comunicando-se com a força criadora, possuíam uma compreensão universal, cósmica, de todas as leis que regem o mundo. Pela penetração de seu espírito, eles conheciam o que era o mal e o seu remédio, e sabiam o que era bom ou nefasto para a vida de outrem. Instruídos sobre todas as coisas, orientaram a existência de seus semelhantes; os chefes e os reis foram como que pastores que sabiam dirigir. Porque eram os mais esclarecidos, também se mantiveram como os mais humildes; sabiam rezar, clamar pela potência dAquele de quem eram simples representantes. Numa época em que o sagrado e o profano estavam ligados, esses homens eram ao mesmo tempo sacerdotes e reis, curando tanto os males morais como os físicos (Jesus, depois de Melquisedec, encarna essas virtudes); eles foram os *xamãs,* homens dotados de poderes que só pareciam misteriosos para os que estavam "de fora", os que não tinham fé. O poder de essência religiosa possuído por esses depositários da força divina transmitiu-se até nossos últimos reis, aos quais se atribuía ainda a possibilidade de curar o mal das escrófulas. Curar era, assim, o apanágio do chefe, daquele que estava acima dos outros, pois havia recebido um sinal pessoal, dons particulares.

Bem longe de nós a idéia de querer afirmar que quem aprendeu a arte de curar está acima de quem quer que seja; contudo, para penetrar no espírito da natureza, na essência das coisas, precisamos estar em estado de receptividade, ter recebido um dom, um poder que só pode parecer sobrenatural aos que não são os seus detentores. O Sábio, o Santo, o Iniciado devem emergir da onda humana. Aquele que cura deve ter — ou deveria ter — um poder de compreensão que lhe permitisse dar um medicamento, um remédio capaz de completar uma natureza imperfeita. Como bem mostra o emblema do caduceu, precisamos regredir à qualidade original, tomando caminho reto, sobre um eixo bem vertical.

Mas por que a serpente, animal rastejante, viscoso, êmulo do demônio, enrola-se no eixo vertical desse emblema, que representa, para nós, a árvore da vida? A serpente e a árvore representaram um papel tão importante na religião cristã que dificilmente nos desembaraçaremos dos clichês que esse simbolismo familiar nos impôs.

Se procurarmos a origem da palavra caduceu, parece que nos afastamos dessa representação com eixo e serpente. Com efeito, a palavra caduceu foi tomada de empréstimo ao latim *caduceum* que, por sua vez, vem do grego e significa "arauto", "anunciador". O que vem fazer esse oficial encarregado de levar as mensagens, os desafios, as declarações de guerra, e que deveria também dirigir o cerimonial das festas de cavalaria?

As escavações de Epidauro nos ensinaram tanto sobre esse símbolo como sobre o culto a ele ligado no século IX de nossa era. As práticas religiosas particulares a esse templo chamava-se *asklepícia,* pois a cidade de Epidauro era consagrada a Asclépio, cujo nome, latinizado, tornou-se Esculápio.

Asclépio é o filho da mortal Corônis, filha de Flégias, rei da Tessália; seduzida por Apolo, que ela, contudo, não devia conhecer, Corônis deu à luz, clandestinamente, uma criança; esta, é abandonada pela mãe no monte Mirtion, perto de Epidauro; uma cabra cuida dessa criança, lhe dá o seu leite, enquanto um cão pastor vela pela sua segurança.

Para Hesíodo e Píndaro, Corônis teria enganado seu divino amante com um simples mortal, Ísquis. Apolo mata a amante infiel, cujo corpo é queimado de acordo com o costume da época. Mas sobre a pira funerária, tomado de remorso, o deus arranca das entranhas da mãe o filho ainda vivo e o confia a Quíron.

Esse sábio centauro, com sua estranha forma de homem-cavalo, era fruto dos amores de Crono e da ninfa Filira; ele se distinguiu por sua sabedoria e conhecimento: seus discípulos foram muitos numerosos. Notemos entre eles Castor e Pólux, Anfiarau, Peleu, Aquiles, Nestor, Ulisses.

Asclépio, formado por Quíron, aprendeu a arte de compor símplices e de fabricar remédios. Dotado de qualidades nativas superiores às de seu mestre, adquiriu rapidamente nessa arte uma habilidade extraordinária.

Herói da Medicina, esse semideus prescreve remédios, derrama colírio nos olhos, prescreve ungüentos; ele é cirurgião, abre o tórax das pessoas, retira pontas de flechas. Ele sabe até cortar cabeças e reajustá-las. Ele ressuscita os mortos: Glauco, Tíndaro, Hipólito. É por isso que Hades, com medo de ter de fechar as portas de seu reino, se lamenta; ele denuncia essas curas miraculosas que podem perturbar a ordem da natureza. Alertado, Zeus fulmina com um raio esse curador por demais zeloso. Mas Apolo, para vingar a morte do filho, mata os Ciclopes, os artesãos do raio. A seguir, houve o exílio momentâneo de Apolo na terra. Asclépio, malgrado sua morte trágica, terá contudo direito a honras divinas. Logo lhe prestarão um culto, durante o qual ele aparece em sonhos aos que vão rezar em seus santuários pedindo-lhe a cura ou o alívio de seus sofrimentos.

No canto IV da *Ilíada,* Menelau é atingido por uma flecha. Agamenon, chefe supremo do exército grego, reconforta o amigo: "O filho de Esculápio cuidará de teu ferimento e nele colocará o remédio que diminui as dores cruéis"; para isso manda procurar Macáon, filho do deus curador, que se encontra em combate. No canto XI, o próprio Macáon é ferido na espádua direita por uma flecha disparada por Páris. Idomeneu, rei de Creta, recomenda o ferido a Nestor: "Apressa-te; um médico vale muitos homens porque ele sabe extrair as flechas e espalhar doces ungüentos nas feridas."

Macáon, pretendente de Helena, cuida então de Filoctetes, roído por uma chaga feita dez anos antes por uma flecha de Héracles. Esse curador, que reencontraremos nos flancos do cavalo de Tróia, será morto por Eurípilo, filho de Télefo, e suas cinzas sagradas serão levadas por Nestor a um santuário de Gerênia, onde os doentes iam procurar a cura. Macáon havia reinado sobre três cidades da Tessália com seu irmão Podalírio, ele também hábil médico, que cuidou da horrível ferida de Filoctetes. Depois da vitória dos gregos, Podalírio deixou Tróia com Calcas, Anfíloco e mais alguns heróis. Ele volta por terra a Colófon, consulta o oráculo de Delfos e se estabelece na Cária, em Sirnos, onde se casou com Sirna, a filha do rei. Seus descendentes foram os asclepíades, médicos gregos célebres, que transmitiam entre si os segredos comunicados por seu ilustre ancestral; eles chegaram a formar uma verdadeira confraria sacerdotal.

Cerca do ano 500 antes de nossa era, gregos e romanos associaram o culto de Hígia, deusa da saúde, ao de Esculápio. Mais tarde, Hígia foi transformada em filha de Esculápio, dando-se-lhe como atributo a serpente de Epidauro, a qual ela oferecia comida (encontraremos de novo a taça de Hígia como emblema dos farmacêuticos).

No exercício de sua função de médico, Asclépio fazia-se ajudar por cães e serpentes, que lambiam e sugavam seus abscessos. Antes de entrar no santuário, o doente devia purificar-se com banhos, fumigações, fricções. Mas, para ser curado, eram precisos também jejuns prolongados, endereçados mais às almas do que ao corpo. À higiene corporal corresponde a higiene do espírito. O doente participa então de procissões: salmodia cantos sagrados, oferece dádivas ao deus. Somente depois dessa preparação minuciosa é que será admitido para dormir no *abaton*, o pórtico que dá para o templo. Asclépio visita então os mais dignos, aparecendo-lhes em sonho.

Mas Asclépio também se dirige aos doentes. Interesseiro, pede antecipadamente seus honorários e castiga severamente os que pretendem trapacear: Equédoro, a quem Pândaro havia confiado o dinheiro, quis conservar para si essa quantia; em lugar de ser curado das manchas que tinha na testa, recebe as de Pândaro que, este sim, foi curado. Mas o deus também sabe contentar-se com um salário parco, caso tenha um interlocutor honesto à sua frente.

O culto propriamente dito prestado a Esculápio nasceu em Tricca, terra natal de Macáon e de Podalírio. Daí ele se espalhou pela Gerênia, depois pelo Epidauro, cujo templo logo se tornou o mais célebre dos santuários milagrosos. Levavam-se oferendas às serpentes, que durante a noite eram introduzidas no quarto dos doentes adormecidos, proporcionando-lhes a cura. A reputação das serpentes de Epidauro não demorou a se espalhar para outros países. Assim, quando a peste assolou Roma, no ano 460 de sua fundação, isto é, 293 anos antes de nossa era, os romanos mandaram à Grécia uma embaixada de dez notáveis, comandada por Ogulnius, com a missão de levar consigo uma das serpentes sagradas. Durante a travessia, a serpente enrolou-se ao redor de um bastão; mas, à vista das costas, lançou-se à água, atravessou o Tibre e ganhou a margem a nado. Se dermos crédito aos historiadores latinos,[4] a peste cessou desde a chegada desse animal à cidade. Segundo Ovídio,[5] o próprio Esculápio ter-se-ia transformado em serpente para ir a Roma curar os pestilentos. Diante desse benefício, os romanos só poderiam levantar um templo ao deus que os salvara: foi escolhida a ponta da ilha do Tibre onde a serpente havia abordado e ergueu-se uma pedra nessa proa: a serpente de Epidauro enrolando-se em torno de um bastão comemorou esse feito; segundo Plínio,[6] foram muitas as casas que criaram serpentes em seu interior: chamavam-se os *Epidaurii*.

De acordo com a estatuária grega, Esculápio é um homem muito forte, de peito largo, ombros fortes, estrutura imponente. Ele encarna a saúde, com uma nuança de força e de calma. Originalmente, a estátua se apoiava sobre uma grossa clava; mas esse bastão simbólico não tardará a se alongar, até parecer uma espécie de cana, emblema do comando. Esse bastão de oliveira rugosa, com nós — o *ceryx* — é ornado por duas serpentes, não entrelaçadas, mas formando uma guirlanda. Confundem-no então com o emblema de Mercúrio, no qual as duas serpentes se enlaçam muitas vezes em três semicírculos, encimados por um par de asas amplamente desdobradas (seriam as asas da pomba, mensageira de Mercúrio?). Se dermos crédito a uma lenda que deve ter aparecido no século V antes da nossa era, Mercúrio, o Hermes dos gregos, — teria um dia separado duas serpentes que lutavam, lançando entre as duas uma varinha, gesto que teria sido interpretado como símbolo de paz.

Em todo caso, esse emblema, ao mesmo tempo ligado a Mercúrio e a Esculápio, deveria conhecer no Ocidente a fortuna que sabemos. Contudo, o Oriente não o ignorou. Em 1884, E. de Sarzec e L. Heuzey estudam um magnífico vaso de esteatita (hoje no Louvre), sem dúvida do III milênio antes de nossa era, "protótipo sumeriano do caduceu". Esse vaso das Plêiades de Gudéia — ou de Goudéah — também cha-

4 Tito Lívio, X, 47; Valério Máximo, I, 8; Aurélio Víctor, 22.
5 Ovídio, *Metamorfoses*, Livro XV.
6 Plínio, *História natural*, XXIX, 22.

mado de "Gobelet da libação", representa em sua decoração uma haste a cujo redor se enlaçam duas serpentes; na parte oposta, uma dedicatória, em caracteres cuneiformes, significa: "A Ninghiz-zi-da, seu Deus, pelo prolongamento de sua vida, Gudéia, Paresi de Sirpoula, consagrou esta oferenda."

Essa representação foi analisada muitas vezes. O eixo vertical representa a árvore da vida dos caldeus, a *Achera,* ao longo da qual sobem as serpentes fecundantes, macho e fêmea (sem dúvida copulando, pois elas se fundem ao nível da vulva), procurando alcançar o fruto proibido; os pontos de união dos dois répteis muitas vezes foram considerados como símbolos dos pontos solsticiais.

Na arte egípcia, duas serpentes enlaçadas aparecem no cabo de uma faca de sílex talhado coberto com uma folha de ouro encontrada na necrópole de Saghelel, perto de Abidos. O caduceu muitas vezes também foi comparado à cruz ansada, outro símbolo de vida; esse emblema egípcio, que também é um talismã, propõe manifestamente à meditação a imagem de dois elementos ligados um ao outro; ele se compõe de um escudo atravessado por uma barra horizontal, chamado *ankh,* a vida; essa força energética só pode comunicar a vida quando os dois princípios — o espírito e o corpo — estão unidos.

De resto, as representações ofidianas são encontradas na maioria das tradições. De junho a setembro de 1968, em Paris, pudemos apreciar uma exposição das Artes maias da Guatemala, na qual figurava um vaso cilíndrico em terracota, cuja parede era decorada por duas serpentes entrelaçadas, formando uma espécie de coluna vertical; uma serpente estava pintada em vermelho e a outra em creme. A serpente também é encontrada na arte céltica: a pedra n.º 8 do dólmen de Gavrinis, na Bretanha, traz gravada a imagem de três serpentes ondulantes erguidas sobre a própria cauda.

A heráldica medieval também retoma muitas vezes esse símbolo do caduceu, "que representa uma verga encimada por duas asas e abraçada por duas serpentes ou *bisses* entrelaçadas e afrontadas, de modo que a parte superior de seu corpo forme um arco. É assim que ele figura nos brasões das famílias Brossette de Varenne, Brenas e Viot. Poderíamos também notar os brasões de Le Cat, da Chassaigne, do barão Portal.

Sabemos, além do mais, que o caduceu também é uma figura da alquimia. Sire Esprit de Gobineau de Montluisant, gentil-homem de Chartres, adepto da filosofia natural e alquímica, em sua "Explicação mui curiosa dos enigmas e figuras hieroglíficas físicas, que se encontram no grande portal da igreja catedral metropolitana de Notre Dame de Paris", resume bem a questão escrevendo em 1640: "O caduceu no qual duas serpentes se enlaçam ensina que a Pedra é composta de duas substâncias, embora tiradas do mesmo corpo e extraídas da mesma raiz; essas duas substâncias, contudo, parecem ser aparentemente contrárias, pois uma é úmida enquanto a outra é seca, uma volátil e a outra fixa; mas elas são semelhantes na essência e nos efeitos, porque são, por natureza, duas, provenientes de um único princípio, embora realmente não sejam senão uma."

A serpente tentadora do Gênese, enrolada na árvore, aconselhando Eva a colher o fruto proibido, não parece ter nenhuma ligação com o nosso símbolo. Contudo, é a partir da cólera de Deus que a serpente deve rastejar. Essa cena da tentação, com sua mística sexual, aproxima-se das narrativas mesopotâmicas, nas quais a serpente "Kerub" guarda o caminho que conduz à árvore da vida.

Em todas as representações mitriáticas, a serpente, guardiã do empíreo, enlaça-se ao redor da pedra geradora. Esse réptil ativo, princípio atuante, é essencialmente móvel; ele é a alma do movimento; ao mesmo tempo animal telúrico por excelência, a serpente personifica a Terra Mãe.

De acordo com o Livro dos Números (XXI, 6-9), e de acordo com São João (III, 14-15; XII, 32), basta que quem tiver sido picado pela serpente olhe para o signo de Moisés, a serpente de bronze, para viver. Assim Deus, ao permitir essa figuração da imagem, associou ao mesmo tempo o mal e o remédio (pensamos aqui no processo mágico terapêutico descrito pela fórmula do *Atharva-véda:* "Com o veneno, eu curo o teu veneno").

Evocando-se o nome de Jesus, expulsa-se o réptil, o mal. A Virgem Maria e os Santos também podem neutralizar o veneno desse animal, que só rasteja por causa da maldição divina. Essa serpente, que ao mesmo tempo pode dar a morte e curar, influenciou muitas teorias religiosas, muitos textos literários, muitos talismãs. Esse animal sagrado representa a vida e, se tem o poder de curar, quando ele se fecha sobre si mesmo mordendo a própria cauda (o *ouroboros*), torna a vida indestrutível, o eterno reinício de todas as coisas; ele é a própria imagem da Obra. Por esse puro movimento circular, que simboliza a evolução consciente no Tempo Eterno, temos acesso à força benéfica, ao mundo do infinito.

Lembremo-nos de que as serpentes representaram um papel importante nos mistérios de Elêusis, cuja iniciação proporcionava o conhecimento. De acordo com a Gnose, a serpente não é a encarnação do mal, mas a portadora da revelação, do espírito de Luz; portanto, do Cristo. Aliás, de acordo com a mística dos números, tão cara à Cabala, a serpente, em hebraico *nahash,* representa o número 358, como o Messias, *Mashiha.*

É bom lembrar que as duas serpentes em luta representam a desordem, o caos; antes de equilibrá-las, é preciso separá-las, isto é, distingui-las, conhecer a sua oposição, captar-lhes os contrários. As duas forças opostas se resolvem, então, na unidade em torno da varinha, eixo do mundo. Essa reconciliação dos dois animais lembra, de um ponto de vista alquímico, a união entre o fogo e a água, dois elementos que se definem por dois triângulos invertidos, evolução e involução. Associados, eles criam o Selo de Salomão, representativo da união do céu e da terra. A própria Pedra não se compõe, acaso, de duas substâncias? E o mercúrio e o enxofre não são, acaso, equilibrados pelo sal? Esse *Men*, negativo, não se opõe, porventura, ao *Shin*, positivo, para se equilibrar com o *Aleph*? Se o ouro filosófico é a haste que reúne, afinal, as duas serpentes, essa efígie de Mercúrio filosófico aparece também num baixo-relevo da catedral de Notre Dame de Paris.

Em todo caso, essa riqueza no nível das interpretações possíveis do símbolo mostra bem que, com o caduceu, estamos às voltas com um talismã de um poder autêntico.

O caduceu é o princípio de união. O réptil de pé sobre sua cauda, enlaçado ou não à sua fêmea, evoca a mística sexual, a união andrógina, a do casal divino que sorve a sua beberagem de imortalidade; essa seiva que se lança, que une e fecunda, transforma-se num termo único, que desabrocha no Sol, no céu. Essa árvore da vida, com sua força de expansão, renascente, equilibrante, proporciona o remédio misterioso, a água da imortalidade, origem mística de toda medicina. Se ela nos fornece a fonte de vida, a eterna Juvenca, não basta saber ou conhecer: é preciso também transmitir; é por isso que ele é como o arauto, o mensageiro dos deuses, a serpente de bronze de Moisés. Enfim, se Mercúrio preside ao comércio, Hermes interpreta o Verbo; ele é o profeta que dirige e conduz na paz.

A serpente pode enrolar-se em torno da árvore, em torno da montanha polar; pode dirigir-se quer aos estados superiores, quer aos estados inferiores; esses dois aspectos, sejam eles benéficos ou maléficos, se resolvem sempre num único estado. A verdade continua a ser una; e só pode haver um caminho para se chegar a ela, um caminho estreito, árido, mas retilíneo, como o eixo em torno do qual se reconciliam os contrários. No fim desse caminho, podemos fazer milagres.

# CAPÍTULO VII

# Poder de Proteção

## *Enigmas talismânicos*

É fora de dúvida que os talismãs são usados para afastar os demônios. Deus pode dar esse privilégio a alguns eleitos, que realizam milagres. Mas, além da força divina — ou diabólica —, o homem, sozinho, pode modificar a ordem aparente das coisas usando fórmulas poderosas, palavras cabalísticas. Ele pode usar as raízes de uma planta rara, como a que se encontrava no deserto, nos arredores de Maqueronte; o nome dessa raiz era *Baaras,* e Josefo afirma ter visto o espírito sair das narinas de um possesso com o uso desse talismã (*Antiguidades,* VIII, 2 e 5; *A Guerra dos Judeus,* VII, 6, 3). Não se deve comparar a essa planta o hissopo, planta sagrada que protege contra os malefícios e que, no entanto, ainda é usada em nossa época. Jean Palou dizia-me que essa pequena flor azul tem o poder de tirar feitiços e que, faz poucos anos em Berry, costumava-se enterrá-la junto às lareiras.

De fato, essas crenças cristãs provêm de civilizações mais antigas; entre os babilônios, os assírios e os antigos hebreus, a crença nos demônios era muito viva. Basta enumerar todos os nomes sumerianos dos demônios: *Outukku,* o espírito; *Alu,* o demônio; *Lilu,* o espectro; *Gallu,* o diabo; *Ilu Limmur,* o deus mau; *Rabisu,* o que espreita as suas vítimas. Felizmente, podemos expulsar esses demônios que, por toda parte, se imiscuem na vida dos homens. Eles podem ser afastados graças aos amuletos, mais particularmente, graças ao uso de anéis. Às vezes, é preciso fazer sacrifícios, recitar encantamentos e mesmo usar a água, pois a água contém em si mesma o Deus purificador.

Não pretendemos tratar de demonologia nesta obra, mas é opinião nossa que não existe doutrina precisa relativa aos maus espíritos; estes podem tomar a forma de animal ou, às vezes, a de um ser humano. Eles podem ficar fora do homem, ou penetrá-lo passando por um dos orifícios naturais (orelha, nariz, boca, ânus).

Alguns deuses foram reduzidos à categoria de demônios, como Lúcifer. Os deuses de um povo vencido também podem tornar-se demônios. Vemo-lo no Antigo Testamento, no *Deuteronômio* (32.17), nos *Salmos* (LXX, 95.5 e 106.7); no Novo Testamento, nas *Epístolas de São Paulo* (I Coríntios, 8.4, 10.20) e no *Apocalipse* (9.20).

A crença na existência dos maus espíritos reinou entre todos os povos, pois todos acreditaram na sobrevivência da alma.

As raízes de nossa demonologia encontram-se nas concepções da raça semítica, e a concepção de Satã é um produto do pensamento hebraico influenciado pela doutrina persa, na qual Arimã é o inimigo de Deus e do homem. O próprio Jesus aceitou as idéias judaicas relativas aos demônios.

Mas, de qualquer modo, é preciso expulsar os maus espíritos, e os pantáculos têm precisamente essa missão. Assim, nascerão numerosas obras, mais ou menos sérias, mais ou menos alteradas. Podemos afirmar que essa literatura tem, em si mesma, um valor talismânico, pois marca alguns indivíduos, dando-lhes possibilidades de evasão; ela sugere. Mais freqüentemente, seus efeitos são benéficos mas, às vezes, por causa da credulidade de homens mal-informados, cometem-se erros. Há quem tome ao pé da letra textos obscuros, dando-lhes falsas interpretações.

Existem, felizmente, livros mais sérios. Mencionaremos muito particularmente as doze pranchas de Khunrath, publicadas no *Amphitheatrum Sapientiae Aeternae* (1609), e que receberam um belo comentário de Stanislas de Guaita. Essas dozes pranchas constituem outros tantos pantáculos.

*O Grande Alberto,* também denominado *Os Admiráveis Segredos de Alberto o Grande,* é igualmente uma obra do mais alto interesse. Dividida em quatro livros, o primeiro trata dos mistérios da geração, da concepção e do sêmen animal. Com o segundo livro, vemos a virtude atribuída às plantas, às pedras, aos animais, à astrologia e às maravilhas do mundo. O terceiro livro comenta as virtudes das fezes e dos excrementos, as qualidades dos insetos; nele são revelados segredos naturais. O quarto livro é um tratado de *Fisiognomia,* que termina com uma lista de receitas. As referências a esse livro costumam reportar-se à edição que apareceu em Lyon, em 1775, um in-18 com figuras. *O Pequeno Alberto,* por sua vez, contém fórmulas de feitiçaria que, embora nos pareçam extravagantes, nem por isso deixaram de fazer as delícias de toda uma população camponesa. Podemos nos questionar sobre o modo como tirar proveito dessas receitas; contudo, esse livro teve um enorme sucesso. Uma das melhores edições é sem dúvida a de Lyon, de 1516, in-18.

O *Enchiridion,* atribuído ao papa Leão III, assim como a *Clavícula,* que seria obra de Salomão, são tratados já bastante alterados. As fórmulas misteriosas são enriquecidas com figuras pantaculares; essas obras, sem dúvida são preciosas, mas ainda seria preciso possuir a chave desses hieróglifos. Poderíamos dizer o mesmo da maioria dos engrimanços, dentre os quais o de Honorius: *Le Grimoire du pape Honorius, avec un recueil des plus rares secrets* [O engrimanço do papa Honório, com uma coletânea dos segredos mais raros] publicado em Roma em 1670. Parece tratar-se de uma obra blasfema, com flagrantes absurdos (pretende-se até que esta seria uma obra do antipapa Cadalous, tanto mais que nela o demônio aparece como um instrumento de poder). Éliphas Lévi refere-se a ela em sua *História da Magia* e em sua *A Chave dos Grandes Mistérios*.

Voltemos mais especialmente ao *Enchiridion*, coletânea cabalística publicada sob o nome de Sua Santidade, o papa Leão III. Trata-se de uma obra preciosa, que contém preces e talismãs: "A todos ele fornece armas eficazes, que lhes assegurarão a tranqüilidade, a vitória, a felicidade."

Reproduzimos aqui alguns desses pantáculos protetores:

"São Leão III, Papa, reuniu e colocou em ordem as Orações seguintes como as próprias palavras de nossa Mãe, a Santa Igreja, e as enviou a Carlos Magno, dizendo:

"Se credes firmemente, sem emitir dúvida, e se a cada dia recitardes com devoção, a seguinte Oração, e se a levardes sobre vós com respeito, e a colocardes em casa, se a utilizardes durante a guerra, seja sobre o mar ou no lugar em que estiverdes, nessas condições, nenhum inimigo terá vantagem sobre vós. Sereis invencível e livre das piores enfermidades e de todas as adversidades. Em nome de Nosso Senhor Jesus Cristo. Assim seja.

"Em memória do rei Carlos Magno, ele a fez escrever em letras de ouro, e sempre a carregou sobre si com cuidado, respeito e devoção.

"Se os homens conhecessem a excelência e a virtude desta Oração, eles a recitariam a cada dia e jamais deixariam de carregar uma cópia dela consigo, tanto mais que não se encontra ninguém no mundo que, tendo-a recitado, tenha sido abandonado por Deus em todos os seus misteres e necessidades, e que não tenha chegado a seu fim, terminando felizmente os seus dias. A experiência incontestável tornou-a conhecida de muitas pessoas. É por isso que aquele que a recitar cada dia com devoção e a levar consigo com honra e respeito, para glória e louvor do Deus todo-poderoso, da gloriosa Virgem Maria, sua Mãe, e de toda a Corte celeste, será preservado do ferro, da água, do fogo e de uma morte súbita. O próprio diabo não terá poder algum sobre ele. Ele não morrerá sem confissão, ou seja, dormindo, nem no caminho nem fora dele, nem em nenhum lugar que possa existir. Ele jamais será vencido nem feito prisioneiro. A Oração é maravilhosa, também, contra as tempestades, o raio e o trovão. Se a recitarem sobre um vaso de água benta, com a qual a seguir se asperge o ar em forma de cruz, logo a tempestade e o trovão cessarão. Se se estiver no mar e a recitarem três vezes, não acontecerá nenhum acidente vergonhoso nem tempestade nesse dia. Sendo dita três vezes sobre uma pessoa possuída pelo espírito maligno, segurando uma vela benta acesa, o possesso será libertado. Se uma mulher está em perigo nos trabalhos de parto, recita-se essa oração três vezes, segurando uma vela benta acesa. Se alguém quiser empreender uma viagem, que ele a diga três vezes antes de partir e a leve constantemente consigo: ele será libertado de todo acidente e de todo pecado; e se vier a morrer de alguma doença, será salvo.

Esta Oração, digna de fé, foi experimentada por grande número de pessoas."

*Pantáculo do Pentagrama*:

"O Pentagrama era o símbolo preferido dos pitagóricos. Eles o traçavam sobre suas cartas a modo de saudação fraterna.

"Esse emblema era, ainda, chamado de *ugeia.* Sendo Hígia, na Grécia, a deusa da saúde, colocavam-se as letras que compõem essa palavra, em cada uma das pontas do pentagrama.

"Eis a oração que acompanha esse pantáculo:

"Dai-me, Senhor, a força contra os meus inimigos, ouvi minha prece e que meus gritos se elevem até vós."

"Esse pantáculo age eficazmente em todas as causas desesperadas, o que indica as letras colocadas isoladamente no interior do duplo círculo. Traduzidas para o francês, elas significam: *Tu vaincras* [Tu vencerás]."

*Pantáculo do arcanjo Rafael:*

"O pantáculo do arcanjo São Rafael é dedicado ao arcanjo Rafael, Potência que põe a sua força a serviço de todos aqueles que sofrem de males físicos e de dores morais.

"Sustentáculo do homem acabrunhado pela doença, o arcanjo São Rafael ouve as preces de quem quer que se dirija a ele com confiança. Ele alivia. Ele consola. Ele cura.

"Jamais o homem angustiado lhe implora sem receber ajuda, conforto e cura."

*Pantáculo do Tau*:

"Colocado sob o simbolismo de um signo grego, o *Tau,* esse pantáculo exprime o equilíbrio resultante da união de dois princípios opostos, de onde a obtenção da estabilidade.

"Por essa força realizada em si, a criatura atinge, não a perfeição que, todos o sabem, não habita na terra, mas um modo de ser que afasta da vida a maioria das armadilhas que desconcertam e afligem o homem.

"As duas letras que ladeiam a haste vertical do signo *Tau* dão a este significado uma amplitude que se estende a todos os domínios.

"Com efeito, o *alfa* e o *ômega* implicam uma perspectiva quase ilimitada.

"O equilíbrio obtido pela posse desse pantáculo relaciona-se com tudo o que condiciona a vida de um ser humano. Modera os desejos irracionais, facilita a volta à saúde, o restabelecimento das situações em perigo.

"Numa palavra, ajuda a reencontrar o caminho no qual as penas superadas cedem lugar a uma serenidade felizmente assegurada."

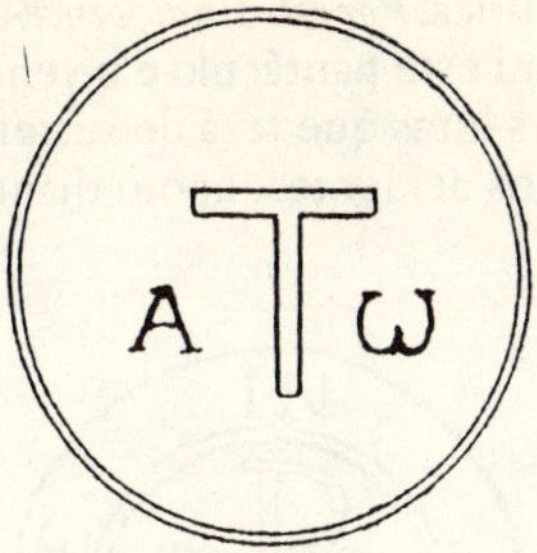

*Pantáculo do arcanjo São Miguel*:

"As letras que ornam este selo são as que compõem o nome do Príncipe da Milícia Celeste: o Arcanjo Miguel. Tendo vencido Satanás, o Espírito da Luz revoltado contra Deus, São Miguel tornou-se aquele diante do qual as Potências do Mal desfalecem.

"Quem quer que carregue consigo esse pantáculo verá aniquilarem-se as tentativas dirigidas contra si. Sairá vitorioso de todos os laços armados, dissimuladamente, pelos Gênios maus.

"Além do mais, este Selo ajuda a descobrir as coisas ocultas e a compreender o significado de segredos até então impenetráveis."

*Pantáculo do monograma crístico*:

"O Monograma crístico ostenta, como insígnias de forças, as duas primeiras letras que na língua grega compõem o nome do Cristo: X e P (isto é, khi e rô).

"Sob as letras entrelaçadas, vê-se a âncora marítima, símbolo de esperança.

"Ao redor do selo, entre os dois círculos, lê-se em latim a fórmula que, em português significa: *Por este sinal, vencerás.*

"Aquele que possui este pantáculo e o venera terá a certeza de sair vitorioso nas diferentes lutas que terá de sustentar: triunfo sobre a doença, proteção contra os acidentes, apoio diante dos reveses da fortuna."

Assim, o homem se protege. Contra o mal, contra todas as forças desconhecidas que o rodeiam, contra esses males invisíveis que o podem atingir sem que ele possa explicá-los e que lhe são enviados seja pela cólera dos deuses, seja pela inveja de seus inimigos. O homem, ignorante, inquieto, procura salvaguardar sua saúde; ele deseja pôr-se ao abrigo da doença. Depois, procurará outras satisfações, bens mais materiais, e benefícios tanto morais como físicos. Teremos assim ocasião de voltar a falar sobre esses vários aspectos do comportamento humano.

# CAPÍTULO VIII

# Poder de Cura

## *Simbolismo corporal*

Em todos os tempos, o talismã foi usado como remédio (preventivo ou curativo) para os males do corpo. Sabemos que o corpo está sujeito às influências astrais. Sabemos também que os orifícios naturais permitem um intercâmbio com o mundo sutil, seja porque os maus espíritos façam uso deles para se introduzirem no corpo, seja porque a força do indivíduo possa sair por eles. Segundo esse modo de pensar, a defecação foi considerada durante muito tempo uma perda das forças do ser. A respiração também é uma força que se descarrega: o beijo na boca, ou roçando os narizes, permite que duas respirações se misturem e que, portanto, orientem, combinem, dirijam duas energias. A alento sempre foi considerado um elemento primordial, pois é a base da vida. Para vigiar melhor o seu fluxo e refluxo é que se colocam ornamentos no nariz, nas orelhas, na boca, mas esses ornamentos, em sua maioria, são pantáculos; as práticas de extração ou de deformação dos dentes facilitam a inspiração e a expiração. O mesmo ocorre com as experiências emocionais relacionadas com o orgasmo, o coito, o pudor: é preciso proteger os órgãos genitais do "mau-olhado", preservar, dominar a força sexual (referimo-nos aqui ao ensino do tantrismo hindu, ou do taoísmo chinês).

Evocamos a força do alento, mas o olho também é um órgão essencial, tanto física quanto psiquicamente. O olho divino ocupou um lugar importante na simbólica do antigo Egito: "Hor perdeu um olho lutando com Soutekh, mas Soutekh foi forçado pela corte dos deuses a restituir o olho a Hor. Contudo, Hor não o colocou em sua órbita vazia; colocou-o na boca da múmia de seu pai Usirew e, com isso, despertou o espírito de Usirew para a nova vida. Essa oferenda de Hor foi a primeira oferenda que jamais se fez e, por causa disso, o olho de Hor tornou-se símbolo de toda oferenda." A franco-maçonaria conservou esse simbolismo, colocando um olho no centro do triângulo. Não nos esqueçamos, enfim, da importância que o olho sempre teve na transmissão das sortes e de outros malefícios: no Sul da Itália, o *jettatore* passa por ter o poder de levar o azar a todos os que são roçados por seu olhar, mesmo que ele não o faça intencionalmente.

Depois da respiração e do olho, a mão também representa aqui um papel muito importante. Conhecemos as grandes mãos atribuídas às Virgens medievais, mãos que abençoam e que aparecem nos tímpanos das igrejas romanas. Eis o que escreve Marquès-Rivière a respeito da mão na tradição islâmica:

"Mesmo na tradição islâmica, na qual a representação humana é proibida, encontramos às vezes jóias talismânicas 'toleradas', sob a forma de grifos com cabeça humana, de figuras de homens ou de animais, de signos do Zodíaco. A famosa mão de Fátima conjura o mau olhado e os *xiitas* amarram aos cinco dedos da mão o símbolo dos cinco grandes personagens sagrados: *Muhammed, Alî, Fâtima, Hasan* e *Husain*.

"Certo dia em que os inimigos de Maomé se queixavam por causa da supressão das imagens, o profeta mergulhou na tinta a extremidade de seus dedos e, imprimindo-a sobre uma folha de papel, apresentou-lhes esta última como única resposta. Essa imagem do instrumento mais perfeito que Deus colocou a serviço do homem tornou-se, para os muçulmanos, um preservativo infalível contra o mau-olhado. Para eles, a mão tem três significados misteriosos: 1.º) A mão designa a Providência. 2.º) A mão é o resumo da lei: ela tem cinco dedos, cada um com três junturas, exceto o polegar, que só tem duas; todos os dedos estão sujeitos à unidade da mão que lhes serve de base. Ora, a lei contém cinco dogmas ou preceitos fundamentais, cada um dos quais tem três modificações, exceto o primeiro, que só tem duas; todos esses dogmas têm como fonte a unidade de Deus. Conseqüentemente, toda a lei está encerrada na mão, nos cinco dedos e nas catorze junturas. 3.º) A mão, por sua estrutura, sendo resumo da religião, é uma poderosa defesa contra os inimigos. Invocando Deus — diz um comentarista do Corão — mostrai-lhe o interior de vossas mãos e não o exterior: quando tiverdes terminado de fazer isso, passai as duas mãos sobre o vosso rosto."

"Durante as cerimônias de casamento, os turcos e os persas devem ficar de mãos estendidas. Na Turquia, muçulmanos, gregos, armênios e judeus amarram no gorro do recém-nascido e penduram no pescoço das crianças mãos de vidro azul; nesse último caso, a mão é fechada num pequeno saco.

"Na igreja de Santa Sofia, em Constantinopla, vê-se uma mão vermelha pintada e, encimando a porta de entrada da *Torre de Justicia*, no

Alhambra de Granada, uma mão esculpida. Os judeus da Turquia pintam-na na parede das casas caiadas de novo; na Síria, turcos, judeus e árabes esculpem mãos ou pintam-nas em vermelho no limiar das portas ou sobre as impostas das casas em construção; às vezes, elas são pintadas depois de terem sido esculpidas; esses povos usam mãos de vidro como amuletos, enquanto os judeus de Jerusalém amarram com um fio, na cabeça de suas crianças, uma pequena mão de ouro ou de prata.

"No Egito, costuma-se pendurar uma mão de prata entre os olhos dos cavalos. Na África, na fachada das casas, vêem-se mãos pintadas em negro e vermelho. Na Argélia e entre os judeus de Túnis, se aquele que aluga um ser vivo ou um objeto não pronuncia as palavras sacramentais, assestam-se imediatamente contra ele os cinco dedos da mão direita. Talvez não exista na Argélia uma casa indígena onde não se encontre, dentro ou fora da casa, acima da porta de entrada, uma espécie de desenho grosseiro representando uma mão de dedos alongados; as mulheres encarregadas de executar essas representações contentam-se em traçar uma linha vertical, sobre a qual dispõem, em ângulo reto, outras linhas, sendo a do ápice, que representa o polegar, mais curta que as outras."

## *Pantáculos de cura*

A eficácia dos medicamentos era reforçada por fórmulas mágicas; curava-se, por exemplo, a podagra com o amuleto de pele de veado. Toda uma parte do *Livro dos Mortos* é consagrada aos amuletos usados como preventivos contra as doenças, as serpentes, os crocodilos, os acidentes; em contrapartida, os amuletos podiam proporcionar amor, força e honra. Na maioria dos casos, o mago procura enganar as pessoas, os animais ou o espírito do morto com suas fórmulas mágicas, a fim de atrair outros benefícios; é o caso dos corpos subsidiários feitos de argila, de madeira ou de pedra e que substituem os servos, que outrora eram enterrados com os patrões. Na estátua do proprietário, o espírito podia reencarnar-se e retomar, assim, o seu verdadeiro corpo.

François Lexa, de acordo com o papiro hierático do museu de Berlim (n.º 3027), deu fórmulas mágicas para afastar as doenças tanto da mulher grávida como da criança de peito. Esses textos datam do século XV a.C.; eles devem ser recitados sobre imagens, sobre vasos que contenham líquidos, sobre folhas de papiro coloridas (muitas vezes, de verde).

Os talismãs curativos também foram muito usados na Índia. Notemos que nem todos os talismãs podem ser usados por todos os hindus; alguns versículos e os mantras sagrados não podem figurar em talismãs destinados às castas inferiores. Os amuletos *Mâdulis,* contudo, estão à disposição tanto das castas altas como das baixas.

Muitas vezes — no Tibete ou no Islã — o amuleto sobre o qual foi escrito um texto invocatório é mergulhado num líquido. O paciente bebe o líquido assim obtido e absorve a força mágica do talismã.

Seria o caso de lembrar aqui os ritos dos Companheiros transeuntes: por ocasião de suas reuniões anuais, os Companheiros do *Tour de France* destruíam seus raros arquivos, queimando-os; a cinza, então, era misturada ao vinho e cada companheiro bebia dessa bebida. Do mesmo modo, o rei, que tinha o poder de curar, depois de sua sagração, aproximava-se dos doentes atingidos pela infecção das escrófulas, traçava sobre o rosto dos doentes um sinal da cruz, que ia da testa ao queixo, de uma face a outra, e tocava as chagas dizendo: "Deus te cure, o rei te toca." Depois desse sinal de exorcismo, três toalhas dobradas e molhadas diferentemente, seguradas entre dois pratos de ouro, eram postas à sua disposição. Na sagração de Luís XVI, a primeira estava embebida em vinagre, e era apresentada pelo Senhor; a segunda, molhada em água, era apresentada pelo conde d'Artois; a terceira, mergulhada em água perfumada com flor de laranjeira, estava entre as mãos do duque de Orleãs. Um monge de Corbeny, que compôs um pequeno opúsculo sobre o rito das escrófulas sob o reino de Carlos VI, informa-nos que a água de que o rei se serve para lavar as mãos depois dos toques é bebida, a seguir, pelos doentes. "Para conseguir a cura, sem outra medicina, eles devem beber dessa água durante nove dias, em jejum e mui devotamente."

Entre as obras de Dom Bernardin, nos *Pantáculos Maiores,* lemos a seguinte afirmação: "A mais alta forma da cura é a *Cura espiritual.* Todos podem tornar-se seu próprio curador e sarar seus semelhantes pelas preces e as invocações.

"O Método de cura pelas orações está claramente detalhado nas 'Invocações dos Santos' e, de acordo com cada doença, a invocação deve dirigir-se a um santo especial e nominalmente designado, que intercederá por vós junto de Deus."

Reproduzimos aqui os seis pantáculos maiores de Dom Bernardin.

*Pantáculo do Pai*:

"Ajuda em todas as circunstâncias para vencer as dificuldades da existência. Proteção contra as insônias, os pesadelos, angústias e inquietudes. Dá força, potência e vontade."

*Pantáculo da Mãe*:

"Proteção contra as doenças e os acidentes de toda natureza. Ajuda a convalescença e a cura. Usá-lo quando se quer partir em viagem ou quando se teme uma doença. Recomendado às pessoas que viajam a pé, de bicicleta, a cavalo, em carruagem atrelada e em automóvel."

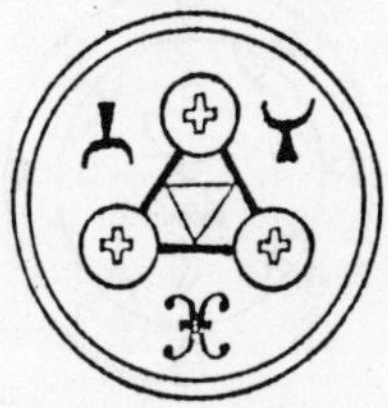

*Pantáculo do Filho*:

"Proteção poderosa contra os inimigos, mesmo os ocultos, contra as maledicências, as calúnias, as más línguas e os ataques pérfidos e dissimulados, assim como contra as empresas dos demônios e os maus espíritos."

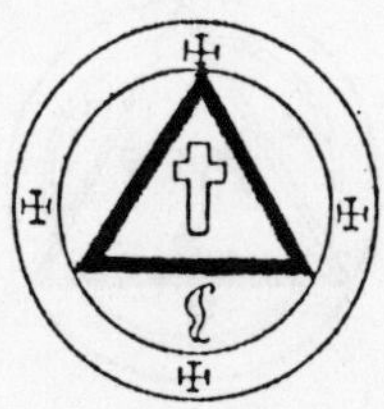

*Pantáculo do Rei*:

"Pantáculo de bom êxito nos negócios e em todos os empreendimentos, exames e concursos. Afasta a ruína e a pobreza, assim como os maus negócios. Ajuda a reparar os reveses da fortuna."

*Pantáculo da Rainha*:

"Pantáculo da felicidade por excelência. Preside aos noivados e aos casamentos. Ajuda a encontrar um noivo (ou uma noiva), a fazer um casamento feliz e a conservar a felicidade no lar."

*Pantáculo do Círculo*:

"Pantáculo da oportunidade. Aumenta as oportunidades nas loterias, nos jogos de cartas e em todos os jogos de azar. Também facilita a descoberta dos tesouros, das coisas ocultas ou veladas. Ajuda a descobrir os ladrões e os mentirosos."

Em seu *Arquidoxo mágico,* Paracelso dá alguns remédios baseados principalmente na influência astral.

"O que é contrário às doenças, os metais, por exemplo, é diferente em tempos diferentes, em razão direta da preparação e do uso. Se combato a lepra com o ouro, o que poderia impedir-me de expulsar o mal com o óleo à base de ouro aplicado sobre a lepra? Se fricciono com óleo de mercúrio para curar a sífilis, esse remédio não a curará? Com esta diferença, todavia: que o tempo oportuno será observado e calculado com cuidado. Com efeito, sem essa precaução, qualquer loção torna-se inútil. E mesmo que eu me tivesse banhado inteirinho no óleo de mercúrio, é preciso ainda acrescentar outros remédios que as forças do mercúrio, em alguns casos, contrariam; caso contrário, não só a observação do tempo, mas todo o trabalho e a operação da fricção seriam nulos, e o doente voltaria a sofrer ainda como antes.

"É absolutamente verdadeiro que os astros superiores e suas influências infligem aos homens a maioria das doenças e as fazem penetrar em seus corpos. Contudo, elas não invadem nem violentamente nem mesmo sensivelmente, a ponto de que as sintamos de imediato, como, por exemplo, a vinda da epilepsia por um choque ou um medo; mas ganhamo-la pouco a pouco, insensivelmente, até que o mal adquirido tome corpo: tal como o óleo que, destilado gota a gota, só se torna sensível quando é recolhido suficientemente para que seu peso possa ser apreciado. É assim que o homem toma consciência de seu mal, seja pela paralisia dos membros, seja pela falta de apetite, seja pela aversão a toda bebida, numa palavra, por não importar qual afecção, de acordo com a natureza e o temperamento de cada um e de acordo com a atuação dos astros durante um longo período de tempo, com a ajuda dos outros acidentes preparados pela atração do ar.

"As dores de cabeça são múltiplas; nós mesmos as adquirimos comendo ou bebendo imoderadamente. Para outros, sua fonte são as exalações ou vapores malignos provenientes dos alimentos malcozidos e que sobem do estômago para o cérebro, etc. Passá-las-emos em silêncio, e nos ocuparemos apenas das dores de cabeça mais cruéis e mais graves."

*Contra a epilepsia*:

"Nesta doença, precisaremos observar com atenção se o epilético cai em crise a cada mês, e nos mesmos dia e hora, e quantas vezes; se cai durante um tempo igual ou desigual; se ele titubeia durante algum tempo antes de cair, ou se cai como uma massa, de uma só vez. Feitas essas observações, procurai a razão delas: se ele cai em horas determinadas, ele absolutamente não o fará de uma só vez e num momento; mas se esse acontecimento se produz em horas e momentos indeterminados, acontecerá certamente o contrário: ele cairá subitamente e de um só golpe. O primeiro tipo de Epilepsia é mortal: o doente está em perigo sobretudo se a queda for precedida de um pouco de tremor, como se houvesse um pressentimento do mal. Mas a Epilepsia que abate de uma só vez o doente não é a pior; pelo contrário, é a mais curável. A primeira é natural, a segunda não tem nada em comum com a natureza e não destrói a complexão de todos. A primeira abate e obscurece o espírito ou os sentidos; o que não acontece com a segunda. Eis a operação pela qual aquela é combatida.

"Primeiro, observe com cuidado quais são os dias e a hora da queda mais recente. Uma vez feita essa observação, note, a respeito dessa hora, de que planeta ela depende. Uma vez conhecidas essas coisas, avalie o ano de nascimento do doente, escreva e note bem se é um homem ou uma mulher. Enfim, comece a cura, e a cada dia, pela manhã, faça-o tomar o seguinte remédio, a saber:

*Espírito de Vitríolo* ........................................................*Gotas 5.*
*Quintessência de Antimônio* ...........................................*Gotas 5.*
*Quintessência de Pérolas* ..................................................*Gotas 4.*

"Lance essa mistura numa taça cheia de água de rosas muito boa e faça com que o doente a beba, no paroxismo, não importa em que dia. Depois da absorção, tereis 4 horas para vós. Durante esse tempo, farás a placa de metal seguinte:

*μ. Ouro puro e fino ξ β.*

"Com a Lua no 12º de Câncer, faça-o fundir num vaso de argila, e espalhe-o na água pura. Observe com cuidado quando cai no Céu a Conjunção dos dois Planetas. Nessa hora, torne a liqüefazer o ouro; no encontro dos dois Planetas, acrescente ao ouro fundido num vaso de argila ʒ β de prata fina, de tal modo que o lingote seja metade ouro, metade prata. Derrame o metal em fusão e martele a lâmina para dar-lhe a largura do través da mão. Corte-a por todo o seu redor para torná-la triangular e dar-lhe a forma descrita a seguir.

"Faça-a depois aquecer ao branco sobre o fogo e coloque-a de lado até que a Lua ocupe o mesmo signo e o mesmo grau que ocupava antes, no momento do ataque do paroxismo. Nessa hora, olhe, grave ou escreva sobre a lâmina de ouro e de prata os caracteres, signos ou letras seguintes:

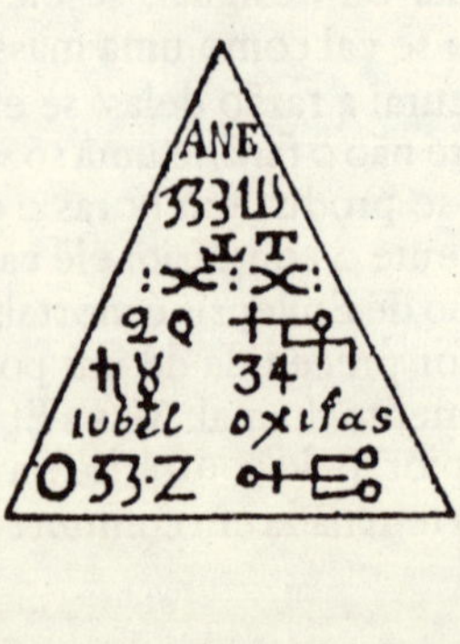

"Tu te apressarás por terminar essa operação à hora prevista, pois sem isso ela seria inútil. Antes de qualquer outro sinal, gravarás no meio da lâmina o sinal do Planeta que rege a hora durante a qual ocorreu o paroxismo.

"Essa figura foi desenhada por Jacob Seizen, conselheiro áulico do Príncipe de Salzburgo, o qual Seizen foi ferido à hora de ☿. Prepara todos os outros sinais de acordo com sua disposição na figura. Se o doente for uma mulher, substituirás o sinal  pelo sinal 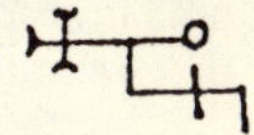

Será preciso colocar a idade do doente. Com efeito, o sobredito Jacob Seizen tinha tantos anos quantos os indicados pelo número no sinal XXXIV acima. Gravarás o número dos anos, não importa em que ataque; mas de modo que, não importa em que ataque, a idade seja especialmente gravada.

"Preparada a figura da sobredita maneira, rasparás depois do paroxismo os cabelos da cabeça de acordo com o tamanho da lâmina; logo que vires o doente cair, farás com que ele beba o preparado secreto acima descrito. Tu o segurarás fortemente, enquanto ele estiver por terra, até que ele tenha engolido esse remédio, e lhe imporás sobre a parte raspada da cabeça a lâmina que fabricaste; farás de modo que a gravura fique em contacto com a cabeça. Desfaça os laços e deite o doente. Depois desse tratamento, ele não cairá mais, mesmo depois de um intervalo de trinta anos. O doente conservará sempre essa lâmina sobre a cabeça. E se os cabelos tornarem a crescer, tu os rasparás todos os meses no mesmo lugar."

*Para a conservação da visão*:

"Fabrica para ti um selo redondo, de chumbo puro e de bom quilate, à hora de Vênus, com a Lua no signo de Carneiro. À hora de Vênus, gravarás o que vem descrito na figura abaixo. Depois, à hora de Saturno, fabrica para ti uma lâmina de cobre, da mesma dimensão que a de chumbo. Sempre à hora de Saturno, com a Lua em Capricórnio, gravarás os sinais seguintes. Feito isso, deixa de lado os dois selos, até que ♀ entre em conjunção com ♄. Então, à hora e ao ponto dessa conjunção, reúne os dois signos de tal sorte que os caracteres e figuras se entreolhem. Recobre-os de cera, para protegê-los da umidade. Cose tudo na seda e suspende-os ao pescoço à hora de Mercúrio, numa quarta-feira. Esse sinal faz recobrar a visão perdida, guarda os olhos de toda dor, dá aos velhos a mesma visão que os jovens.

Eis a figura:

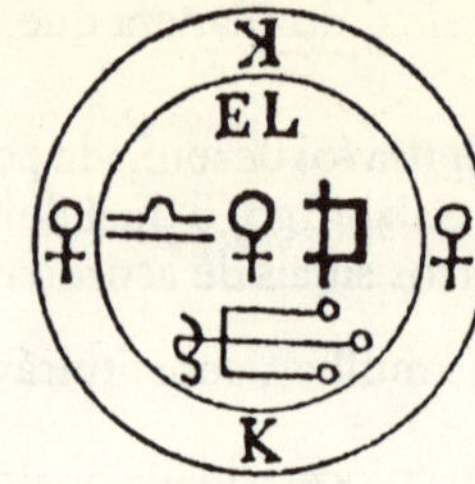


*Para a menstruação das mulheres*:

"É um grave incômodo esse que ataca o sexo das mulheres, sobretudo em determinada idade. São justamente as mais sadias e fortes que, em certas épocas, carecem de menstruações ou as têm em demasia. Há dois modos de curá-las: primeiro, forçar o corrimento imoderado dos mênstruos a parar e a retomar seu curso normal; depois, forçar e provocar os mênstruos ausentes. Mas não se deve agir contra a natureza: isso teria conseqüências mortais.

"Primeiro, para fazer vir os meses em atraso, fabrica cuidadosamente, à hora de Vênus, um selo de cobre puro e sem mescla; demonstraremos logo a razão disso. Se não o puderes fazer numa hora, deixa-o até a volta dessa hora. Acaba então a obra iniciada. Eis a forma do selo:

"Esse selo deve ser feito de uma só peça. A mulher deverá usá-lo pendurado por um fio que transpassará as duas orelhas, de modo que a medalha seja fixada nas costas contra o sacrum, na extremidade da espinha dorsal. Os caracteres devem ficar voltados para o corpo. É preciso fazer isso na hora da Lua, estando esta em seu declínio ou já desaparecida. Se os meses correm mais imoderadamente do que a natureza o comporta, grava à hora do Sol esses caracteres sobre prata pura:

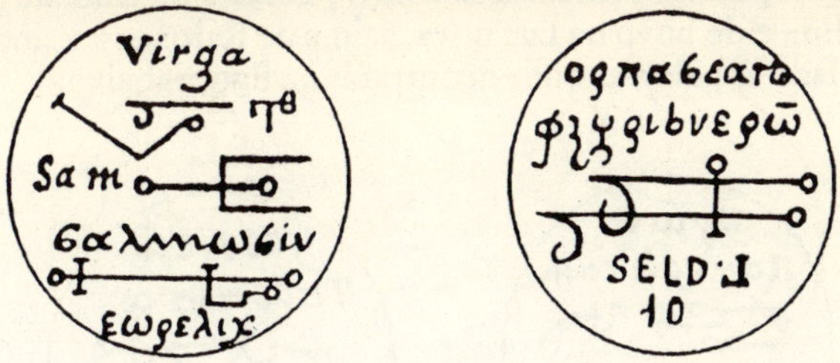


"A mulher não usará essa peça diretamente sobre a pele, mas envolta em seda e amarrada sobre o umbigo, de tal modo que o lado marcado com o 10 fique voltado para o corpo. Se o fluxo tardar ainda, ela usará o selo durante trinta dias e o retirará em seguida. Se ela o usava constantemente, o fluxo será contínuo e, nesse caso, será pior do que antes."

*Contra as palpitações do coração*:

"O coração do homem bate, às vezes, de forma demasiado aparente. Chamamos a isso de palpitação do coração. Essa doença é freqüente entre os grandes e entre os príncipes: dificilmente atinge gente do povo. Isso prova à evidência que, por sua providência admirável, Deus deu a cada classe seus males e seus sofrimentos particulares e não teve consideração com ninguém, poupando-o. Essa doença está longe de ser leve. Quando ataca as raízes da vida, ela não só tortura o doente com síncopes freqüentes, mas, ao final, mata-o completamente. Ela tem sua sede na rede que envolve o coração.[1] Para remediar a isso, estudarás o tempo e prepararás um selo da seguinte maneira. Primo $\mu$ . *Dia da Lua, hora da Lua, Prata* $\xi$ $\beta$ . Lança num cadinho de argila e deixa até o momento da hora do Sol, a saber, às quatro horas na ordem das horas móveis. Nesse momento, lança a dita prata sobre o fogo, para liquefazê-la. No metal liquefeito lança $\zeta$ ij de ouro bom e fino, amassa o todo junto, e não o derrames. Deixa-o esfriar junto até a hora de Vênus. Depois liqüefaze-o de novo e lança $\zeta$ ij de cobre puro. Feito isso, derrama, bate o lingote, e prepara-o para receber os sinais. Espera um bom aspecto da Lua e de Vênus. Sob esse aspecto, grava depois dos dois primeiros sinais a palavra *pannositam* e nada mais. Grava-as de acordo com a forma prescrita. Em seguida, no momento da Lua nova, grava abaixo os três sinais inferiores seguintes, de tal modo que os dois supe-

1 O pericárdio.

riores os sobrepujem. Passada a Lua nova, deixa-a de lado até a Lua seguinte. Enfim, e de novo na Lua nova, acima de todos esses sinais, grava do mesmo lado as palavras que encontrarás na figura abaixo:

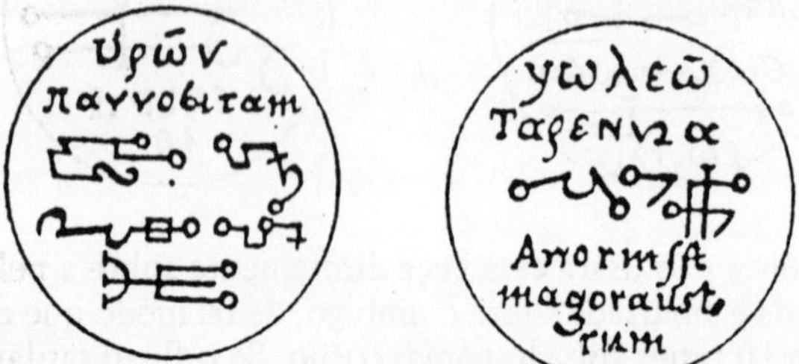

"Feito isso, espera a passagem do Sol em Leão; durante a primeira entrada do Sol, grava do outro lado esses caracteres e sinais. É preciso que todas essas operações sejam empreendidas e terminadas na dita hora. Pendurarás esse selo preparado e acabado no peito despido do doente, na hora e no ponto de mudança da Lua cheia. Contra essa palpitação do coração ele é um arcano muito poderoso, assim como o nosso ouro potável, e a quintessência de pérolas preparadas segundo fórmula."

## *O reino animal*

Os animais, assim como os humanos, possuem em si mesmos qualidades talismânicas. Podem-se assim estabelecer talismãs tirados do reino animal, como o nota Emile Gilbert em seu *Essai historique sur les talismans* [Ensaio histórico sobre os talismãs]:

"Os antigos ocuparam-se muito da virtude talismânica atribuída às partes do corpo de certos animais, partes dessecadas, conservadas e depois usadas como paládios.

"Demócrito e Plutarco não têm medo de celebrar, seja a cinza da doninha, como talismã próprio para fazer conhecer o futuro, seja a língua do camaleão, colocada no bolso do demandista, a quem proporciona oportunidade de fazer ganhar os processos. Aelieno, Dioscórides, Nicandro e Genner escreveram maravilhas sobre a chumaceira, pedra talismânica que os sapos rejeitam depois de tê-la engolido, para que depois possa servir ao homem de talismã muito útil.

"Plínio descreve a forma de certas pedras que, colocadas no corpo da hiena, são capazes de fazer predizer o futuro àqueles que as carregam consigo.

"É-nos fácil darmo-nos conta de que a medicina empírica dos tempos bárbaros da Idade Média colocou em uso essas ridículas e fabulosas propriedades atribuídas a esse arsenal selvagem. Munida então desse amontoado insensato e fantástico, ela celebrou-os como panacéias marcadas com o cunho da loucura. Percorrendo as crônicas da história que pudemos consultar sobre essas épocas singulares, ficamos impressionados com a composição e a reunião malsã de erros tão grosseiros.

"É assim que o coração dessecado de uma *toupeira* servia de talismã para muitos doentes; que o casco do pé do *alce*, usado como amuleto, preservava da epilepsia; e que a *carcaça do lagostim* de água doce era o talismã que preservava dos animais raivosos; e, enfim, o famoso *badzahar*, panacéia universal, talismã enérgico usado contra todas as infecções.

"Que pensar, depois da enumeração das propriedades de semelhantes substâncias? Ridículas e falsas, elas estão fora do domínio do bom senso e da boa razão. Quando se lança um olhar para trás, e quando se considera o caminho percorrido, quantos sentimentos de gratidão devem germinar em nossas almas! A crença na falsidade das superstições afastadas, os estudos que têm como finalidade a arte de curar seriamente e sabiamente conduzidos, eis a obra desses sábios que, na altura de seu gênio, indicaram firmemente, positivamente e sem hesitação, os caminhos que levaram ao progresso! Grandes lembranças, grandes ações, testemunhos imperecíveis de sua celebridade."

É sem dúvida no Egito que encontramos o maior número de amuletos com forma de animais. A representação do escaravelho é a mais freqüente. O escaravelho simboliza o coração, o Sol; esse animal está ligado à idéia de criação. Vem, a seguir, a cabeça da vaca sagrada, *ahat*, que ostenta o disco solar entre os chifres. Mas encontramos também a rã, a cabeça de serpente, o gato, o abutre, o boi Ápis, o crocodilo, o leão, o mocho, o gavião, o íbis.

Os animais — e principalmente as rãs — apareciam também num grande número de amuletos pré-colombianos, confeccionados geralmente em argila.

O *Agnus Dei* é fabricado dentro do mesmo espírito. Trata-se de um pequeno pedaço de cera benta e moldada em forma de bula, mostrando um cordeiro pascal e uma inscrição. Às vezes é feito de ouro, encimado por uma cruz e um tau.

Os talismãs concebidos para preservar os que os usam das doenças causadas pelas moscas são igualmente numerosos. No Morvan, os camponeses possuem um bom método para não ter mais moscas em casa durante o verão: três ovos enfileirados são pendurados diante da porta de entrada na quarta-feira de Cinzas. Pode-se também pregar um arenque no forro na Sexta-feira Santa, ou ainda defumar a casa com um perfume à base de casco da pata esquerda de um cavalo. Contra a picada de mosca pode-se usar a pedra negra, a *galachide;* pode-se também rezar para São Marcos.

Pelo contrário, outros animais são procurados pelas virtudes ligadas a certas partes de seu corpo. Se se pendurar um dente de lobo no freio de um cavalo, este será infatigável na corrida; uma pedra furada impede-o de relinchar, mas, em compensação, uma pata de toupeira põe-no em fuga.

A hiena também realiza muitas maravilhas. Se dermos crédito a Plínio, "se um guerreiro amarrar a seu braço um dente de hiena, os dardos que lançar jamais deixarão de atingir seu alvo; usado no pescoço com a ajuda de uma fita feita com teia de aranha, preservará dos terrores noturnos e do pavor inspirado pelas sombras. Certas partes do corpo desse animal, penduradas ao pescoço de uma mulher grávida, preservam-na do aborto. Seus nervos ou seu olho fazem renascer a fecundidade por algum malefício; seus excrementos preservam dos sortilégios e da fascinação; sua medula espinhal, usada como amuleto, acalma o delírio dos doentes; seu reto é uma salvaguarda contra as injustiças dos homens poderosos, faz com que as petições sejam atendidas, muda os julgamentos em nossa vantagem e faz ganhar os processos.

"A banha de lobo afasta as sombras e os fantasmas; quanto à cabeça do mesmo animal exposta, torna os malefícios sem efeito; por isso ela é pendurada em cima das portas das casas.

"O fel da cabra, colocado sobre os olhos ou debaixo do travesseiro de um doente, substitui o narcótico; preserva dos malefícios que nos atingem com a ajuda da doninha dos campos. Os excrementos desse animal, encerrados num pequeno saco e usados como amuletos pelas crianças, acalmam a sua impaciência."

Encontramos também talismãs feitos com o fel de um cão negro, as orelhas ou o fígado de um rato, um talão de porco, uma língua de raposa, um morcego, um abutre.

O ovo da serpente tem o privilégio de fazer vencer os processos. Os bichos-de-contas, as aranhas, as vespas, as lagartas, a língua do camaleão, os dentes de diversos animais servem nas prescrições da medicina empírica; engastam-nos nos braceletes, nos anéis; colocam-nos nos relicários, em saquinhos, a fim de aplicá-los diretamente sobre a chaga, sobre as partes doentes.

Deve-se dar um lugar à parte ao sapo, companheiro amado e mimado da feiticeira. Esse animal muitas vezes é vestido de veludo verde porque, como afirma o Taoísmo, o sapo é o símbolo da longevidade e da imortalidade. Esse sapo, no qual se instalou o demônio, se instala sobre o ombro esquerdo da feiticeira e tem dois pequenos chifres sobre a cabeça. Jeannette Abadie viu sapos vestidos de veludo vermelho ou de veludo negro; alguns deles usam uma pequena campainha amarrada ao pescoço ou nas patas traseiras. E se é preciso lembrar que os índios das margens do Orenoco prestavam-lhe as honras de um culto, não podemos nos esquecer de que o sapo choca o ovo do galo do qual sai o basilisco.

## *O reino mineral*

O culto da pedra deixou numerosas sobrevivências e a virtude misteriosa das pedras parece ter sido reconhecida desde a mais remota Antigüidade. Plínio, em sua *História Natural* (XXXVII, 3, 54; 9, 118; 10) fala não apenas de suas qualidades maravilhosas, mas cita autores mais antigos, como Zacharias de Babilônia, que também conhecem a eficácia das pedras.

Para o alquimista, e para pensadores tais como Paracelso, na natureza tudo vive, e os minerais exercem uma verdadeira *ação* sobre o corpo. Assim, a pedra, com sua vida magnética e virginal, permite que o mais miserável calhau seja adorado com relação ao mais belo diamante. Pois a pedra, imóvel, dura, testemunho do passado, fixa a vontade cósmica. Nela reside Deus. As pedras do Sol e da Lua, os dólmens, concretizam um ponto de equilíbrio e de liberdade. A pedra fundamental, composta de Fogo — Luz espiritual —, de Água — substância sutil —, de Ar — o Éter — situa-se no coração, pois representa o centro de todas as coisas, a cristalização primeira do Universo. A pedra encerra em si todos os segredos, todas as riquezas, toda a força dos milagres, toda a força dos três reinos, como a gema do subsolo.

A pedra, fruto da união do céu e da terra, representa a vida e o sagrado, a Realidade absoluta.

A pedra quadrangular transforma-se no altar orientado, com suas quatro faces voltadas para os quatro pontos cardeais. Com o cristianismo, o altar é orientado no sentido leste-oeste, de acordo com o ritmo solar. Maomé venera essa pedra angular, trabalhada e polida, emblema da civilização que sabe se servir do compasso e do esquadro. As sociedades de obreiros conservam esse simbolismo, que encontramos em Isaías (XXVII, 16, 17): "Eis, colocarei como fundamento uma pedra de Sião, uma pedra aprovada, uma pedra angular e preciosa para ser um fundamento sólido. Aquele que acreditar não será confundido. E colocarei o julgamento no esquadro e a justiça no nível..."

A Pedra angular não pertence mais ao edifício; no entanto, incorpora-se a ele como parte superior da abóbada celeste, mas é também a pedra rejeitada pelos construtores e que é "transformada em cabeça de ângulo" na Escritura.

Por outro lado, a Pedra filosofal, segundo Arnauld de Villeneuve, "conserva a saúde, aumenta a coragem; de um ancião, faz um jovem. Expulsa toda a acidez, afasta todo o veneno do coração, umedece as artérias, fortalece os pulmões, purifica o sangue e cura as feridas". De acordo com o autor da *Aurora Consurgens*, "faz desaparecer por completo as rugas e as sardas, proporciona às mulheres um rosto juvenil", mas possui também múltiplas qualidades tanto sobre o vinho como sobre a memória; igualmente, "excita e dá forças para o ato de Vênus". Khunrath admite igualmente sua influência tanto sobre o corpo como sobre o espírito e a alma: "Ela repele a lepra, a hidropisia, a epilepsia, a apoplexia, a surdez, a cegueira, a loucura, o orgulho e a ignorância" *(Confessio de chao physico chimicorum)*. Para outros filósofos, dentre os quais Sperber, com a ajuda da Pedra o adepto pode contemplar o mundo invisível.

Os filósofos disseram enigmaticamente que a matéria da Pedra tem três ângulos em sua substância (os três princípios), quatro ângulos em sua virtude (os elementos), dois ângulos em sua matéria (fixa e volátil), um ângulo em sua raiz (a matéria universal). Ou seja: 1 + 2 + 3 + 4.

Se nos limitamos ao exame das preocupações alquímicas, notamos este pensamento de Richard l'Anglais: "A primeira matéria de nossa pedra chama-se *Rebis* (duas vezes coisas), isto é, uma coisa que recebeu da natureza uma dupla propriedade oculta, que lhe faz dar o nome de Hermafrodita." O *Rebis* era representado por um corpo humano encimado por duas cabeças: uma de homem, outra de mulher. Na realidade, o nome *Rebis*, o hermafrodita químico, foi dado à mistura de Enxofre e de Mercúrio preparada para a Grande Obra. Philippe Rouillac dá a essa palavra a seguinte etimologia: "Eis por que os Filósofos chamaram à matéria de sua bendita pedra: *Rebis*, uma palavra latina formada de *Res* e de *Bis*, que é o mesmo que dizer uma coisa duas vezes, querendo induzir-nos a procurar duas coisas, que não são duas, mas uma coisa única, que eles chamaram de Enxofre e Mercúrio" *(Abrégé du Grand-Oeuvre)* [Resumo da Grande Obra].

O Enxofre e o Mercúrio, princípios masculino e feminino, eram simbolizados por um homem e uma mulher; muitas vezes, um rei e uma rainha. É assim que eles são representados nas doze chaves do *Museum hermeticum* de Basílio Valentim.

Assim, a pedra possui em si mesma uma força criadora. Bernard Palissy também pensava que a pedra crescia, se desenvolvia. Nas Novas Hébridas, na ilha de Pentecostes, para produzir nuvens e chuva, escolhia-se uma *pedra-Mana*, sobre a qual fazia-se um encanto; depois de ter juntado folhas, ervas pisadas, cantado fórmulas mágicas, espera-se pela fermentação do conjunto.

Notemos outra força talismânica da pedra: a de tornar fecunda a mulher. As pedras também agem por magia; porque contêm em si os dois princípios indiferenciados, a pedra possui toda a substância energética astral, e é a mediadora entre as forças celestes e terrestres. O *lingam*, emblema de Shiva, é um dólmen; as mulheres estéreis rezam para esse terceiro deus da trindade hindu. Na França, os devotos desejosos de ter filhos dirigem-se às pedras, contra as quais apertam seus corpos; essas pedras costumam ter o aspecto de um *lingam*, de mamilos, de ovos, de alto-relevos, de órgãos da geração.

Mas é preciso insistir sobretudo sobre a virtude das pedras preciosas, talvez porque, mais do que as pedras comuns, elas fascinam o olhar; às suas qualidades de raridade, de beleza, juntam-se as de inalterabilidade, de dureza; seu brilho encanta. Elas são obras únicas, misteriosas, por sua luz refletida, sua composição química. O cromo dá ao berilo comum o valor verde da esmeralda, mas certas pedras tomam matizes irisados e a pedra muda sua gama de cores segundo a iluminação exterior: a alexandrita, verde à luz do dia, torna-se vermelha à luz artificial.

Essas gemas brilhantes, lágrimas coaguladas, caíram das estrelas e refletem a imagem do Sol. A Luz do além penetra-as. Esse caráter sagrado é evidente nos ritos iniciáticos do australianos, dos negritos de Malaca, dos índios da América do Norte, como já o notou Mircéa Eliade em *Forgerons et alchimistes.* A formação das pedras no seio da Terra é devida aos raios dos astros. Cada pedra é governada por um planeta: o jacinto vem do Sol; a esmeralda da Lua; o ímã da ametista, de Marte; o topázio e o pórfiro, de Mercúrio; o berilo, de Júpiter; a cornalina, de Vênus; a calcedônia e o jaspe, de Saturno.

As pedras preciosas, aliás, não adquirem todas as suas virtudes se não forem trabalhadas e cortadas em horas bem determinadas, o que tem por finalidade aumentar-lhes a força. O Graal é uma pedra talhada numa esmeralda; as palavras de Hermes estão gravadas numa tábua de esmeralda. Os alicerces da Jerusalém celeste são feitos de pedras preciosas.

Essas pedras, que receberam o brilho do "Sol da Terra", que estão em correspondência com o astral, simbolizam uma parcela da eternidade. Por sua força astral e mágica, elas iluminam as trevas mais escuras, porque essas gotas de orvalho emanam do coração da Terra Mãe.

O ímã, símbolo do amor, era considerado como um talismã próprio para fazer nascer paixão. No *Traité des Pierres,* está escrito: "Um pedaço de ímã colocado secretamente no leito da esposa chama o amor..."

De acordo com Sodin, a ágata é um preservativo contra as picadas de aranhas e escorpiões; ela afasta as tempestades e o trovão. Para saber se a ágata era possuidora de todo o seu poder, jogavam-na na água fervente, na certeza de que provocaria o seu resfriamento. Para tornar um campo fértil, colocava-se essa pedra entre os chifres dos bois.

De acordo com Plínio, o jaspe é usado pelos oradores, e atrai a chuva nas épocas de seca.

A ametista — ou Pedra Prudente — impede a embriaguez, e se os nomes do Sol e da Lua forem gravados nela, impede os envenenamentos e proporciona a amizade dos príncipes; recitando-se determinadas orações, com sua ajuda, podem-se afastar o granizo e os gafanhotos. Oferecida em fevereiro, preserva das paixões violentas.

De acordo com Ctésias, o antípate cura os leprosos e preserva da fascinação.

O quelônio — ou olho de tartaruga — mantido sobre a língua, revela o futuro durante um dia inteiro.

O heliotrópio torna invisível.

O coral tem uma grande ação salutar; por isso é pendurado no pescoço das crianças, nas casas; ele afasta o raio e acalma o mar.

O âmbar, usado como colar, preserva das doenças, das infecções.

As pedras atingidas pelo raio também são muito procuradas; as pedras encontradas no interior do corpo de certos animais também possuem qualidades misteriosas. De acordo com Apolônio de Tiana, a menina dos olhos do dragão contém uma pedra cintilante que serve de talismã; a pedra contida no corpo de uma corça prenhe mantém saudáveis as mulheres grávidas. Milon de Crotona tornou-se invisível usando sobre si uma pedra encontrada na moela de um capão.

Pendura-se ao pescoço do jovem brâmane uma pérola, ou uma concha perlífera, para preservá-lo de todos os males, cantando este hino:

"Nascida do vento, do espaço, do relâmpago, do meteoro, possa a concha nascida do ouro, a pérola, defender-nos da angústia!

"Em nome da concha, rainha das gemas, nascida do seio do oceano, matamos os demônios, nos assenhoreamos das criaturas que devoram.

"Em nome da concha, a doença e a pobreza; em nome da concha, as mulheres malignas. Possa a concha panacéia, a pérola, defender-nos!

"Nascida do céu, nascida do mar, levada pelo rio Sindhu, ei-la, a concha nascida do ouro, a jóia que salva a vida.

"Jóia nascida do mar, sol nascido da nuvem, que ela nos proteja em todos os sentidos dos dardos dos deuses e dos demônios.

"O osso dos deuses fez-se pérola; ele toma vida e morre no seio das águas. Eu o amarro para a vida, e o vigor e a força, para a vida longa, a vida de cem outonos. Que a pérola te proteja!"

Parece, pois, que os antigos tiveram o pressentimento de que a matéria não só era dotada de vida, mas que poderia ter influência sobre o corpo, talvez a partir de uma força radioativa, além mesmo de seu valor magnético. Esse influxo, que também provém dos astros, reage diretamente sobre o corpo humano.

Eis outros casos ainda:

A hematita é a pedra que livra da gota e também facilita os trabalhos de parto.

A pedra de jade cura as dores dos rins e da bexiga. É encontrada principalmente na Índia.

A opala, que deve ser presenteada em outubro, permite que o homem triunfe sobre a desgraça.

O rubi, que é oferecido em julho, permite que se esqueçam os males do amor. Usado no dedo, faz com que o homem pareça maior do que é. Se dá coragem, também preserva da peste e do raio. Ele pode, enfim, matar a sede se for colocado debaixo da língua. Não se devem usar rubis às quintas-feiras, pois podem causar desgraça, ocasiões em que muda de cor.

Existe a este respeito toda uma "química" das pedras, como podemos ver por esta fórmula destinada a lutar contra a decrepitude na extrema velhice: "Tomem-se quatro pedaços de cal de ouro, dissolvida filosoficamente, *pérolas, safiras, jacinto, esmeraldas, rubis, topázio, coral branco e vermelho, ágata, coralina, ametista, jaspe* e *lepidote* em certa quantidade; pulverize-se essa mistura de uma forma muito fina, incorpore-a com conserva de limões e mel, para formar um condimento que se guardará num pote de porcelana ou de faiança que se cobrirá bem." Essa poção devia ser tomada de manhã e de noite.

Da mesma forma, de acordo com Arnaud de Villeneuve, Paracelso, em seus *Archidoxos,* revela o segredo de como reduzir pedras preciosas em licor: graças a esse elixir, fortalecia-se o coração e o corpo recuperava a saúde.

A crisolita, que se oferece em setembro, preserva da loucura, enquanto o crisópaso, usado sobre o corpo, revigora a vista e o espírito, torna-nos alegres e liberais.

O topázio, oferecido em novembro, provém do mercúrio. Essa pedra também ativa o calor do corpo, evita o catarro e as gripes.

O diamante, a mais pura das pedras, já que pode queimar sem deixar escórias, tem propriedades bem particulares. Essa pedra preciosa, que só se oferece em abril, simboliza o arrependimento; é a pedra da reconciliação entre os casais. Para vos certificardes da honestidade de uma mulher, colocai um diamante sobre a sua cabeça enquanto ela dorme; se não se mexer, ela é pura. Se não quiserdes ter pesadelos, colocai um diamante sobre o vosso braço esquerdo, diretamente sobre a pele. O diamante também preserva do envenenamento, da peste e das cólicas. Ele pode permitir que o homem se torne invisível, caso tenha tomado o cuidado de mandar gravar sobre a pedra a efígie de Marte. De um modo geral, ele afasta a melancolia, abranda as infecções, dissipa os temores infundados.

J. B. Porta classificou as pedras por ordem alfabética, distribuindo suas principais características segundo o pensamento talismânico. P.-L. Jacob, por sua vez, cita, em suas *Curiosités des sciences occultes* [Curiosidades das ciências ocultas], um curioso extrato do grande filósofo J. Cardan:

"Os homens de autoridade, diz ele, dirigem longos e diversos encômios ao *jacinto;* entre os quais está Serápio que, no Comentário sobre a arte da medicina, provei ser João Damasceno; razão pela qual o jacinto livra do perigo do trovão os homens que o usam, de modo que a cera colocada sob a inscrição também afasta o trovão. E diz-se que este foi experimentado nas regiões em que muitos perecem por causa do trovão, visto que nenhuma pessoa que usa o jacinto foi tocada. Por milagre semelhante, ele protege os que moram em ares perniciosos. Em terceiro lugar, ele faz dormir, o que Alberto Magno confessa ter experimentado. Uso, costumeiramente, um bem grande, que já é alguma coisa; todavia, ele não tem muita serventia para conciliar o sono. Contudo, o meu não é de cor vermelha nem de bom gênero, mas é jovem como o ouro e está muito longe de ser muito bom, pois o muito bom é de cor vermelha, raramente ultrapassando a grandeza de uma lentilha...

"Ora, que as pedras nos livram do perigo quando caímos, como se diz da pedra *erano,* dita *turquesa,* a qual, quando usada num anel, se o homem cai debaixo do seu cavalo, diz-se que recebe todo o golpe, quebrando-se em pedaços e salvando o homem. Esta causa é menos difícil, conquanto seja grande: alguns acrescentam que é preciso que essa causa seja recebida pela graça divina. Essa pedra de cor persa e de céu é transluzente e reluz. Essa pedra é aprovada, porque parece ser esverdeada durante a noite, sendo que a parte que fica debaixo da terra é negra e que ela recebe veias na parte inferior, que é doce e não é muito fria, e que, finalmente, a cal destemperada despejada sobre essa pedra parece ser persa, recebendo a cor de uma pedra preciosa. E quando a turquesa assim se transforma, não será nem perspícua nem transluzente, nem pedra preciosa, pois poderá ser pulverizada com uma lima... E os povos entre os quais essas pedra é engendrada pensam que ela não possui outras virtudes senão contra os envenenamentos e contra as linfas. Portanto, a turquesa preserva de ferimentos os que caem dos cavalos, coisa que só acontece com o homem apressado, pois, pela mesma razão, não somos expostos ao perigo quando caem os cavalos pobres e magros. Ora, que a pedra receba o golpe é coisa incrível, pode ser que ela seja tão frágil que receba os ferimentos no lugar daquele que monta o cavalo. Tenho uma turquesa que me deram; todavia, não experimentei o que vai dito acima, e nem estimei tanto querer sabê-lo para desejar experimentar.

"Por menor milagre, as pedras preciosas *hiena* e *esmeralda* dão a conhecer os acontecimentos futuros, se é que fazem isso, pois não quero discutir agora os seus feitos, mas sobre o que elas podem fazer, por quê, e como. Pois esta pedra preciosa usada num anel, dependurada ao pescoço, que é uma forma mais válida, ou debaixo da língua, o que então ela pode fazer, principalmente, é confirmar a opinião do acontecimento futuro e tirar do espírito a idéia da coisa que não deve acontecer...

"As pedras preciosas, conservadas sob a língua, podem fazer a adivinhação, aumentando o julgamento e a prudência, e a adivinhação é principalmente julgamento e prudência, como ensinei nos meus livros de Sabedoria. Alguns dizem que, por experiência, souberam que a esmeralda, às vezes, quebra-se quando do coito venéreo. Seja como for, a esmeralda é a mais frágil de todas as pedras preciosas... a respiração acelerada e o suor que sobrevém, às vezes, mostram que o corpo fica muito escaldado no coito venéreo, e o calor aumenta, porque ela não se dissolve pouco a pouco, como nas excitações. A esmeralda azul resiste grandemente aos venenos, porque por natureza é encimada pela brandura, mais do que qualquer outra pedra preciosa; a abundância do humor perdido recria o espírito por sua perspicuidade; ela faz bem à natureza do homem e rejeita a natureza do veneno e, porque é uma pedra, mantém estável a virtude...

"É próprio do *escarbúnculo* excitar o espírito e torná-lo alegre, pois as cores deleitam o espírito. E a sua utilidade é oculta, quando ela é viciosa ou pequena, ou quando aquele que a usa é inconstante como uma criança, ou afligido por um grande cuidado, como são os príncipes e os sábios...

"A *safira* recria o homem, e quando é azul faz bem aos melancólicos e à picada e mordida dos escorpiões e serpentes. Alberto, o Grande, conta ter experimentado por duas vezes que a safira, sendo apenas tocada, cura um antraz, vulgarmente chamado de furúnculo. É muito bom que ela seja grande; é preciso que fique aderida à pele muito tempo...

"Alguns estimam que a *astroíta* torna vitorioso o homem que a usa no pescoço...

"Se o *jaspe* é verde e corretamente dependurado sobre o ventrículo, Galenus escreve que ele conforta grandemente o ventrículo. Vejo também que ele detém o sangue que corre de todas as partes, principalmente do nariz, e não é de se admirar, sabendo-se que possui grande qualidade adstringente...

"Pensa-se que a *crisolita* reprime grandemente a luxúria, se for usada junto ao corpo... Colocada sob a língua das pessoas febris, minora a sede; coisa que, embora seja comum ao cristal e a diversas pedras, não se mostra, todavia, tão evidentemente como na crisolita."

Émile Gilbert, em seu *Essai historique sur les Talismans* [Ensaio histórico sobre os talismãs], também evoca o poder das pedras preciosas e da influência celeste que nelas se encontra:

"Assim como os talismãs metálicos, as pedras talismânicas deveriam depender da influência celeste. Mas a diferença que existe entre eles é que os primeiros só adquiriam a influência celeste no momento da sua fusão; as segundas, pelo contrário, desde a sua criação. Isto significa que existia para elas uma natureza solar e lunar e as influências de

Marte, de Vênus e de Júpiter. Cada uma delas possuía, portanto, as qualidades favoráveis do planeta ao qual eram dedicadas. Exporemos agora, de forma abreviada, as suas propriedades.

"O ímã era de natureza solar. São numerosos os erros populares que lhe são debitados e creditados.

"Diz o doutor Brown, que se contam coisas maravilhosas sobre um certo ímã que não só atrai o ferro, mas também a carne. Trata-se de um ímã muito fraco, composto sobretudo de pedra de greda, riscado de um pequeno número de linhas magnéticas e uniformes. A terra greda, que constitui a sua base, faz com que ela se cole aos lábios, como *hematita,* ou terra de Lemnos. Os empíricos, que a associavam à *aetita,* atribuíam-lhe a virtude de evitar os abortos. Do ponto de vista médico, fábulas mais curiosas umas do que as outras foram escritas a respeito. O médico Aetius preconiza-a contra a gota, e Marcellus Empiricus, contra os males da cabeça. Garcías de Huerta, médico de um vice-rei espanhol, conta que os reis do Ceilão faziam-se servir em pratos de pedra de ímã, pretendendo com isso que as iguarias que neles fossem colocadas lhes dariam e lher conservariam a saúde e o vigor. Depois dos médicos e dos empíricos, os feiticeiros não podiam deixar de explorar as qualidades fabulosas que lhe são atribuídas. Com ela os feiticeiros fabricavam talismãs próprios para reatar os nós da amizade paterna e da união conjugal, virtude cantada por Orfeu. Os feiticeiros basilidianos faziam com elas adornos que expulsavam os demônios. Mas não se encontrará mais o ímã comparável ao de Laurent Guarsius; Cardan assegura que todas as feridas feitas com armas untadas com esse ímã não causam nenhuma dor.

"Enfim, tendo-se apercebido dessa força secreta que atrai os corpos magnéticos, o vulgo deu-lhe uma atração de uma ordem diferente: a virtude de retirar a dor de todas as partes do corpo, razão pela qual o ímã logo foi elevado à condição de verdadeira panacéia!

"A fé é, seguramente, uma coisa bela e boa, mas por que vê-la tão mal-colocada?

"A aetita também é de natureza solar. Encontrada, diz-se, nos ninhos da águia, atribui-se-lhe a virtude de facilitar os trabalhos de parto quando é amarrada abaixo do joelho de uma mulher, ou de retardá-los, se for colocada sobre o seu peito. Serviam-se dela outrora para descobrir os ladrões. De acordo com Dioscórides, uma vez tendo-a moído, misturava-se-lhe a cinza num pão feito expressamente para isso, e davam-no de comer a todos os que eram suspeitos. Acreditava-se que a menor quantidade de aetita misturada ao pão impedia o ladrão de poder engolir-lhe um pedaço. Os gregos modernos ainda usam essa velha superstição, que realçam com algumas palavras misteriosas.

"A ágata é de natureza lunar. Os antigos atribuíam-lhe um grande número de qualidades e, à força de exagerá-las, nem umas nem outras lhe são particulares. Para eles, tratava-se de um talismã dos mais poderosos, podendo servir em todas as circunstâncias da existência. Para os doentes, dava saúde, preservava da peste, curava as picadas do escorpião e da víbora. Para os oradores, dava a eloqüência; para os medrosos, afastava a sombra de qualquer perigo. Narrativas das mais fabulosas não deixaram de lhe ser consagradas. Pirro, diz-se, possuía uma ágata que representava naturalmente Apolo acompanhado das nove musas. Mas a mais procurada em Roma, ao mesmo tempo que a mais respeitada, era a ágata sagrada da ilha de Creta, que curava da mordida das aranhas e das serpentes. De acordo com toda a aparência, o exagero de semelhantes propriedades atribuídas a essa pedra preciosa colocava-a na primeira linha dos talismãs preservativos.

"Depois da ágata, a ametista, que é da natureza de Marte, foi uma das pedras preciosas cuja virtude como talismã foi muito apreciada pelos antigos. Pedra de um violeta-escuro, outrora a nona em ordem sobre o peitoral do grande sacerdote dos judeus, uma antiga tradição popular atribui-lhe a faculdade de garantir contra a embriaguez. De acordo com Plutarco, era costume pendurar uma ametista ao pescoço quando, nos grandes festins, pretendia-se beber impunemente. Se dermos crédito a Cardan, nenhuma pedra tão brilhante existe sem possuir alguma virtude notável, seja a de proporcionar riqueza, a felicidade, etc., e ele cita particularmente a ametista. Efeitos mui vantajosos, sem dúvida, mas, em contrapartida, há outras pedras que, segundo Plínio, votadas a uma influência infeliz, tornam aqueles que as usam preguiçosos, tímidos e tristes.

"Hoje a ametista não está mais em voga, assim como não se fazem mais esses festins pantagruélicos, nos quais um boi inteiro era consumido por refeição e onde ânforas de vinho sofriam a mesma sorte; apetites gigantescos, de que os tempos mitológicos nos conservaram apenas a lembrança.

"Plínio diz que o amianto, espécie de pedra incombustível, é um excelente talismã contra os encantamentos e a magia. Ele era tão raro em seu tempo que Plínio compara o seu valor ao das pedras preciosas mais procuradas. É dele que se tirava o linho incombustível.

"Dioscórides, ao mesmo tempo que Plínio, faz menção de panos tecidos de amianto que se alvejavam ao fogo. Nero possuía uma toalha feita com esse material e Carlos V tinha várias delas a seu serviço; seus convivas, diz-se, lançavam-nas ao fogo para limpá-las e para dar-lhes o brilho de uma brancura cintilante.

"Os que usavam como paládio um tecido de linho incombustível ou de amianto, resistiam a todos os malefícios. Esse talismã é, portanto, o inimigo dos feiticeiros, ao mesmo tempo que é o inimigo da superstição. Revestida de semelhante armadura, a sociedade só poderia ganhar e os feiticeiros, perder; coisa que de hábito é contrária a seus meios de operar.

"A pedra aletoriana, à qual Plínio atribui a força de que Milo de Crotona era dotado em suas vigorosas façanhas, formava-se, diz-se, no estômago dos galos.

"O feliz mortal que podia consegui-la, e que a usava como talismã, tinha o dom de se enriquecer. Segundo Solin e Jonston, essa pedra atrai os sufrágios e os melhores votos para aqueles que se adornam com elas; além do mais, é o talismã que se opõe à ametista, pois, impedindo a sede, tornava o seu efeito nulo e inútil (...).

"Segundo diferentes opiniões, a esmeralda devia proporcionar riquezas, o dom da adivinhação, sonhos felizes e a completa felicidade. A superstição atribuía-lhe propriedades miraculosas, entre outras a de sarar da epilepsia, a de impedir que a pessoa se ferisse quando a crise fosse demasiado violenta, sendo que ela só podia ser dominada por esse meio. A esmeralda também era considerada como remédio para a disenteria e as mordidas de animais venenosos. Os romanos consideravam-na como talismã; seus braceletes e anéis eram enfeitados com ela, e eles depositavam nela grande fé como preservativo.

"Ainda em nossos dias, no Peru, os habitantes do vale de Munta tributam-lhe uma fé singular (...).

"Poder-se-ia acreditar, depois de ter lido todas as virtudes fantásticas atribuídas às pedras preciosas, que séculos nos separam dessas aberrações. Infelizmente, a natureza humana é sempre a mesma; testemunha-o o fato que, de acordo com autores dignos de crédito, se passou em Paris, onde esteve em voga certa pedra hindu chamada jade, como específica das dores dos rins e que, aplicada ao mesmo tempo sobre a bexiga, fazia sair os cálculos. Essa panacéia tinha admiradores certos e numerosos, e na presença desse sucedâneo das águas de Vichy, bom número de doentes quiseram recorrer a ela. O alívio, parece, não correspondeu à experiência; e assim, perdendo a sua reputação, as grandes virtudes dessa pedra foram colocadas na categoria das fábulas, e se alguém ainda se serve dela são os hindus, que a usam como amuleto contra a mordida dos animais venenosos; ora, em Paris, nenhum talismã semelhante, que o saibamos, foi de primeira utilidade (...).

"A opala, que, de acordo com Plínio, gozava em Roma de um grande favor, era o talismã que curava as síncopes e os males do coração. Os imperadores e os sacerdotes guardavam-na em seus escrínios, como pedra rara e procurada. Sabe-se, de resto, que Antônio não teve medo de exilar o senador Nônio, feliz possuidor de uma opala rara e de grande beleza.

"A turquesa, talismã contra as quedas de cavalo, e que, segundo Boetius, podia ser a pedra *do Diagnóstico,* pois, por sua mudança de cor, indicava em seu possuidor quer a saúde, quer a doença. Embaçada na agonia do doente que a usasse, readquiria seu brilho e esplendor entre as mãos de um homem saudável.

"Citemos o topázio, como inimigo da avareza e talismã de tão grande valor que era absolutamente proibido ir à sua procura na ilha Serpentária, vizinha do golfo Arábico, sem a permissão do rei do Egito. É o que afirma Diodoro de Sicília.

"Mencionemos enfim as fabulosas narrativas relacionadas com a safira, talismã contra a gota, e a sirroquita, que curava da febre, sem esquecer todavia que, para conseguir algum efeito, era preciso ter nascido sob constelações correspondentes à sua natureza e ter certas disposições físicas.

"Assim, portanto, apesar de todas as virtudes que os antigos atribuíam às pedras preciosas, culpava-se simplesmente a falta da constelação à qual eram dedicadas caso sua influência não lhes desse toda a eficácia desejada.

"E é por isso que, em caso de fracasso, elas devem merecer uma insigne indulgência.

"Tais são as histórias fabulosas a respeito das pedras talismânicas. Vemos uma vez mais como o absurdo seduz o cérebro humano, e sobretudo como também devemos ter admiração e reconhecimento pelos sábios químicos, botanistas e mineralogistas que enriqueceram a ciência de fatos, de experiências e, enfim, de teorias baseadas no amor pelo progresso da razão. Trabalhos que ficarão como o monumento mais eloqüente de sua perseverança e ilustração."

Jean Marquès-Rivière, em sua obra, estuda muito particularmente o poder da pedra de jade:

"É preciso destacar, na ciência pantacular chinesa, a importância toda especial do *jade (Yü),* que já citamos entre os materiais que entram na fabricação dos talismãs. A tradição chinesa considerou o jade como uma pedra dotada de uma imortalidade inerente; era a substância mais nobre, a mais pura. Seu uso, na Ásia Ocidental, na Mesopotâmia, entre os babilônios, entre os elamitas e no Turquestão, provém, de acordo com o professor Elliot Smith, dos usos e tradições mágicas do Extremo Oriente. Se no mundo inteiro são encontrados machados de jade, nenhum povo parece tê-lo venerado como os chineses.

"É notável constatar que o jade representou um importante papel ritualístico e mágico na China mais de 4.000 anos antes de Jesus Cristo. Ele faz parte, ao mesmo tempo, do ritual astrológico e do ritual terrestre, especialmente do vegetal. Por exemplo: os tigres e os dragões de jade não simbolizavam apenas as duas grandes constelações astrais que regiam as duas metades do ano chinês, mas marcavam também as épocas de aumento e de declínio da natureza, o *Yang* e o *Yin* anual sobre a terra. As imagens de bois e de cavalos de jade sintetizavam não apenas os antigos sacrifícios, mas também os signos do zodíaco chinês.

"No ritual chinês, as peças de jade eram usadas ou como vítimas sacrificiais (queimavam-nas sobre o altar), ou como talismãs e símbolos de alta dignidade iniciática. O jade também servia para certas "cerimônias menores": para chamar a chuva, as nuvens, o Sol, etc. Enfim, o jade representava, e ainda representa, um papel extremamente importante na magia e na feitiçaria chinesas; ele desenvolve no homem os poderes supranormais.

"O livro que trata especialmente do jade é o *Chu Li,* ou Ritual da dinastia Chou, que data do século XII antes de Cristo. Esse livro enumera seis instrumentos ritualísticos essenciais feitos de jade.

"*Pi.* — Trata-se de um disco de jade, circular, com um orifício central; suas dimensões podem variar, mas, segundo o dicionário chinês *Erh Ya,* a relação entre o anel circular e o furo central é constante (a largura do anel é igual a duas vezes a largura do orifício). De acordo com o texto, o *pi* representa o céu e o orifício central simboliza o foco das influências celestes.

"O *pi* tem origens muito longínquas; foi o sinal hierático da dignidade real e imperial; de ordinário, era admiravelmente cinzelado e decorado.

"*Ts'ung.* — De acordo com o *Chu Li,* trata-se de uma plaqueta ou de um cilindro de jade consagrado à Terra. Sua forma é a de um cilindro, redondo por dentro, talhado em forma quadrada por fora; esses quadrados são cavados em forma de "muro chinês". O *Ts'ung* serve para o Ritual da Terra, e escolhe-se para isso, em geral, o jade amarelo, cor simbólica desse elemento. De acordo com a plaqueta *Tsong* do *Chu Li,* os chineses primitivos tinham uma chaminé dessa forma sobre o teto de suas choupanas e de suas cavernas, para coletar a água da chuva e dar vazão à fumaça *(Chung Liao).* Esse importante instrumento doméstico tornou-se o símbolo do lar, da família ligada ao solo.

"O cilindro *Ts'ung* serve de canal para as influências celestes e terrestres do *yang* e do *yin.* Ele era um emblema imperial, um objeto votivo, um símbolo que se colocava sobre o abdome dos imperadores defuntos em seus caixões; sobre esse cilindro, traçava-se o *pâ-koa.*

"*Kuei.* — Um dos mais antigos símbolos chineses, muitas vezes associado com o *pi.* Trata-se de um retângulo oblongo de jade terminado por um triângulo. Os autores chineses vêem nele o símbolo do teto familiar, da antiga lança, do *lingam* masculino, *yang,* enquanto o retângulo é o *yari* feminino, o *yin.* Haveria, portanto, aí, uma representação fálica muito antiga. Vemo-lo, sobre o *pi,* simbolizar de forma absoluta a união sexual (uma haste e um anel); às vezes, ambos os símbolos são feitos de um único bloco de jade.

"Encontram-se muitas vezes as sete estrelas da Grande Ursa gravadas sobre o *Kuei;* ele torna-se então um pantáculo estelar, insígnia de uma dignidade iniciática e, depois, nobiliárquica.

"*Chang.* — Trata-se aqui de uma plaqueta de jade vermelho, que simboliza o elemento do Fogo, usado no Ritual solar. Esse antigo instrumento cultural não é mais usado atualmente.

"*Hu.* — É o *Tigre de Jade,* o elemento Metal, que corresponde, no Ocidente, ao outono, à constelação de Órion. Trata-se da segunda parte do ano, a que segue o Dragão no tempo do solstício. O jade branco foi utilizado particularmente para gravar o símbolo do Tigre, instrumento do culto imperial.

"*Huang.* — É a sexta forma de instrumento de culto feita em jade em uso entre os chineses. Sua forma habitual é a de um *pi* cortado em dois ou em três. O sentido antigo desse símbolo perdeu-se muito rapidamente; uma lenda tradicional, sagrada, conserva apenas o seu aspecto pantacular. Sabe-se ainda que era preciso usar o jade negro. Na magia chinesa, ele está em íntima relação com certas práticas de necromancia.

"Eis os seis principais instrumentos chineses de jade que pertencem ao Ritual; esta lista não compreende as figurinhas votivas feitas de jade; os amuletos especiais para a proteção dos cadáveres, que eram fixados no rosto, no umbigo e em outros orifícios corporais para regular a entrada e a saída dos fluidos vitais, como já vimos. Os seis instrumentos rituais eram enterrados com o Imperador. Vasos, animais simbólicos, dragões, formas humanas foram esculpidos ou gravados em blocos de jade, mineral que representou, assim, na Ciência pantacular chinesa, um papel absolutamente excepcional que não é encontrado em nenhuma outra Tradição para uma matéria determinada, com exceção do ouro."

Eis, enfim, um trecho em que Papus fala das "gemas da felicidade":

Para os antigos, e sobretudo para os egípcios, que foram os mestres incontestados de todas as civilizações ulteriores, toda criatura terrestre é a fixação de um raio astral. Cada astro que circula (como eles acreditavam) ao redor da Terra, é representado aqui embaixo por um ser: pedra ou filão metálico, vegetal ou animal, que é a fixação sobre a terra das influências de cada um desses astros. Essa ciência constitui a *Ciência dos Signos,* que havia sido estudada pela Universidade Egípcia, denominada *Hermes Trismegisto.* Os caldeus, e, posteriormente, os profetas hebraicos, enfim, todos os adeptos da ciência hermética, comentaram e desenvolveram os ensinamentos do antigo Egito.

"Em 3.500 a.C., as mulheres elegantes de Tebas possuíam jóias feitas para cada uma delas como verdadeiro talismã e eram embelezadas por... 'caracóis'.

"Cada pedra preciosa, ou por nós considerada como tal, é portanto a materialização sobre a terra da luz de um astro. Uma pedra é um amuleto para as criaturas humanas que se encontram sob a dependência do mesmo astro que ela, e uma coisa-feita contra os que estão sob a dependência de um astro inimigo. Não existem, portanto, influências para todos, e a influência difere para cada um dos seres humanos que queira aumentar seu brilho astral mediante uma pedra apropriada.

"Mas como escolher essas pedras?

"Podemos nos dirigir simplesmente à astrologia pelo método muito simples da data do nascimento. Se quisermos, portanto, aumentar nossas chances de felicidade, basta carregar conosco a pedra que, sobre a terra, é a materialização do signo do Zodíaco que presidiu ao nosso nascimento; gravando sobre essa pedra a imagem hieroglífica do mês de nosso nascimento, constituímos um sinal de perfeita felicidade. É preciso apenas ficar atento para o fato de que os signos do Zodíaco vão do dia 21 de cada mês ao 21 do mês seguinte, e não do dia 1.º ao dia 1.º; estabelecido isso, vejamos as pedras que correspondem a cada mês.

"*De 21 de dezembro a 20 de janeiro,* o signo zodiacal Capricórnio é representado na terra pela *calcedônia* e o *crisolito;* o crisolito, sobretudo o verde, engastado no ouro, afasta os fantasmas, a insônia e a terrível opressão de angústia; ele proporciona sabedoria e saúde. A calcedônia, também chamada "granada", é pálida e escura; ela possibilita a vitória sobre todos os inimigos.

"*De 21 de janeiro a 20 de fevereiro,* o Aquário é representado pela *safira* e pela *ágata.* A safira, de cor azul, é uma pedra que sofre influência de Júpiter; ela proporciona paz e concórdia, e permite que lutemos contra o ardor das paixões interiores. A variedade amarela da safira cura as dores de cabeça e as úlceras. A ágata, pedra da quarta-feira, com sua cor negra e suas veias brancas, é maravilhosa contra as adversidades e permite que evitemos toda sorte de perigos.

"As pessoas nascidas *de 21 de fevereiro a 20 de março* estão colocadas sob a influência do signo de Peixes; o *jaspe* e o *berilo* são suas pedras consagradas; o jaspe deve ser engastado em prata; ele proporciona felicidade na família. O berilo, cuja cor é pálida e transparente como a água, faz ganhar os processos e facilita muito a educação dos filhos.

"*De 21 de março a 20 de abril,* entramos no ano astrológico regular; a *ametista* e a *sardônica* correspondem à influência do Carneiro: "Numa taça de ametista, beberás o vinho mais capitoso, que não embriagará o teu cérebro. A ametista é contrária a toda embriaguez, do vinho ou do orgulho, e aquele que ela preservar da embriaguez do orgulho poderá preparar seu espírito para a aquisição das ciências. Esse é o motivo pelo qual a Igreja cristã, que se lembra tão pouco das doze gemas místicas que João de Patmos enumera, conservou a ametista violeta no anel episcopal. E a ametista, ainda, preservando a mulher da embriaguez do orgulho, levá-la-á a seu objetivo essencial, a fecundidade.

"A sardônica proporciona a amizade das mulheres.

"*De 21 de abril a 20 de maio,* o signo zodiacal do Touro tem como pedra da felicidade a *esmeralda,* a pedra dos Magos. A variedade verde dessa pedra proporciona inteligência e memória e faz acumular riquezas. A variedade amarela é a pedra da profecia; colocada sob a língua, comunica maravilhosas virtudes intuitivas.

"Os Gêmeos dominam o céu *de 21 de maio a 20 de junho.* O *topázio* é sua pedra de correspondência; de cor amarelo-clara, proporciona a amizade entre os seres humanos.

"*De 21 de junho a 20 de julho,* o Câncer tem como pedra sagrada o *escarbúnculo,* pedra do Sol. Essa pedra brilha no escuro. Na falta do escarbúnculo, difícil de ser encontrado, pode-se também usar o jaspe, de que já falamos acima.

"*De 21 de julho a 20 de agosto,* o Leão tem como representação na terra o *rubi*. Essa bela pedra vermelha, amiga das esfinges egípcias, dá aptidão para as ciências e fortalece o sangue, como o indica sua correspondência com o leão celeste.

"*A Virgem, de 21 de agosto a 20 de setembro,* envia suas doces influências sobre a terra por intermédio do *crisolito* e da *safira,* de que já falamos.

"A Balança, *de 21 de setembro a 20 de outubro,* indica o momento em que o Sol equilibra suas influências. O *jacinto* e a *cornalina* são suas pedras de correspondência.

"O jacinto é verde com veias vermelhas e deve ser engastado na prata. Ele afasta todos os perigos e dá o sono aos que o perderam. O corno de Amon, ou cornalina, que tem o brilho do ouro, dá sonhos proféticos aos que a usam de noite.

"O mau signo de Escorpião, *de 21 de outubro a 20 de novembro,* tem como pedra mística a *ágata,* de que já falamos, e a *sardônica.* A sardônica, com seus tons sombrios, protege contra a mordida dos animais venenosos. É melhor tomar a ágata como signo desse mês.

"Enfim, o Sagitário, *de 21 de novembro a 20 de dezembro,* é representado na terra pela *esmeralda* e a *ametista,* pedras que já descrevemos acima (...).

"Quando se conhece o dia da semana em que se nasceu, pode-se aumentar ainda as boas influências do invisível. Assim, a segunda-feira tem como pedra da felicidade o *cristal,* as pérolas e o coral branco, com as cores branca e acinzentada da Lua; a terça-feira, dia de Marte, planeta vermelho, é dominada pela *ametista* e o *jaspe;* a quarta-feira, dia de Mercúrio, planeta de cores múltiplas, nos dá a *esmeralda* e a *ágata;* a quinta-feira caracteriza-se pela *safira* e o *berilo;* a sexta-feira, corresponde a Vênus e tem como pedra de correspondência a bela pedra azul de pontos dourados, chamada *lápis-lazúli.* Essa pedra proporciona as melhores influências no amor e cura da neurastenia. O sábado indica a *pedra do ímã,* pedra misteriosa que permite provar a fidelidade das mulheres, como nos ensina o grande Alberto. Enfim, o domingo é dinamizado pelo *crisolito* e o *heliotrópio*.

"O diamante, ou seu irmão pobre, o cristal, aumentam a boa influência de todas as pedras; portanto, se quereis ser verdadeiramente galante, oferecei à vossa noiva a pedra de seu mês cercada de três ou de sete diamantes; realizareis assim todos os ritos da Magia astrológica.

"Há uma outra pedra sobre a qual se dividem as opiniões dos áugures: é a opala.

"A opala é uma pedra viva, análoga ao radium; proporciona a felicidade a todas as pessoas que têm um acréscimo da força vital e sobre as quais a opala aumenta de brilho; em contrapartida, ela tira a felicidade de todas as mulheres muito nervosas ou anêmicas, que têm necessidade de forças exteriores: trata-se, portanto, de uma pedra de propriedades misteriosas, que é preciso conhecer antes de usar.

"Essa ciência dos sinais compreendia também o estudo dos vegetais, dos animais e dos metais que correspondem a cada influência do céu. É fácil ver por que é difícil resumir em algumas linhas uma ciência pormenorizada em vários *in-folio*."

É preciso, enfim, dar um lugar para o ferro, carregado de qualidades muito curiosas. É por isso que as chaves, sempre fabricadas em ferro, possuem estranhos poderes. É preciso trazê-las sempre consigo, pois, quando se encontra um padre, recomenda-se tocar imediatamente um pedaço de ferro. O ferro é um pouco como a madeira, que serve para conjurar a sorte (quanto à madeira, é preciso que seja redonda).

No Ain, não penseis em mexer num molho de chaves na quarta-feira, pois ficaríeis louco; trata-se, com efeito, do dia de Mercúrio, representado com uma chave na mão. Se estiverdes perdido numa encruzilhada, jogando uma chave por cima dos ombros podereis reencontrar o caminho graças à direção indicada pela mesma.

A chave é um objeto-talismã, um objeto-fada, que não raro indica o culpado que tentou penetrar num lugar secreto. Encontramo-la em particular no conto de Perrault *La Barbe-Bleue* [O Barba-Azul], mas vemo-la igualmente no *Passarinho emplumado*, de Grimm, e em *La Veuve et ses Filles* [A Viúva e suas filhas], de Loys Brueyre.

A chave liga-se, assim, ao anel místico, que permite *realizar descobertas;* símbolo axial, como a lança, a chave pode ligar e desligar, mas evoca sobretudo o meio de uma abertura para o Outro Mundo.

Osíris e Ísis são representados com uma chave na mão, como na lâmina dois do Tarô. Essa chave afeta, muitas vezes, a forma da cruz ansada, de simbolismo complexo, que é, como vimos, um sinal de vida. São Pedro carrega duas chaves, uma branca, outra negra. O uso da chave reveste-se assim de considerável importância na liturgia, onde esse símbolo é atributo do Papado; também por ocasião de certas festas, principalmente na de São Silvestre (no solstício de inverno*, portanto), o Papa envia a grandes personalidades chaves, objetos talismânicos que, acredita-se, colocam os que as recebem sob a proteção do Céu.

Na franco-maçonaria, no quarto grau, os Irmãos se colocam sob a dependência da chave de marfim, que usam como jóia: para reencontrar a Palavra Perdida, para entrar no Santo dos Santos, para abrir e fechar a porta estreita.

Em certos casos, a chave permite que se faça voltar a seu estado natural os lobisomens. Sabe-se que certos homens, em noites de Lua cheia, transformam-se em lobos, atacando os transeuntes retardatários; para tomar a aparência de animal e, depois, para retomar sua forma humana, eles mergulham repetidas vezes numa fonte. Caso sejam mortos sob a forma de animal, sua aparência humana volta imediatamente; e encontra-se assim um cadáver humano, identificável. Esses homens são temidos e detestados porque conservam a lembrança de todos os seus atos maldosos, embora evitem falar a respeito. Tocando-se o lobisomem com uma chave, o animal perde seu aspecto e restitui a fisionomia do homem que, a partir de então, pode ser levado a reconhecer seus malefícios.

A chave, material ferroso, também permite que nos coloquemos ao abrigo de muitos aborrecimentos. De acordo com Plínio, os romanos enterravam chaves de sarcófagos na porta de seus quartos de dormir, o que tinha a virtude de afastar os pesadelos. Se alguém, ao prender uma chave numa corrente, se ferir, a chaga não se envenenará. Para acabar com a dor de dentes, é preciso enfiar com força uma chave numa parede ou numa árvore, e afastar-se o mais rapidamente possível. Quanto à pessoa que possui um prego proveniente da Santa Cruz, ela se beneficia de todas as graças divinas.

## *O reino vegetal*

O talismã confeccionado a partir de determinadas plantas confere qualidades superiores a um suporte que, por sua natureza, é perecível. O vegetal dificilmente se conserva: o tempo faz com que perca parte de seus poderes; o talismã supre essa alteração. É preciso, ainda, que esse pantáculo seja realizado em condições bem definidas, levando em conta as qualidades das plantas, processos de confecção em horas bem definidas, sob determinadas influências astrais.

As plantas têm grande importância na composição dos talismãs. Pode-se usar a casca, as folhas, o suco — misturados ou não a outros

* No hemisfério norte (N. do T.).

produtos —, as raízes, o perfume das flores, as resinas. Fabricam-se, então, filtros, venenos, ungüentos mágicos.

Não falaremos de todos os remédios que podem ser tomados, de todos os medicamentos tão amplamente comentados pelo *Grande Alberto*, o *Pequeno Alberto* e por J. B. de Porta, linhagem famosa que, hoje, tem como resultado as receitas de Maurice Mességué. J. B. de Porta, em sua admirável obra, *La Magie Naturelle* [A magia natural], nos deu a conhecer o poder das drogas. Vemos aparecer aí, freqüentemente, a mandrágora, cujo suco deve ser misturado ao suco de dormideira ou à semente dessa planta, e que provoca o sono. Giambattista de Porta propõe igualmente que se faça uma "maçã que faz dormir", misturando-se-lhe "suco de dormideira, de mandrágora, de cicuta, da semente de meimendro e borra de vinho, acrescentando-lhe um pouco de almíscar, para tornar-lhe o cheiro mais agradável": basta usar essa maçã e cheirá-la para conciliar o sono.

Émile Gilbert, em seus *Essai historique sur les Talismans* [Ensaio histórico sobre os talismãs], evoca alguns talismãs vegetais usados na Antigüidade:

"Os talismãs vegetais não diferem em nada, quanto à suas propriedades imaginárias, dos talismãs metálicos ou das pedras. Poderíamos, contudo, arriscar uma observação: é que os vegetais considerados como tais não figuram no número dos usados pelos fabricantes de filtros. Ora, é uma verdade fácil de constatar que, salvo uma rara exceção quanto à *Mandrágora*, e uma ou duas substâncias cuja origem fabulosa é difícil reconhecer, todas as outras não são tóxicas. Poder-se-ia, contudo, objetar também que certos filtros tinham por base substâncias inofensivas: a isso responder-se-á que se tratava de um clarão da idade de ouro que logo se extinguiria sob as paixões criminosas, que a cobiça e o ódio fizeram nascer no homem. Contudo, não era este, como sabemos, o objetivo do talismã: antes de mais nada, preservativo, seu poder era o de manter a saúde, afastar a doença e fazer gozar da mais completa felicidade; finalidade oposta à do filtro, que muitas vezes transformava em elementos perniciosos o que o talismã representava de garantia contra dores e opróbrios.

"O amaranto possuía a propriedade de proporcionar a glória e o favor para aqueles que o usavam. Considerado o símbolo da imortalidade, as pessoas se municiam dele para comparecer aos funerais dos homens ilustres. As flores secas e conservadas eram consideradas como talismãs de feliz presságio.

"A angélica era considerada como o talismã que preservava dos encantos da magia [...].

"Os antigos alemães, à semelhança dos romanos, possuíam estatuetas de Mandrágora como deuses-lares. Chamavam-nas de *Alrunes*. Essas figuras cuidavam das casas e velavam sobre as pessoas que as habitavam. Eram vestidas convenientemente e deitadas em pequenos cofres. Todas as semanas, lavavam-nas com vinho e água; a cada refeição, davam-lhes de comer e de beber; sem esse cuidado, elas davam gritos, como crianças que sofressem de fome e de sede. Desde que se tivesse a felicidade de ter semelhantes estatuetas, da altura de oito a nove polegadas, era-se o feliz possuidor de um talismã que afastava todo o perigo; esperava-se dele toda espécie de bens, sobretudo a saúde e a cura das doenças mais rebeldes. Essa superstição dos antigos alemães existia ainda há uns trinta anos entre a população da Baixa Alemanha, da Dinamarca e da Suécia.

"Quem poderia crer, hoje, que no século XII a múmia do Egito, ou pelo menos seus fragmentos, serviram de talismãs, e que foi a França a sua maior consumidora? Mais de um escritor testemunhou sobre sua extraordinária virtude: Bacon, Bayle e nosso ilustre Ambroise Paré foram os que se ocuparam mais desse assunto. Todos estão de acordo em dizer que se trata de um talismã medicinal que ativa a circulação do sangue e que proporciona a saúde. Guy de Fontaine, médico do rei da Navarra, viajando pelo Egito, encontrou um dos judeus que era o maior comerciante de talismãs, e pediu para ver sua coleção de múmias. Este atendeu a seu pedido e o levou a ver uma série de corpos amontoados uns sobre os outros. Convencido, esse digno médico dirigiu-lhe uma multidão de perguntas, para saber o grau de confiança que poderia acrescentar ao que os antigos autores haviam escrito sobre essas maravilhas. Ao que o judeu lhe respondeu que as múmias, em número de trinta ou quarenta, eram preparadas por ele e datavam de apenas quatro anos.

"Estupefação do sábio que saiu dali correndo e continua correndo até hoje.

"O rei gentil-homem Francisco I, de acordo com o historiador Belon, sempre carregava consigo um fragmento de múmia misturado com pó de ruibarbo, talismã para evitar doenças. Ele depositava nesse talismã uma grande confiança. Não poderíamos, no caso presente, torcer o seu célebre adágio, e dar-lhe a seguinte significação:

*Souvent momie varie bien fol qui s'y fie.***

"A verbena era igualmente um talismã sagrado em Roma; com ela é que se varriam os altares de Júpiter; os sacerdotes colhiam-na com

** Adaptação do adágio de Francisco I:
A mulher muda tão freqüentemente que é um louco quem nela se fia.

muita reverência durante a canícula e antes do nascer do sol. Afirmava-se que tinha o poder de expulsar os espíritos malignos apenas com sua presença.

"Terminemos pelo trevo de quatro folhas, talismã de origem sinistra, já que, crescendo sob os patíbulos e regado com o sangue dos supliciados, dele tirava todas as suas qualidades. Na Idade Média, gozava da fama de fazer com que todos os que se enfeitavam com ele ganhariam todos os jogos."

Eis o que escreve Stanislas de Guaita a respeito das plantas mágicas em seu livro *Le Temple de Satan* [O templo de Satã]:

"A planta atrativa não é a única dotada de propriedades ocultas de uma maravilhosa energia. Os antigos magos conheciam XXII plantas, cuja virtude correspondia ao sentido esotérico dos XXII arcanos da Doutrina Absoluta. A Verbena referia-se ao Arcano VI (o *Apaixonado* do Tarô).

"Os mágicos da Idade Média não recolheram mais do que os escombros dessas tradições [...].

"De acordo com César Longino, as dezesseis plantas sagradas são:

" — *o heliotrópio* (o *Ireos* dos caldeus), a erva da sinceridade;
" — *a urtiga (Roybra),* a erva da bravura;
" — *a virga pastoris (Lorumborat),* a erva da fecundidade;
" — *a celidônia (Aquilaris),* a erva do triunfo;
" — *a pervinca (Iterisi),* a erva da fidelidade;
" — *a catária (Bieith),* a erva da vitalidade;
" — *a língua-de-cão (Algeil),* a erva da simpatia;
" — *o meimendro (Mansesa),* a erva da morte;
" — *o lírio (Augo),* a erva da manifestação;
" — *o gui (Luperax),* a erva da saúde;
" — *a centáurea (Isiphilon),* a erva dos encantamentos;
" — *a salva (Coloricon),* a erva da vida;
" — *a verbena (Ophanas),* a erva do amor;
" — *a melissa (Celeivos),* a erva do conforto;
" — *a rosa (Eglerisa),* a erva iniciática;
" — *a serpentária (Cartulin),* a erva dos fluidos."

*L'Encyclopédie des sciences occultes,* de M. C. Poinsot, traz novas informações:

"Na baixa magia, há uma quinzena de ervas que Alberto, o Grande, e outros feiticeiros dotam das virtudes mágicas que resumimos aqui:

"*O heliotrópio* que, colhido em determinadas condições, envolto numa folha de louro junto com um dente de lobo e carregado consigo, preserva a maledicência.

"A *urtiga* que, segurada na mão com o milefólio, livra do medo dos fantasmas.

"A *virga-do-pastor* que, embebida em suco de mandrágora, torna prenhes as cadelas.

"A *celidônia* que, usada junto com o coração de uma toupeira, torna a pessoa invencível para os inimigos e os demandistas.

"A *pervinca,* que se torna afrodisíaca se for comida pulverizada com minhocas, junto com a carne.

"A *nepte* que, colocada no focinho dos animais, faz com que caiam como mortos durante algum tempo.

"A *língua-de-cão* que, pendurada ao pescoço de um cachorro, provoca-lhe uma vertigem mortal.

"O *meimendro* que, misturado ao sangue de uma lebre nova e usado sobre si, junta em torno de você todas as lebres dos arredores.

"O *lírio* que, colhido sob o signo do Leão, misturado ao suco do loureiro e colocado numa esterqueira, gera vermes, os quais, pulverizados e colocados nas roupas de alguém, o impedirá de dormir.

"O *gui do carvalho* que, pendurado com uma asa de andorinha a uma árvore, junta a seu redor todos os cucos das imediações.

A *centáurea* que, lançada ao fogo em noite de estrelas, faz com que estas pareçam estar numa espécie de louca sarabanda.

A *salva* que, apodrecida numa esterqueira, dá nascimento a vermes,os quais, lançados ao fogo, produzem aí o barulho de um trovão.

A *verbena* que, igualmente, gera na terra fértil vermes, os quais, colocados num columbário, atraem para aí os pombos.

"A *melissa* que, lançada verde junto com suco de cipreste numa sopa, torna muito calmo o consumidor desse alimento.

"A *serpentina, a rosa,* etc. também dotadas de propriedades diversas e maravilhosas.

"Ao lado dessas ervas mágicas, há também animais e pedras mágicos; cada uma se presta a fórmulas bizarras, a afirmações fantásticas, que nos dispensamos de enumerar, pois toda essa parte da magia é obsoleta e sem interesse hoje em dia.

Todavia, notemos de passagem a série dita das *plantas planetárias,* que é a seguinte:

"*Offodilius* (Saturno): Usada contra os males dos rins e das pernas e para exorcizar.

"*Renoncé* (Sol): Contra os males do estômago — e para acalmar os frenéticos e melancólicos.

"*Chrinostato* (Lua): Contra a azia, as escrófulas. Sua tisana facilita a digestão.

"*Arnoglossa* (Marte): Contra a enxaqueca. Suco estomáquico. Cura as hemorróidas.

"*Qüinqüefólio* (Mercúrio): Cicatriza as chagas, acalma a dor de dentes.

"*Meimendro* (Júpiter): Antídoto das úlceras, das doenças do fígado. Torna a pessoa alegre e encantadora.

"*Pistorion* (Vênus): É a verbena, que purifica o hálito e inspira paixões."

É grande, portanto, o número de receitas singulares. É assim que, durante os combates, o guerreiro devia usar sobre si o amaranto, planta que, na Itália, tinha a particularidade de conduzir à glória. Há outras plantas mais medicinais, como o basilisco, que faz desaparecer as névoas de sobre os olhos e em Nápoles afasta o mau-olhado. Cardan relata em seus *Livres:* "Não tenho dúvidas de colocar entre as maravilhas das plantas o que Teofrasto, no quarto livro, diz a respeito dos arbustos: uma erva havia sido trazida das Índias, a qual, se alguém a come, esse alguém poderia satisfazer o ato venéreo setenta vezes num dia..." Cardan continua discorrendo a respeito do "betel" ou "folha-da-Índia", uma folha verde "que parece aproveitar grandemente a Vênus" e "escurece os dentes quando mastigada"; ela assemelha-se ao loureiro e a planta que a produz "rasteja como a era".

Eis, de acordo com o *Dictionnaire infernal,* de Collin de Pancy, o *Secret de la Jarretière pour les voyageurs* [Segredo da jarreteira para os viajantes]: "Colhereis da erva a que chamam artemísia, no tempo em que o Sol faz sua entrada no primeiro signo do Capricórnio; deixá-la-eis secar um pouco à sombra, e fareis jarreteiras com a pele de uma lebre nova, isto é, tendo cortado a pele da lebre em correias da largura de duas polegadas, fareis com ela um redobre no qual costurareis a dita erva, e a usareis nas pernas. Não existe cavalo que possa seguir por muito tempo um homem a pé que esteja munido dessas jarreteiras.

"Se fizerdes urinar sobre vossas pernas uma moça virgem, antes do nascer do Sol, não só sereis aliviado da lassidão do dia precedente, mas também fareis nesse mesmo dia mais caminho que de costume sem vos cansardes. Observar o tempo em que a lua estiver em conjunção com Mercúrio, e o segredo será ainda melhor, sobretudo se for posto em uso numa quarta-feira da primavera; depois tomareis um pedaço do couro de um jovem lobo, do qual fareis duas jarreteiras sobre as quais escrevereis com vosso sangue as seguintes palavras: *Abumalith cados ambulavit in fortitudine cibi illius* — ficareis espantado com a velocidade com a qual caminhareis estando munido dessas jarreteiras em vossas pernas.

"De medo de que a escritura se apague, será bom dobrar a jarreteira com uma pádua de fio branco, do lado da escritura.

"Há ainda outra maneira de fazer a jarreteira, que li num velho manuscrito em letras góticas. Eis a receita:

"Tomareis os cabelos de um ladrão enforcado, com os quais fareis tranças de que formareis jarreteiras que cosereis entre dois tecidos da cor que vos agradar; vós as amarrareis às pernas traseiras de um potro novo; depois, forçando-o a recuar cerca de vinte passos, direis as palavras seguintes: *Sicut ambulat Dominus Sabaoth super pennas ventorum, sicut ambulo super terram,* fá-lo-eis correr até perder o fôlego, e vós vos servireis com prazer dessas jarreteiras."

Precisamos voltar às virtudes da mandrágora que acabamos de evocar. Essa planta pertence à família das solanáceas de grandes folhas; narcótica, venenosa, ela cresce principalmente na Tunísia.

A raízes da mandrágora assemelham-se a um corpo humano, ou a um falo. Da mesma forma, os místicos viam nelas o vestígio umbilical de nossa origem terrestre. Não nos esqueçamos de que o homem nasceu do limo da terra, e que é nessa terra que tomamos raízes. Essa equivalência deveria permitir múltiplas interpretações... até a tradição, que quer que a mandrágora tenha poder de adquirir vida.

Columelle chama-a de "o meio-homem", e são bem antigas, a esse propósito, expressões como "pequeno homem plantado" ou "pequeno homem do patíbulo". Esta última designação provém do fato de que se pensava outrora que essa planta crescia sob os cadafalsos, do sêmen dos supliciados.

A extração desse "cogumelo sagrado" merece ser contada, pois, quando se queria arrancá-lo da terra, esse "meio-homem" gritava; contudo, mais do que de seu sofrimento, era preciso desconfiar de seu grito de maldição, que feria de morte quem o provocasse. Por isso, entre os subterfúgios usados, um dos mais habituais consistia em fixar na pata de um cão uma corda amarrada à mandrágora; mostrando um osso ao cão, faziam-no correr; ele arrancava a mandrágora mas morria no mesmo instante. O sacrifício do cão permitia a impunidade de quem se apoderava da raiz arrancada.

Outro prodígio: a raiz se contraía quando queriam agarrá-la; outro método ainda para apoderar-se dela consistia em regá-la com urina e sangue menstrual. Eis outro meio de conseguir a mandrágora, se dermos crédito ao *Dictionnaire infernal,* de Collin de Plancy:

"Uma vez chegado ao cemitério, ou junto ao cadafalso onde cresce a mandrágora, o mago traçará, com sua espada, ao redor da planta que ele deseja, um círculo mágico. Eis, de acordo com Pierre d'Albane, como se traça um desses círculos:

"A forma do círculo nem sempre é a mesma, mas varia de acordo com a hora, o dia, o lugar onde se faz a invocação; pois, na construção do círculo, deve-se levar em conta o lugar, a hora e o dia em que isso é feito, e os espíritos que se quer invocar.

"É preciso, portanto, fazer três círculos da largura de nove pés, que ficarão distantes um do outro um palmo de mão.

"Deve-se *primeiro* inscrever no círculo do meio o nome da hora na qual se faz a operação.

"*Em segundo lugar,* o nome do anjo da hora ou do gênio.

"*Em terceiro lugar,* o selo do anjo da hora.

"*Em quarto lugar,* o nome do anjo e de seus ministros que presidem ao dia em que se faz a operação.

"*Em quinto lugar,* o nome do tempo atual.

"*Em sexto lugar,* o nome dos Espíritos que reinam e presidem no momento.

"*Em sétimo lugar,* o nome do signo reinante.

"*Em oitavo lugar,* o nome da terra, de acordo com a estação em que fazeis a cerimônia.

"*Em nono lugar,* para aperfeiçoar o círculo do meio, escrevei o nome que terão o Sol e a Lua nesse tempo, pois, assim como o tempo, os nomes mudam.

"Colocar-se-á nos quatro ângulos do *círculo superior* os nomes dos anjos que presidem o ar desse dia: por exemplo, o do Rei ou dos Ministros.

"No *círculo inferior,* colocar-se-ão quatro nomes de Deus separados por cruzes.

"Notai que, fora do círculo, em cada ângulo, deve haver uma figura pentágona, isto é, uma estrela de cinco ângulos.

"Na área do círculo dividido por uma cruz escrever-se-á, do lado do Oriente, Alfa, e do lado do Ocidente, Ômega."

O círculo geralmente é completado por um quadrado em cujos cantos colocam-se fogareiros destinados a receber perfumes e fumigações. A seguir, levanta-se, a um metro a Oriente, um pequeno altar de relva ornado de violetas em guirlanda, de íris negros ou de cinerárias; ao pé desse altar, já se terá cavado um fosso pouco profundo.

Para todos esses preparativos, bem-entendido, o adepto poderá fazer-se ajudar por um iniciado, mas este último deverá retirar-se antes do início da cerimônia mágica.

Ficando só, o mago, que deverá ter nus os pés e as mãos, pronuncia uma oração apropriada ao dia, ao planeta e à finalidade a que ele se propõe. Ele próprio poderá ter composto o texto dessa oração; a seguir, lançará no fogo consagrado, que se encontra nos incensórios, uma pitada de perfume. Sairá então prontamente do círculo e, armado de uma faca destinada ao sacrifício, degolará, segundo o rito, um mocho, mas de modo a que o sangue da vítima corra para o fosso cavado ao pé do altar.

Ele voltará para dentro do círculo o mais depressa possível e, depois de novas orações, pelas quais fará oferta aos Espíritos do sangue que acaba de derramar, lançará sobre o fogo dos incensórios algumas pitadas do segundo pó, cuja propriedade é a de dar uma chama escura, quase negra.

É à luz dessa chama, que não dura mais do que uns instantes, que o mago deve arrancar a mandrágora, servindo-se do fragmento de uma mortalha tomada recentemente de um morto.

Esse é o momento solene; as larvas e os maus espíritos estarão então ocupados em se saciar dos espíritos vitais que se desprendem do sangue derramado e não cuidam de perturbar o adepto; mas infeliz dele se mostrar qualquer hesitação e, sobretudo, se suas intenções não forem puras, se ele for movido apenas pela sede dos tesouros que a mandrágora colocará à sua disposição. O perigo que ele corre é, então, considerável. As forças que tentou submeter, sem ser digno delas, voltamse contra ele e, por uma reação do modo astral sobre o modo material, levanta-se uma tempestade; suas larvas, vivificadas pelo sangue, turbilhonam, ávidas de nova presa, em torno do círculo mágico.

Se a chuva e o vento apagarem os sinais traçados no solo, se os incensórios se extinguirem, o mágico está perdido; as larvas apoderam-se dele; vozes uivam a seus ouvidos no fragor da tempestade; caras hediondas — *teterrima facies doemonum* — surgem diante dele. Ele foge, presa de um terror pânico, sentindo atrás de si as matilhas do invisível, ávidas de saciar-se de sua substância intelectual e de sua vitalidade material. Antes que o Sol se tenha levantado, ele já terá enlouquecido ou ter-se-á suicidado. Seu cadáver será encontrado em algum abismo, dilacerado pelos dentes de bestas selvagens e, de acordo com a expressão de um autor, "se estiver vivo, não valerá a pena".

Mas, suponhamos que o mago tenha demonstrado bastante coragem e atenção, que ele seja mesmo relativamente puro: ele saiu-se bem, tem no pedaço de mortalha a mandrágora que já pensa sentir palpitar em suas mãos — que lhe resta fazer? Ele deverá pronunciar novas orações, lançar de novo nos incensórios algumas gotas do perfume usado em primeiro lugar, depois romper o círculo mágico e, protegido por sua espada contra as larvas, voltará para casa.

A mandrágora, tirada da mortalha, será então plantada na *terra vermelha,* mas de modo a que não adira à terra a não ser por suas raízes mais finas; antes, o mago terá cortado com a mesma faca que serviu para o sacrifício do mocho toda a folhagem da planta e terá colocado, no lugar aproximado dos olhos, duas bagas de genebra, no lugar da boca, uma baga de eglantina e terá feito aderir com a terra vermelha umedecida com o rocio de grãos de milho ao redor das partes sexuais e da cabeça.

A terra vermelha deve encher um terço de um grande recipiente, que será colocado num lugar exposto ao Sol; ela será regada todos os dias com o sangue de um animal consagrado a Saturno.

A partir daí, o mago não deverá mais deixar a mandrágora nem por um instante; terá de usar toda a força de que pode dispor para ajudar o prodígio. Enfim, não deve deixar de cercar o recipiente com um círculo protetor e de queimar perfumes hostis às larvas.

Ao cabo de três dias, o mago deve observar os primeiros sinais de vitalidade; o peito do pequeno ser palpitará debilmente, os grãos de genebra tomarão pouco a pouco o brilho de olhos verdadeiros, a baga da eglantina ter-se-á mudado numa pequena boca carnuda e o milho terá brotado com o aspecto de uma cabeleira hirsuta, de uma cor terrosa. A maravilhosa passagem do reino vegetal para o reino animal estará terminada.

Ao cabo de uma semana, a mandrágora terá crescido de um quarto, e seu crescimento continuará durante quarenta dias. Terminado esse tempo, o pequeno homem, que terá então de dois a três pés de altura, se arrancará por si mesmo da terra vermelha: ele será então dotado de palavra e de razão.

Mas a mandrágora não é procurada apenas por sua forma humana. Paracelso afirmava que, graças à mandrágora, pode-se conseguir tudo. Sua posse tem o poder de fazer descobrir tesouros ocultos; ela proporciona, portanto, riqueza, dinheiro, mas também quietude, pois, tendo a riqueza, não tereis mais inimigos. Colocada num cofre que contenha moedas de ouro, a mandrágora tem a faculdade de fazer com que seu número se duplique a cada dia; graças a ela, pode-se predizer o futuro, abrir fechaduras, etc.

Depois da prodigiosa mandrágora, podemos falar no *peyotl*, "a planta que faz os olhos maravilhados", de acordo com a feliz expressão do doutor A. Rouhier, autor de um curioso pequeno opúsculo sobre *as plantas divinatórias*. Essa raiz provém de uma espécie de pequeno cacto que cresce nas regiões desérticas do planalto central mexicano: é o *Echinocactus Williamsii* dos botanistas, que contém um princípio alucinógeno, a mescalina. Pode-se bebê-la em infusão, ou mascá-la em pedacinhos crus, ou ainda em pedacinhos secos chamados *peyotl-buttons* ou *mescal-buttons*. Depois da ingestão de uma dose suficiente dessa planta, o experimentador vê aparecerem visões coloridas extremamente variadas, muito puras e intensas. Essa droga, que não é hipnótica, dá contudo às vezes a sensação de desdobramento da personalidade. Essa alucinação colorida pode somar-se a uma alucinação auditiva. É por isso que as tribos indígenas fizeram desse cacto a encarnação do Deus do Fogo e da Luz. A. Rouhier informa-nos que as tribos Huichols, Coras, Tarahu-Maras, Tepehuanes, retiradas na impenetrável cadeia montanhosa que leva o nome de Sierra Madre ocidental, vão colher em outubro essa raiz durante uma procissão ritual de 350 a 400 quilômetros: "É uma finalidade mística e ao mesmo tempo alimentar que os leva a empreender, ao preço de tais esforços, a colheita do cacto divino: se é preciso possuir o *peyotl* e honrá-lo, é a fim de evitar a seca e a fome que podem dizimar a tribo... Percebo que não compreendestes muito bem... Ouça o processo do raciocínio dos índios: o *peyotl* é o Deus do Fogo. — Ora, o Fogo produz a fumaça. — A fumaça que se eleva aos céus irá formar as nuvens. — Essas nuvens voltam sob a forma de chuva. — A chuva faz nascer o milho. — O milho enche o estômago do índio. — Eis por que é preciso ter o *peyotl!*"

O eléboro, graças à sua flor, era considerado remédio para a cura das doenças ditas incuráveis, desenvolvendo apenas a sagacidade das pessoas. De acordo com Plínio, purifica-se o gado espalhando suas flores e pronunciando palavras consagradas. Usa-se também o eléboro para combater a raiva e a epilepsia.

Notemos que a maioria das plantas mágicas devem ser colhidas num momento bem determinado — como na noite de São João (a 24 de junho). Um autor do século XVI recomenda que só se deve colher a semente "na noite da véspera de São João de verão, e ainda com grandes cerimônias e palavras murmuradas entre dentes, que têm a virtude de expulsar os demônios aos quais foi confiada a guarda da dita semente". Uma das ervas que têm então mais força é o feto; ele protege das doenças, faz ganhar em todos os jogos e serve como preservativo contra os malefícios; de Lancre diz, por sua vez, que o feto é nefasto ao demônio. Se tiverdes a ventura de encontrar um trevo de quatro folhas durante os fogos de São João, sereis capazes de operar encantamentos. Se quereis fazer-vos amar, escolhei ervas colhidas durante essa noite, a mais curta do ano. Mas não o façais sem um cerimonial, sem o quê as virtudes das plantas se desvaneceriam.

Na maioria das vezes, a colheita deve ser feita ao alvorecer, isto é, no momento em que as plantas ainda não receberam os raios solares; podemos deduzir daí que a planta é procurada por sua influência lunar. A tradição afirma até que é perigoso colher ervas depois do nascer do Sol, porque as plantas venenosas ou malfazejas terão reencontrado seu poder nefasto; contudo, elas podem ser purificadas pelo orvalho, esse orvalho solsticial dotado de propriedades maravilhosas e que, talvez, nada mais seja do que uma evocação das águas do batismo. Para colher essas plantas é preciso estar em jejum, traço comum com a comunhão eucarística. O mais das vezes, o postulante deve lavar as mãos, recitar orações ou palavras mágicas. Para colher certas ervas é preciso ficar calado e, às vezes, andar para trás.

Com essas ervas colhidas no momento propício, podem-se formar buquês, coroas, cruzes, guirlandas, cintos, torsais para conjurar a sorte. O "Cinto de São João" é feito de fetos trançados e tem o poder de curar, sobretudo se se conseguir formar a palavra mágica *Hyty*. Plínio enumerou as seis ervas de São João: a camomila, a artemísia, a bardana ou amor-de-hortelão, a grama, a hera terrestre, a erva-de-são-joão, a verbena, o satirião, o licópode e o poejo. Da artemísia, planta consagrada à Lua, eis o que diz Rutebeuf, em seu *Dit de l'herberie:* "Para a doença dos vermes curar... a melhor erva existente nas quatro partes do Mundo é a artemísia. As mulheres se cingem com ela na noite de São João e dela fazem chapéus, com que se cobrem."

Angelo de Gubernatis notou que "as ervas-de-são-joão desvelam todos os mistérios". Esse é, sem dúvida, o motivo pelo qual as jovens suecas, na véspera de São João, compõem um buquê no qual entram nove flores diferentes colhidas em nove terrenos: elas colocam o buquê sob o travesseiro do leito e procuram dormir e sonhar; tudo o que virem em sonho acontecerá por certo. Poderíamos falar aqui sobre o valor mágico do sonho, assim como na saída do corpo astral.

Com a festa de 21 de junho, a grande festa solar que a Antigüidade consagrava à deusa Pales, podemos lembrar também a ressurreição de Osíris, nas festas de Adônis, nas de Cibele e de Átis, que são símbolos da fecundidade vegetal. Aliás, os provérbios ligados à festa de São João são muito numerosos e dizem respeito principalmente à natureza: "Chuva em São João, as avelãs se estragarão"; e eis o que se diz numa região de vinhateiros: "Água em São João, tira o vinho e não dá o pão."

Não citaremos todos esses provérbios, mas quando as fogueiras de São João se extinguem, os participantes saltam por cima das brasas que se apagam. E porque tudo aqui é magia, os tições e as cinzas desse fogo particular adquirem um valor e um poder benfazejos: os animais que passam pelas cinzas tornam-se invulneráveis às doenças, e as ovelhas estéreis podem ser fecundadas. A cinza espalhada sobre a terra favorece as colheitas, destrói os insetos nocivos e as ervas daninhas.

De acordo com a tradição, se você guardar um pouco dessa cinza, não morrerá nesse ano; se estiver em Brie, misturando-a ao sal destinado à fabricação do queijo, você evitará que os vermes o ataquem. Não é de admirar, portanto, o fato de essas cinzas outrora serem vendidas em leilão, onde alcançavam altos preços.

Não esqueçamos, com efeito, que a cinza também é símbolo de ressurreição: o corpo consumido é transformado em cinzas; ao cabo de três dias, desenvolve-se aí um verme e, assim, reaparece a vida. No Apocalipse, a cinza é sinal de penitência e de luto. Os hebreus espalhavam cinza sobre a cabeça em sinal de luto. Tamar, depois do ultraje que lhe fez o irmão Amon, cobre a cabeça de cinzas; Davi diz que comerá cinza; Jó declara que o homem é cinza e pó e que voltará à cinza. Entre esses testemunhos de humildade, a Gata Borralheira — a infeliz amiga das cinzas — conserva um lugar no átrio, lugar que Ulisses, humilhado por Arete, ocupou; da mesma forma, Alcínoo tomou lugar entre as cinzas.

Jacque Gaggarel, em suas *Curiosités inouyes sur la sculpture talismanique des Persans.* [Curiosidades inauditas sobre a escultura talismânica dos persas], relata em 1629:

"Como Senhor de Chesne, o Senhor de la Violette se divertia com o Senhor de Luynes, dito de Formentières, conselheiro no Parlamento de Paris, ao constatar a curiosidade de várias experiências: tendo tirado o sal de certas urtigas queimadas, e colocado a liscívia ao sereno de inverno, de manhã ele a encontrou gelada, mas com essa maravilha, que as espécies de urtigas, sua forma e sua figura estavam tão singela e tão perfeitamente representadas sobre o gelo, que as vivas não o estavam melhor. Esse homem estava como que maravilhado; chamou o dito Conselheiro para testemunhar esse segredo, cuja excelência o fez concluir nestes termos:

*Secret dont on comprend que, quoy que le corps meure,*
*Les formes font pourtant aux cendres leur demeure.*

[Segredo pelo qual se compreende que, embora o corpo morra,
As formas fazem nas cinzas a sua morada.]

Com efeito, a cinza contém o que há de mais precioso, de mais misterioso na vida. Ela é o receptáculo do Princípio. A Gata Borralheira reflete o raio na cinza: é por isso que ela usa suas inverossímeis pantufas de *veiros,*[2] esse precioso vidro dos alquimistas onde nasce o Ovo. A cinza contém "o diadema do Rei". Mas a cinza dá a entender que o corpo consumido é impuro, pois o diamante, ao se queimar, se reabsorve inteiramente. O que se encontra em estado perfeito queima sem deixar vestígio.

2 Pantufas de *veiros* [peles delicadas e preciosas, como as do arminho e das zebelinas] não seriam inverossímeis, mas apenas muito caras. Prefiro, portanto, a versão pantufas *de vidro,* o que não é mais ridículo do que fazer de uma abóbora uma carruagem. E, além da simples idéia de riqueza, deve-se encontrar nesse conto iniciático uma correspondência alquímica bem curiosa. A Gata Borralheira também é considerada como uma vestal, uma guardiã do fogo sagrado.

# CAPÍTULO IX

## Jóias e objetos mágicos

### *Ornamentação e magia*

Evocamos, num capítulo anterior, a força do talismã que o homem carregava consigo a fim de se subtrair às influências nocivas. Muito depressa esse objeto utilitário se embelezou, tornou-se decorativo; passou a ser um adorno. Pode-se assim admitir que as jóias, desde sua origem, foram talismãs.

Essa fabricação recebeu cuidados particulares porque esses objetos, que salvaguardam os homens, devem ser feitos com os metais mais belos e nobres; neles são engastadas pedras brilhantes e variegadas para melhor atrair as influências benéficas. No fabrico das jóias precisamos acrescentar a contribuição das correspondências planetárias dos metais e das pedras. A jóia, para ter um papel eficaz, deve não apenas corresponder à exigência planetária, mas também ao dia da semana, à influência dominante de um planeta, além de corresponder ao signo de determinada pessoa.

O homem pré-histórico elevou-se bem acima das simples necessidades vegetativas. Os ritos fúnebres mais antigos revelam um sentimento já espantosamente evoluído; o cadáver, cuidadosamente inumado, recebe em seu túmulo utensílios, armas, alimentos. As civilizações do neolítico, aliás, muitas vezes só são conhecidas por suas sepulturas.

Nelas descobrimos tudo o que há de melhor, tudo o que há de mais belo, de mais precioso. Essa arte tão desenvolvida demonstra que uma grande civilização estava se desenvolvendo. Mas sua representação, baseada em princípios encontrados em lugares tão diversos, mostra igualmente uma procura consciente e dirigida. Para nós, na falta de outros termos, diremos que nos túmulos podemos ver uma síntese com base na magia cerimonial.

Assim, quando vemos adornos, colares, brincos, anéis, jóias, talhados em conchas, dentes, ossos, seixos, podemos imaginar que, em todos os tempos, nossas companheiras quiseram se enfeitar, que tinham gosto pelo adorno, mas podemos também lembrar que elas se colocavam sob a dependência, ou sob a proteção, das forças que as rodeavam.

Pois, nas sociedades primitivas, a jóia é, por definição, um talismã. Primeiro, elas são feitas de dentes humanos, de dentes de animais; depois, com pequenas conchas, com sílex. A seguir, começa-se a distinguir as pedras preciosas e a fazer uso delas.

O chefe tribal usa uma jóia-amuleto, ancestral da coroa real, que, na Idade Média, cinge a cabeça do mais perfeito dos cavaleiros e é adornada de gemas reunidas numa ordem bem determinada.

Sabe-se que, na origem, as pedras preciosas eram consideradas menos por seu valor do que pelas virtudes que transmitiam. Nero manda que seu leito seja incrustado de gemas. E o *Apocalipse* se detém longamente na descrição do esplendor das pedras de que é construída a cidade celeste (XXII, 18): "Os muros da cidade celeste são feitos de jaspe e a cidade é de um ouro puro, semelhante a um puro cristal. As pedras fundamentais dos muros da cidade são ornadas de toda espécie de pedras preciosas; a primeira base é de jaspe; a segunda, de safira; a terceira, de calcedônia; a quarta, de esmeralda; a quinta, de sardônica; a sexta, de sarda; a sétima, de crisolita; a oitava, de berilo; a nona, de topázio; a décima, de crisópraso; a undécima, de jacinto; a duodécima, de ametista. As doze portas são doze pérolas..."

Se, de um modo geral, o corpo e a vida são protegidos pela jóia, esta pode salvaguardar mais especialmente certas partes do corpo. Porque os orifícios naturais permitem uma troca entre o corpo e o meio ambiente, costuma-se proteger mais facilmente as orelhas com brincos, as narinas e a boca com anéis. Mas enfeita-se também o peito, pendurando ao pescoço pequenos sacos contendo substâncias naturais, raízes, grãos e, para conservar pelo tempo afora esse poder oculto, usam-se ao mesmo tempo placas de metal gravadas com sinais apropriados, colocados, às vezes, em cápsulas de ouro. As cápsulas de couro eram chamadas de "bulas" e eram presas ao pescoço, ao braço, a um colar, a um bracelete. Podiam conter receitas, fórmulas inscritas sobre um pergaminho ou sobre folhas de prata, de ouro ou de qualquer outro material durável. Como as pedras, e mais particularmente as pedras preciosas, elas possuem virtudes mágicas comunicadas pelos astros, são colocadas em colares, em braceletes, nos anéis, na extremidade de alfinetes de cabeça. Trata-se de preservativos contra todo tipo de mal. Entre esses adornos, encontram-se amuletos amarrados, espécies de colares com nós. (Segundo certas prescrições, é preciso dar sete nós nos cordões.) Encontram-se também anéis mágicos que podem conferir aos que os usam poderes sobrenaturais: assim o anel de Salomão, os anéis dos viajantes, que permitiam que se percorressem grandes distâncias sem nenhum cansaço, o anel da invisibilidade de Giges, rei da Lídia.

## *A força do anel*

O anel parece ter propriedades bem particulares. Nas *Mil e Uma Noites*, encontramos vários contos que nos levam a meditar sobre o valor dessa jóia misteriosa. Mas já no *Talmud* nos é dito que Salomão, rei dos Magos, possui um anel sobre o qual estava gravado o Nome divino. Graças à virtude desse anel, Salomão obrigou Asmodeu a talhar as pedras do Templo que, assim, jamais foram tocadas por cinzéis de ferro.

Em outras lendas, o selo de Salomão teria sido gravado sobre esse anel. Quando Salomão mandou fazer, por um demônio, a estátua do pai de uma de suas concubinas, e esta o adorou, Deus autorizou Satã a se apoderar do anel do grande monarca. Salomão perdeu o seu poder; mas Deus, tendo pena dele, fez com que ele reencontrasse no ventre de um peixe o anel marcado com o hexagrama. Essa história encontra-se no *Corão* (Surata XXXVIII, v. 33).

Se o anel tem ligação com o amor, se é o sinal da aliança entre duas famílias, ele é também vontade de poder, aliança entre dois clãs, entre dois povos. Esse poder é delegado pela entrega desse anel; quem for investido desse sinal é reconhecido como representante do rei, do imperador ou de Deus. Alexandre entrega o seu anel a Perdicas; o bispo oferece o seu anel para ser beijado. Por isso, não é de admirar que o anel possa, por si mesmo, realizar milagres. De fato, em cada caso nos encontramos sob a proteção de um objeto que submete outras forças, outras vontades à sua lei.

O anel é o sinal da servidão voluntariamente consentida. Esse anel, geralmente abençoado por um sacerdote, é entregue aos casados que se dão um ao outro por toda a vida. A aliança de prata usada pela religiosa assinala o seu casamento místico com o Senhor (a prata, neste caso, é o emblema da pureza). Enfim, o anel do bispo é o símbolo da aliança que ele contrai com a Igreja que lhe é confiada.

A escolha do dedo também deve chamar a nossa atenção. Para os egípcios, um nervo vital ligava o anular ao coração. Esse quarto dedo, dedicado ao Sol, chamava-se o dedo de Apolo. O anel torna-se, assim, um talismã, que irá absorver todas as forças benéficas do Sol, o astro principal do Cosmos.

Por ocasião da sagração, o rei recebe o anel real cravejado de rubis ou de safiras, colocado no quarto dedo da mão direita, anel comparável ao do bispo e que representa o duplo casamento místico do rei e da nação, do rei e da Divindade. Até 1549, o anel nupcial também era usado no quarto dedo da mão direita, costume que permaneceu em vigor entre alguns povos orientais.

A esses ritos ligam-se, aliás, múltiplas tradições, mais ou menos supersticiosas. Por ocasião da cerimônia nupcial, se o marido segurar o anel na ponta do dedo e não o colocar além da segunda articulação, a mulher tomará a dianteira e será a governanta e senhora do lar; em contrapartida, se enfiar o anel até a base do dedo, ele será o senhor incontestável da casa.

O bibliófilo Jacó cita mais esta tradição: "Numa quarta-feira de primavera, sob o signo de Mercúrio, quando esse planeta se encontra em conjunção com um dos outros planetas favoráveis, como a Lua, ou Júpiter, ou Vênus, ou mesmo o Sol. Então, sob essa influência, pode-se formar um belo anel com esse bom mercúrio, fixado e purificado. Bem entendido: todas as oportunidades estarão do lado do feliz possuidor se se conseguir colocar, no engaste desse anel, uma pequena pedra que é encontrada no ninho da poupa. Então, gravar-se-ão ao redor do engaste, estas palavras: 'Jesus passando + no meio das águas + se foi.' Colocar-se-á então o conjunto sobre uma placa de mercúrio fixo, perfumar-se-á a partir de perfume de mercúrio e envolver-se-á o anel em tafetá da cor conveniente ao planeta. Tudo isso será então levado até o ninho da poupa, de onde se tirou a pedra, e deixar-se-á aí por nove dias. Depois ele será retirado para dele tirar um novo perfume. Será preciso, então, guardar o anel numa pequena caixa de mercúrio fixo. Enfim, poder-se-á colocar o anel no dedo, rodando o engaste ao redor da mão. Então, vos tornareis invisível aos olhos dos assistentes. Mas, se desejardes ser visto, bastará colocar a pedra dentro da mão, que fechareis como um punho."

O próprio Balzac tinha a maior confiança num anel, o seu *Bedouck,* gravado com sinais misteriosos. Em suas *Lettres à l'Ètrangère* [Cartas à estrangeira], ele escreveu, a 11 de agosto de 1835: "Eu também venci muitas pessoas e coisas por meio de meu "*Bedouck!*" Depois, a 18 de dezembro de 1835, ele afirma de novo a Mme. Hanska: "*Bedouck* não é um talismã sem força em minha casa." Ele voltará a falar nesse assunto a 27 de março de 1836: "*Bedouck!* Eu não esqueço nada do que tenho de fazer." Marcel Bouteron cita Gozlan que, em seu *Balzac en pantoufles* [Balzac de chinelas], afirma que o escritor comprou um sinete oriental na Áustria, em 1835. Na realidade, esse anel lhe havia sido oferecido pelo barão Joseph de Hammer, membro da Academia de Viena, da Academia das Inscrições de Paris, da Sociedade Asiática. Essa pedra verde continha caracteres árabes — provavelmente, a palavra *Bedoûh,* que é inscrita dentro do quadrado mágico com um total de 15. Esse anel torna a pessoa invisível, apaixonada e protege contra o mal. Balzac, que dedicou o seu *Cabinet des Antiques* [Loja de Antigüidades] a M. de Hammer, escreve em *Louis Lambert:* "A reunião das letras, suas formas, o desenho que elas criam nas palavras modelam exatamente em todo o país o ser desconhecido de que ela é a portadora."

No que diz respeito ao valor dos anéis, eis o que escreve Émile Gilbert em seu *Essai historique sur les Talismans* [Ensaio histórico sobre os talismãs]:

"O talismã, que gozava de maior reputação na Antigüidade e que, de acordo com o caso, era fabricado com todos os metais que citamos, consistia em *Anéis* constelados, com os quais se operavam maravilhas. Essa crença era tão divulgada entre os romanos, que seus sacerdotes só podiam usar anéis isentos de caracteres estrangeiros, e sobretudo amuletos. Na antiga Roma, os anéis eram reverenciados como preciosos talismãs.

"O imperador Augusto assinava suas cartas e decretos com um anel sobre o qual estava gravado o retrato de Alexandre.

"Com efeito, sabe-se que esse grande rei da Macedônia foi, entre os romanos, o herói de lendas prodigiosas. No Oriente, sua figura, gravada sobre chapas de metal, sob não importa qual influência das constelações, passava outrora como um poderoso preservativo.

"Na família dos Mácrios, que usurparam o império no tempo de Valeriano, os homens usavam sobre si a figura de Alexandre, as mulheres ornavam com ele seus anéis e braceletes.

"Tribellius Pollio diz que essa figura é de grande ajuda em todas as circunstâncias da vida, se for usada gravada sobre ouro, prata ou sobre qualquer outro metal.

"Essa superstição esteve em grande voga sobretudo entre o povo de Antioquia, e São Jerônimo teve muito trabalho para fazê-la desaparecer.

"Os contos orientais são férteis em descrições de prodígios operados pelos anéis. Eles citam, com admiração, o anel de Salomão, cuja influência dava a esse príncipe o poder de comandar a natureza inteira. O homem que tivesse a felicidade de descobri-lo e que se tornasse o seu possuidor seria o senhor do universo, e teria por ministros os gênios mais poderosos! Mas a dificuldade está em saber e em poder apoderar-se dele; pois, não só o túmulo de Salomão é desconhecido e, mesmo que fosse descoberto, seria impossível chegar até ele. Dragões fabulosos vigiam-no e guardam-no dia e noite; ora, seria preciso coragem e sorte para chegar a esse tesouro!

"Nenhum historiador menciona um ato de semelhante bravura, o que permite acreditar que esse feliz mortal ainda está por aparecer. Contudo, há um jeito para tudo, pois todos os dias os orientais compram dos mágicos anéis capazes de produzir maravilhas; eles esperam, talvez, por um acaso da sorte, tornar-se possuidores do anel do grande rei.

"Acrescentemos enfim que, na antiga Roma, os fabricantes de talismãs entregavam a seus numerosos clientes anéis fundidos no metal que preferissem, com a garantia de que haviam sido enriquecidos pela influência das constelações que deveriam ser-lhes favoráveis.

"Do ponto de vista médico, eles eram considerados como prestadores de serviços, pois os empíricos vendiam-nos como remédio para curar e conjurar as cãibras."

## *Armas encantadas*

Os talismãs também podem ser objetos de defesa e de contra-ataque. Esse é o caso das armas dotadas de certos poderes talismânicos. Nossos contos e lendas trazem grande número de fatos nos quais as armas representam um papel de primeiro plano. Basta lembrar a *Ilíada,* a *Odisséia,* nossos contos sobre a busca do Graal, a *Canção de Rolando,* para se convencer dessa evidência.

É comum encontrar nas lâminas de espadas, de punhais e facas inscrições ou motivos decorativos. Essas fórmulas talismânicas reforçam o poder da arma; graças a elas a pessoa se defenderá melhor ou atacará melhor o adversário.

M. W. Deonna[1] cita uma passagem das *Memórias,* de Messire Jacques de Chastenet, o cavaleiro de Puysegur (Amsterdam, 1620), em que se vê um soldado tornar-se invisível pela proteção de um talismã:

"Perseguindo um adversário, dei cinco ou seis bons golpes de espada sem que jamais ela pudesse penetrar em seu corpo; no fim, depois de tê-lo perseguido durante muito tempo, tendo-me separado dos meus, ele se voltou para mim, pôs-se à minha frente, e me feriu com um golpe de espada que me levou a frente da camisa, e me furou o gibão; julguei por isso que esse homem 'tinha um caráter'. Tendo chegado dois dos meus camaradas, eles me ajudaram a me livrar dele; contudo, jamais nenhum deles conseguiu atingi-lo; mesmo depois de tê-lo derrubado por terra, apoiaram-lhe o mosquete contra o ventre, mas em vão; pois nenhum tiro o atingiu, embora eles atirassem muito bem. Um deles entrou num moinho que estava próximo, onde encontrou uma lebre, contra a qual descarregou um tiro por trás da cabeça, de que morreu."

As armas também são usadas para transmitir forças espirituais. Por ocasião da coroação dos reis, o pontífice entrega ao monarca o gládio real. Essa espada, chamada espada de São Pedro, também é chamada de Alegre — pois só serve para os dias de alegria — primeiro é benta sem

1 M. W. Deonna, *Armes avec motifs astrologiques* [Armas como motivos astrológicos], A História das Religiões, n.ºs 4-5, julho-outubro de 1924.

ser tirada da bainha: o arcebispo entrega-a ao rei, de pé, e depois lha tira. Torna a colocá-la nua, sobre o altar, toma-a de novo e a apresenta ao rei que, depois de tê-la brandido com a ponta para cima, beija-a, depõe-na sobre o altar, de onde o arcebispo a retoma uma segunda vez para entregá-la, depois, definitivamente. O rei recebe-a de joelhos e a confia às mãos de seu condestável, que então leva-a pela igreja, com a ponta para cima. Atributo de poder militar, podemos perguntar por que a Igreja benze uma arma de guerra, se sua missão é defender um ideal de paz, se todos os filhos de Deus são irmãos entre si. De fato, o arcebispo tira do rei o gládio da cavalaria temporal e lhe entrega um gládio espiritual.

Na prática da magia, a espada, por sua ponta, afasta os maus fluidos e permite que se dissolvam as coagulações fluídicas. Essa espada, mantida à sua frente por ocasião de suas viagens, protege o rei contra qualquer bruxaria, contra qualquer pensamento nefasto. A espada é uma espécie de "pára-raios" espiritual.

De acordo com os textos taoístas, a espada, símbolo do raio luminoso ou cósmico, pode desintegrar todas as coisas e, mesmo, permitir a transformação de nosso corpo em corpo sutil. Essa arma é o reflexo do relâmpago primordial, do *Fiat Lux* cristão.

Essa arma de dois gumes mostra-nos também que a dualidade desaparece pela absorção num eixo único, como as duas serpentes que se enrolam ao redor da haste do caduceu. A força dupla é de essência única em si mesma. E esse eixo, o da espada, o do caduceu, é de fato o eixo do mundo, como está bem demonstrado na *Procura do Santo Graal,* quando a espada precede o Santo Cálice. Poderíamos desenvolver esse simbolismo axial, no qual a espada pode muito bem ser comparada aos raios solares, à flecha, ao cravo. Duplo poder criador e destruidor, a espada, manifestação do Verbo, símbolo da iniciação, coloca assim o monarca, o eleito, o iniciado em relação com as forças do cosmos. A espada conserva o poder.

Notemos ainda que a espada, como o gládio, pode representar a cruz, representando sua guarda o ramo horizontal desse sinal.

A franco-maçonaria, por sua vez, usa uma *espada flamejante,* uma espada cuja lâmina ondulada lembra o movimento da chama; seu gume sinusoidal pode representar a serpente de fogo. O anjo do Paraíso brande essa espada flamejante, que adquire assim um valor místico, o poder de ressuscitar. Notemos, contudo, que esse símbolo da autoridade espiritual só é usado pelo presidente da loja maçônica. Por ocasião da recepção de um neófito, o Venerável repete um gesto da cavalaria e cria purificando; com a mão esquerda, coloca a espada flamejante sobre a cabeça, o ombro esquerdo e o ombro direito do neófito, vibrando, de cada vez, um único golpe de malhete. Além do rito da cavalaria, onde o noviço é revestido pela força da espada, encontramos o mesmo símbolo no Zen, no qual o Mestre, graças ao Kyôsaku — que representa o gládio — e é vibrado ritualmente, de acordo com um ritmo particular sobre o ombro do discípulo, provoca uma retomada do ser.

Não nos esqueçamos também do papel da Sagrada Lança; nas lendas cristãs da Idade Média e, especialmente, por ocasião do desfile imaginado por Wolfran Von Eschenbach em sua *Busca do Santo Graal,* de sua ponta corre o sangue de Cristo; aquele que possui a lança tem o direito divino de reinar sobre todas as raças. Autores há que imaginaram uma continuação moderna para a "busca" dessa espada venerável. Hittler ter-se-ia recolhido diante dessa relíquia, da qual queria ser o único possuidor. A esse respeito, escreveram-se várias obras, tanto mais que os dirigentes nazistas foram marcados pela influência das sociedades secretas, em particular o grupo de Thulé, derivado da Golden Dawn. Mas, já que evocamos a Golden Dawn, precisamos mencionar aqui a aventura que aconteceu com esse espantoso personagem que foi Aleister Crowley. Serge Hutin conta que, em 1940, Crowley teria mandado a Winston Churchill um pantáculo destinado a fazer com que ele ganhasse a guerra e, sobretudo, a fazer cessar os incessantes ataques aéreos alemães contra Londres; de acordo com Serge Hutin, o mago chegou mesmo a declarar: "Na verdade, quem ganhou a guerra fui eu."

Temos de evocar aqui, também, o punhal mágico, que serve sobretudo por ocasião de certos sacrifícios. P. L. Jacob, em suas *Curiosités des Sciences occultes* [Curiosidades das ciências ocultas], descreve-o assim (de acordo com a *Clavícula de Salomão):* "Seja portanto feito um punhal de ferro, com lâmina do mais fino aço, cujo cabo seja branco de marfim e mergulhado no sangue de um ganso macho, e que seja feito no dia e na hora de Mercúrio, em Lua crescente, e que esteja terminado desde a primeira hora até a terceira, e sobre ele farás dizer três missas comuns e escreverás sobre o cabo, com cinábrio exorcizado, com uma agulha ou buril preparado para esse efeito, os caracteres misteriosos."

Sem querer me exceder sobre o tema dos malefícios e das bruxarias, devemos notar que a arma talismânica pode causar riscos reais. Graças a uma influência maléfica, a um sortilégio, um homem ferido muito ligeiramente por uma arma enfeitiçada, morre; mais exatamente, ele se deixa morrer, pois sabe que nada mais poderia salvá-lo. Spencer e Gillen deram em *The Arunta* [Os arunta] a descrição dessa pequena faca e dessa lança, que formam um aparelho chamado Arungquilta: uma bolinha de resina recoberta de ocre vermelho reúne-as; são traçadas aí linhas brancas de través e linhas vermelhas e amarelas de comprido; o objeto, submetido a um encanto, irá ferir de morte a pessoa indicada. Na mesma ordem de idéias, seria preciso mencionar também as flechas consagradas que, além de seu poder mortífero, permitem que o homem triunfe de um animal especificamente designado; os afrescos de Lascaux, de Altamira e do Sahara evocam caçadas rituais nas quais a arma deixa de ser um simples instrumento de guerra, para se tornar um objeto sagrado.

## *Espelhos e bolas de cristal*

Os espelhos refletem não apenas a nossa aparência física, mas também as possibilidades de vida de cada criatura. Sabemos que o espelho, reflexo do céu, receptividade cósmica de Deus, não define por certo senão este mundo de ilusão; sobre essa tela impalpável, desenham-se formas efêmeras. Esse espelho da verdade, onde aparecem os arquétipos eternos, mostra o "vácuo escuro"; se a forma aparece sobre essa superfície, ela não está encerrada dentro dela. Trata-se, pois, de uma natureza ilusória, que participa de uma geografia mística, do poder da imaginação criadora, pois existe aí, ao mesmo tempo, reflexo e correspondência; portanto, a visão intuitiva de uma significação mística. Ficamos fascinados quando olhamos num espelho; esse é o motivo pelo qual as crianças muito pequenas não devem ver esses reflexos e deve-se velar os espelhos existentes no quarto dos mortos.

O espelho aparenta-se com a bola de cristal, e essa superfície gélida pode se animar para representar o que deve suceder, o que deve acontecer. É por isso que as meninas conservam sob o travesseiro um espelho no qual verão a imagem do futuro marido. De fato, os espelhos mágicos, que, como se pretende, são originários da Pérsia e eram muito usados pelos mágicos da Tessália, revelavam o presente, o passado e o futuro. Se dermos crédito a Spartianus, Dirius Julianus teria feito uso deles para conhecer o resultado da batalha travada por Tullius Crispinius contra Sétimo Severo. Esse modo de adivinhação, chamado "catoptromancia", é muito superior ao que se consegue pela mancha de café. Era muito usado em Roma, e os que liam nos espelhos eram chamados de *specularii*.

L. A. Cahagnet, em sua obra intitulada *La Magie Magnétique* [A magia magnética] (publicada em 1854), distingue várias espécies de espelhos dotados de poderes, no mínimo, estranhos. Eis um curioso extrato desse livro, tirado da Terceira Conversação:

"O primeiro pensamento orgulhoso do homem foi, em todos os tempos, fazer o que seus irmãos não seriam capazes de fazer como ele, e seu primeiro pensamento científico foi o de conhecer o que todos ignoravam. Pela fascinação, ele cresceu em poder, e pelo conhecimento do *passado* e do *futuro*, cresceu em saber. Para chegar a essa última meta, não existem meios que não tenha empregado; foi por isso que recorreu aos chamados *espelhos mágicos*. Observando na *marra* do seu campo, no *balde* de água de sua cozinha ou no *espelho* de seu quarto de dormir, que refletiam as imagens dos objetos que estavam ao seu redor, ele teria perdido de vista o objeto de sua contemplação para vê-lo substituído pela imagem de uma criatura, de um lugar afastado, ou pela imagem de um objeto perdido. Interessado pela visão dessas coisas, que a seus olhos não tinham modelo, em nenhum lugar perto dele, ele deve ter querido conhecer a causa disso e verificar os fatos anunciados por essas imagens. Não foi preciso mais para que ele ampliasse suas pesquisas a respeito, rodeando o sucesso alcançado com mistérios. Ele se viu dentro de um santuário desconhecido de todos, no qual não demorou a se colocar como um Deus; chamou a si seus irmãos, maravilhados com o seu saber, iniciou os mais inteligentes em sua descoberta e, de uma simples noção natural, fez uma questão sobrenatural que o fez passar por um protegido dos deuses. Eu digo que ele fez disso uma questão sobrenatural, como se tivesse o poder de se comunicar com o mundo das causas, quando, pelo contrário, esse fato é muito natural. Devo confessar-te, de uma vez por todas, que não admito nada de *sobrenatural* na criação; nela não vejo mais do que leis, manifestações, alianças e estados mais ou menos conhecidos, estudados e definidos. Foi desnaturando assim as leis do Eterno que os homens se colocaram aos olhos de seus irmãos como mensageiros extraordinários entre o criador e sua criatura. É a essa maneira de ver que devemos essa multidão de escolas, de sociedades, de seitas, de religiões, de templos e de deuses mencionados pela história sagrada e profana; o medo de cada inovador nessas coisas tinha de que seu segredo fosse divulgado e, conseqüentemente, o medo de perder o prestígio que adquirira sobre seus semelhantes, levou-o a agir dessa maneira.

"O primeiro autor que citei a respeito dos fatos de fascinação conhecia tanto sobre esses espelhos mágicos quanto nós atualmente; isto é, ele os definiu da mesma maneira. A vulgarização dessa faculdade humana atingiu uma extensão incrível de algum tempo para cá, como afirmei no 1.º volume dos *Arcanes de la vie future dévoilés* [Arcanos da vida futura revelados]. Davis, sábio cabalista inglês, possuía um espelho de carvão de terra perfeitamente polido, no qual via os espíritos e podia conversar com eles.

"Citei, também, o Sr. *Leo* Delaborde que, na publicação de sua viagem ao Oriente, nos dá conhecimento de que aprendera de um mago o meio de fazer ver os filhos no côncavo da mão com a ajuda de uma espécie de verniz negro aí derramado pelo operador, assim como com a ajuda de aromas de certas sementes lançadas sobre um braseiro ardente.

"Citei ainda Cagliostro que, fazendo uso de Pupilas (crianças virgens) e de apenas uma garrafa de água, obtinha visões semelhantes, que deixaram admirados todos os que delas foram testemunhas. Falo, agora, do Sr. barão Du Potet, o magnetizador conhecido de toda a Europa, o primeiro que, pelo que sei, ensinou publicamente esse arcano. Esse prático operava mediante um simples pedaço de carvão de madeira comum, com o qual traçava um círculo negro (de cerca de dez centímetros de diâmetro) sobre o soalho de seu salão, e rogava aos assistentes que fitassem esse círculo.

"Quando o Sr. Du Potet demonstrou essa facilidade de operar, cada um por sua vez quis encontrar algum meio de generalizar essa faculdade, e fabricou espelhos de mil maneiras diferentes. Fiz como os demais, procurando, com toda a minha simpatia para com a ciência que estudamos, compor um espelho no qual o maior número de pessoas pudesse ver, pois estou convencido de que nenhum homem carece dessa faculdade, tratando-se apenas de desenvolvê-la por meios mais ou menos poderosos e naturais, sem precisar recorrer a conjurações desconhecidas que sempre, em sua retaguarda, têm alguns deploráveis débitos a saldar.

"Publiquei então, na obra precitada, o modo de compor um espelho mágico que me havia sido indicado pelo espírito de Emmanuel Swedenborg, com o qual Adéle está em comunicação há vários anos; achei esse espelho preferível aos usados até então, o que, todavia, não impediu que eu continuasse minhas pesquisas até o conhecimento de um melhor, se isso for possível. Para tanto, vou te dar conhecimento dos detalhes que te prometi a esse respeito.

"Sabemos que, desde a mais remota Antigüidade, os Sábios, os Profetas, os Magos, e os Cabalistas, todos se admiram de que Deus tenha confiado o governo de nosso mundo a sociedades angélicas compostas de Arcanjos, Anjos, Gênios e Espíritos *bons* e *maus*. Quatro arcanjos dependem diretamente de Deus. Os Cristãos, como os Cabalistas, admitem-nos ainda em nossos dias, sob os nomes de Gabriel, Rafael, Ezetiel e Miguel. Dez coros sagrados de anjos dependem dos arcanjos, dos quais os cabalistas fazem descender 72 gênios que presidem aos anos, às estações, às luas e às horas do dia e da noite. Esses 72 gênios têm sob suas ordens a hierarquia dos espíritos elementais, que compõem o fogo, o ar, a água, e a terra, sob os nomes de salamandras, silfos, ondinas e gnomos. Essa crença primordial, de todos os tempos e de todos os povos, foi de tal modo perpetuada até nossos dias, que depois de tê-la reconhecido entre os pagãos, sob as figuras alegóricas de deuses, de semideuses e de heróis — nas quais vemos Júpiter dirigir o raio; Éolo, os ventos; Netuno, as águas; e Ceres, a terra, comandando cada um uma multidão de semideuses e de heróis — nós a reencontramos entre os cristãos, nas personificações de anjos que dependem dos arcanjos, e dos demônios que dependem de gênios e de Satã: essas criaturas influenciam, para o bem ou para o mal, todas as fases de nossa existência.

"Os cristãos não nos ensinam a invocar os espíritos dos magos ou dos pagãos, mas exortam a implorar a ajuda dos arcanjos, dos anjos e dos espíritos que foram santificados pela Igreja depois de sua morte, em reconhecimento por sua sábia conduta sobre a terra; nasceu daí a crença na sua influência miraculosa, apoiada em fatos não mais recusáveis que os dos magos. Se os cristãos não ensinam a prática da magia, pelo menos, como vês, eles a permitem nessas espécies de evocações espirituais, que também têm por objetivo e por resultado manifestações que passam como sendo sobrenaturais. Encontram-se em todos os livros religiosos modelos de pedidos, por meio de orações a bons espíritos, que têm como finalidade ampliar a lucidez dos crentes até o conhecimento das ações futuras, a fim de evitar o que elas têm de mau e de contrário à salvação da alma religiosa. É com o objetivo de obter essas revelações que são praticados o quietismo, o jejum, as privações de toda espécie, a meditação contemplativa, que leva ao êxtase, assim como à perfeita identificação com o mundo das causas, e mesmo com o Eterno, na pessoa do Cristo; temos disso um exemplo entre mil nos êxtases de Santa Teresa. As almas verdadeiramente religiosas não crêem, portanto, estar incorrendo na censura da Igreja ao evocar os bons espíritos, mesmo por meio de espelhos teúrgicos; encontramos vários exemplos disso nos autores religiosos. Esse modo é o mais antigo e o mais praticado até nossos dias. Ei-lo:

"1.º) *Espelhos Teúrgicos.* Enche-se uma garrafa com água muito clara; coloca-se essa garrafa sobre uma mesa recoberta com uma toalha branca, coloca-se depois uma pequena vela atrás, e uma de cada lado; faz-se ajoelhar uma criança virgem diante desse espelho teúrgico, e evoca-se Gabriel, o porta-luz da Divindade, diz-se, para que permita ao bom anjo encarregado da guarda dessa criança mostrar-lhe, pela imagem nessa água, o que aprouver a Deus que seja conhecido da resposta pedida; depois de alguns minutos de espera, com os olhos fixos no centro da dita água, a criança diz que nada vê ou que vê o seu anjo, ao qual são feitas então as perguntas cuja solução se deseja. O anjo responde por meio de imagens alegóricas ou por escrito, se o julgar conveniente. A criança diz então o que está vendo, ao natural, lugares, personagens ou quadros que correspondem aos fins que se propõe. Esse tipo de espelho é chamado de teúrgico angélico, e não difere de nosso modo de operar, a não ser pelo sentido religioso que a ele está ligado. Tudo o que foi feito nesse gênero, de Hermes até os magnetizadores atuais, não saiu do domínio das evocações de espíritos ou da simples visão natural, estimulada por uma adição de luz magnética, luz que talvez fosse mais racional chamar de "luz das luzes ", já que tudo o que existe, não importa sob que aparência de substância, nós o percebemos, nada mais é que um composto dessa luz mais ou menos ativa e perceptível a nossos olhos materiais. O estado do vidente nada mais é, portanto, nessa circunstância (na minha opinião), *que a animação de uma chama que está à espera do contacto de uma molécula luminosa que lhe falta.*

"Perguntai a um lúcido ou a mil; perguntai a um extático natural ou artificial; perguntai aos videntes religiosos ou aos iluminados profanos, e todos vos responderão: *Nada posso ver sem a ajuda de uma luz que não é comparável à luz terrestre; essa luz é mais viva, mas mais fugaz que a primeira. Ela se encontra em tudo e por toda parte, o único estado em que a percebemos, por causa das variações que lhe são próprias.* Assim, meu amigo, é com essa luz, que é a dos sábios da Antigüidade, dos magos, dos profetas, dos cabalistas, de Moisés e de Santa Teresa, das sociedades teúrgicas e das sociedades profanas, dos franco-maçons e do magnetizador, que vemos, que sabemos, que apreciamos e que julgamos as relações do mundo das causas e do mundo dos efeitos. Ela é o espírito de vida imposto por Cristo a seus apóstolos e pelo magnetizador aos lúcidos. Assim, cada ser só pode ver nos espelhos *religiosos, mágicos, cabalísticos* e *magnéticos* com a ajuda dessa luz preciosa. Portanto, é preciso que a encontremos e que a imponhamos aos videntes; como ela se encontra naturalmente, de acordo com esses últimos, *em tudo* e *em toda parte,* basta subtraí-la das substâncias que a possuem em maior abundância, umas mais do que as outras. Como já ensinei no *Sanctuaire du spiritualisme* [Santuário do espiritualismo], o homem é um perfeito destilador dessa luz etérea; mas quando ela se encontra obscurecida nele por um excesso de estado material, precisamos tentar espiritualizá-lo ainda mais mediante a ação magnética, ou subtraí-la de substâncias que a contêm em maior quantidade, e infiltrá-la, eu diria, com perseverança, o que procuraremos obter na proposta que vos farei mais tarde a respeito dos espelhos *cabalísticos.*

"2.º) *Espelhos dos Feiticeiros.* Esses espelhos são muito conhecidos em nossos campos, onde vemos que essa prática se perpetua desde tempos imemoriais. O modo de operar dos chamados feiticeiros é tão simples quanto natural: eles se servem do primeiro espelho que encontram, ou de um balde de água; no primeiro caso, colocam o espelho num lugar conveniente, para que a pessoa que deve olhar nele não possa se ver; depois eles fazem-na sentar-se a alguns pés de distância desse espelho, e recitam mentalmente, ou em voz alta, uma conjuração (uma espécie de ordem) ao espírito familiar de sua família, que de pai a filho sempre experimentou sua benéfica proteção. A pessoa vê ou não vê. No primeiro caso, é porque o espírito conjurado tem poder sobre o objeto ou a pessoa que apareceu, e pode, conseqüentemente, influenciar, dizem eles, sobre o resultado da operação. Quando se consulta por causa de um roubo, por exemplo, o ladrão aparece ao demandista, e muitas vezes se vê forçado, pelo espírito que o dominou, a levar a domicílio o objeto roubado, caso esse objeto ainda esteja com ele. Em qualquer outro caso, recebe-se uma solução alegórica mais ou menos verdadeira. O mesmo acontece com o espelho feito com o balde de água: o feiticeiro faz com que o consulente permaneça de pé, com os pés tocando o vaso e a cabeça inclinada horizontalmente acima de sua superfície, exortando-o a mergulhar o olhar no centro desse *balde,* onde a imagem desejada deverá aparecer. A conjuração do espírito familiar é a mesma, assim como os resultados.

"3.º) *Espelho de Cagliostro.* Esse sábio cabalista, ou filósofo hermético, segundo se diz, tratado como charlatão por uns e como sábio por outros, nem por isso deixou de oferecer ao mundo científico fatos que estamos longe de explicar, quer negando-os, quer ridicularizando-os. Cagliostro se servia comumente de espelhos, tanto para embasbacar os incrédulos como para conhecer ele próprio o que desejava saber. Em público, recorria a Pupilas, nome que dava a crianças virgens, como já vos disse, enquanto em sua casa praticava o sonambulismo magnético com a ajuda de um lúcido de primeira ordem.

"Seus espelhos, a exemplo dos espelhos teúrgicos, compunham-se apenas de uma garrafa de água bem clara, que ele pedia que lhe fornecessem onde estivesse, quando era solicitado a mostrar o que sabia a respeito. Nessas ocasiões, não fazia uso de suas pupilas: pegava a primeira criança que aparecesse entre as pessoas que o rodeavam.

"Como os *feiticeiros,* ele também fazia uma conjuração a seu espírito familiar, conjuração mental que só ele conhecia. Colocava a garrafa com água sobre um móvel coberto com uma toalha branca, iluminada de ambos os lados por duas velas ali adrede colocadas, depois mandava que se pusesse a criança de pé diante do espelho, pedindo que ela fixasse os olhos na água até o momento em que percebesse um espírito de determinada natureza em seu centro. Cagliostro mantinha-se de pé atrás da criança, colocando-lhe uma mão sobre a cabeça, com certa gravidade, que era imposta também aos assistentes. Logo que a criança acusava ter visto o espírito desejado, o operador mandava que lhe fossem feitas perguntas às quais esse espírito respondia por meio de quadros alegóricos, ou por imagens exatas daquilo que se desejava saber. Nem sempre a criança via esse espírito; e nem sempre via imagens que enchessem de espanto toda a assembléia. Cagliostro operava magneticamente, disso não se pode duvidar, como nós próprios o fazemos, e sua conjuração não era de todo indispensável.

"4.º) *Espelho Du Potet.* Dou o nome desse sábio ao espelho de sua invenção, julgando que se trata de um nome conveniente como o nome de todo inovador dado ao objeto de sua criação. Esse magnetizador, como eu disse, pega um pedaço de carvão de madeira comum com o qual desenha um círculo negro, de cerca de dez centímetros, sobre o soalho do salão, e depois pede às pessoas que desejam tentar que se coloquem de pé a alguns pés de distância desse espelho, fixando os olhos atentamente em seu centro. Depois de alguns minutos de espera, a visão pode ou não ocorrer. Ignoro se o Sr. Du Potet influencia pelo pensamento a pessoa que deseja ter essa visão, o que é mais do que provável; num e noutro caso, esse espelho produz efeitos acidentais, mas, como todos os outros, tais efeitos só se manifestam em pessoas suscetíveis a esse tipo de visão; os videntes percebem imagens fugidias, que o magnetizador parece não ter evocado, fixado e, menos ainda, tentado tirar partido delas, pois poucas dessas visões (pelo menos as citadas nas obras desse autor) tiveram como resultado a constatação de uma verdadeira visão *à distância, retrospectiva* ou *futura*, de fatos interessantes de se conhecer.

"Todos os alunos do Sr. Du Potet, a exemplo do mestre, puseramse a fabricar cem espécies de espelhos com os quais conseguiram efeitos semelhantes, mas não superiores; um desses espelhos, que parece ter sobrevivido aos demais, é um pedaço de cartão cortado em oval, de cerca de dez centímetros em sua parte mais longa; uma folha de estanho é colada num dos lados e um pedaço de tecido negro no outro; o operador magnetiza fortemente esse espelho, carrega-o continuamente consigo e, quando se lhe apresenta a ocasião, toma-o com a mão direita, colado contra a palma da mão, os dedos rodeando as bordas como outros tantos pontos magnéticos pelos quais escapam fluidos; ele mostra esse espelho de um lado ou do outro, a cerca de um pé de distância da raiz do nariz, à pessoa que deseja mirar-se nele: bastam mais ou menos dez minutos de fixação para obter-se a visão, caso ela deva aparecer.

"5.º) *Espelho Swedenborguiano.* Dou igualmente a este espelho o nome do espírito que me ensinou o modo de fabricá-lo, modo que já descrevi nos Arcanos, mas que, penso eu, ser-vos-á agradável ouvir de novo. Toma-se uma quantidade qualquer de *plumbagina* peneirada, bem fina, que se dilui (num vaso conveniente, que possa ir ao fogo) com uma quantidade suficiente de óleo de oliva, de modo a formar uma pasta bastante clara; leva-se esse preparado a um fogo brando para melhor facilitar a mistura; toma-se então um espelho comum (não estanhado) que se aproxima suavemente do fogo, a fim de prepará-lo para receber a mistura sem que ele sinta uma transição capaz de quebrá-lo; coloca-se esse espelho deitado sobre dois pedaços de madeira, depois derrama-se a pasta preparada sobre uma de suas faces, inclinando-a de um lado e de outro, a fim de facilitar para que o líquido cubra igualmente todas as partes, o que é preferível a se servir de um pincel, que deixaria sulcos que prejudicariam a uniformidade. Se por acaso essa pasta ficar muito clara ao ser espalhada pelo vidro, polvilha-se com a mesma plumbagina toda a superfície, o que faria uma amálgama mais compacta. Preparado dessa maneira, coloca-se esse vidro deitado horizontalmente sobre um móvel, e só se fará uso dele passados alguns dias, depois de colocá-lo numa moldura apropriada para esse fim. Esse espelho tem, sobre os espelhos estanhados, a vantagem de cansar menos a vista e de reproduzir uma imagem perfeita dos objetos: toma-se o cuidado de colocá-lo num lugar de modo que não reflita a imagem da pessoa que deseja consultá-lo. Sirvo-me desse espelho, como de todos os que já mencionei, colocando-me atrás do consulente e fixando-o magneticamente na altura do cerebelo (acima da pequena cova do pescoço) com a intenção de que o fluido que projeto sobre ele por meu olhar vá ao encontro do seu, para o iluminar. E, mentalmente, rogo ao anjo encarregado da guarda dessa pessoa, que lhe facilite essa visão, se o julgar conveniente. Obtive com esse espelho o mesmo resultado que com os outros; mas ele inspira mais respeito e, por isso, coloca a pessoa numa posição mais conveniente. Quando eu vos descrever a propriedade dos metais nesta matéria, vereis que o chumbo, em todos os tempos, foi considerado pelos cabalistas por possuir a capacidade de revelar segredos, etc., etc. Foi só de uns tempos para cá que percebi essa coincidência entre o conselho de Swedenborg e a propriedade atribuída a esse metal.

"6.º) *Espelho Magnético.* Deu-se esse nome a globos redondos de cristal (com a capacidade de cerca de um litro, que se enche de água muito clara e fortemente magnetizada); coloca-se esse globo sobre um pequeno pé feito de modo a suportá-lo sem que ele role, colocando-se tudo sobre um móvel qualquer, e faz-se com que as pessoas olhem para o seu interior, como se faz com os outros espelhos, por cerca de dez minutos. Os magnetizadores que não acreditam na influência dos espíritos nesse tipo de visão limitam-se a agir magneticamente sobre a pessoa que tenta a experiência, e muitas vezes obtêm os mesmos resultados que os magnetizadores espiritualistas que, durante essa operação, imploram, pela prece mental, a assistência dos espíritos superiores nos quais confiam; mas, no último caso, as visões muitas vezes são mais claras, mais compreensíveis e menos cheias de erros. Na falta desses globos (que, por sua forma esférica, são preferíveis a qualquer outro vaso de vidro), podem-se usar garrafas ou copos, que são enchidos igualmente de água magnetizada. Notei que, geralmente, as crianças viam melhor nesses espelhos do que os adultos.

"7.º) *Espelho Narcótico.* Dei esse nome a globos semelhantes de cristal, mas cheios de água destilada de plantas narcóticas. Tive a idéia de compor esses espelhos, como faria com muitos outros, se meus meios, meu tempo e minha saúde mo permitissem; concebi sua composição a partir das noções que tenho da especialidade narcótica de cada uma das plantas de que fiz uso, apoiando minha opinião a este respeito nas seguintes proposições. Eu me perguntava: 1.º - Como é que os corpúsculos dessas plantas (sendo absorvidos interiormente) produzem, por sua ascensão ao cérebro, os efeitos de visão que lhes são atribuídos? 2.º - Qual é o volume de cada um desses corpúsculos? 3.º - Possuiriam eles essas criações em si mesmos, ou colocariam essas imagens em movimento, simplesmente em nosso domínio, onde eles as encontrariam? 4.º - Agem eles diretamente sobre o nervo óptico, ou sobre os ramos internos desse nervo, que produziriam idêntico resultado? Para mim era difícil responder matematicamente a essas perguntas. O que eu podia afirmar era que a quantidade ou o volume desses corpúsculos não tem importância alguma, pois certas organizações, em contacto com seu aroma apenas, entram no estado de visão que eles provocam, como vemos na eterização, no magnetismo, etc., etc. Foi sobretudo o fluido magnético que atraiu a minha atenção pensando que certas pessoas podem entrar durante grande número de vezes, e durante certo tempo, no estado sonambúlico, *apenas com o contacto* de um anel ou de qualquer outro objeto magnetizado, e ao ver que basta fixar durante um segundo apenas uma pessoa sensível à minha ação para mergulhá-la nesse estado de visão: concluí daí, portanto, que a absorção desses corpúsculos, por menor que seja, não importando o modo como foi feita, era suficiente para obter os resultados desejados; e conseqüentemente, que esse globo de cristal, no qual havia uma quantidade cem vezes mais do que suficiente para produzir esse estado, não constituía um obstáculo à sua passagem e à permuta desses corpúsculos com os corpúsculos do raio visual que vêm banhar-se em seu seio, pela fixidez do olhar. Pensei assim dirigir mais diretamente à sede onde eles devem produzir sua manifestação esses corpúsculos narcóticos, e sobre esse sistema baseei uma esperança que não foi desmentida. Se o êxito não é geral, pelo menos é bem amplo, o que me incita a vos dar conhecimento do modo como preparei esse globo:

"Tomo uma boa pitada de cada uma das seguintes substâncias, a saber: beladona, meimendro, mandrágora e flores de cânhamo, depois uma cabeça de dormideira amassada e três gramas de ópio, que ponho a macerar durante quarenta e oito horas numa retorta de vidro, com a capacidade de cerca de dois litros, até pela metade de bom vinho tinto, depois do qual tempo coloco toda essa mistura no fogo sobre um banho de areia para destilar; obtenho no recipiente uma água muito clara com a qual encho o meu globo que, bem fechado, serve assim para fazer essas experiências. Tenho o cuidado de não deixar essa água cair na mão de curiosos, que poderiam levar sua investigação até o ponto de bebê-la e sentir efeitos que, sem serem mortais, poderiam perturbá-los consideravelmente. Para operar, faço da mesma maneira como com os outros espelhos [...].

"8.º) *Espelho Galvânico.* Um dia, olhando maquinalmente uma moeda de dois vinténs muito brilhante, senti uma coceira na borda das pálpebras que não me pareceu coisa comum; pensei que isso fosse provocado pela espécie de amálgama de que são feitas essas moedas que, por conseqüência, devem desprender uma corrente galvânica, o que me deu a idéia de ajustar um disco de zinco do mesmo tamanho sob a moeda que eu tinha em mãos. Fixei-a como antes, e senti que a ação era mais forte. Refletindo sobre a possibilidade de tirar partido dessa ação dos metais sobre o nervo óptico, pus-me a polir o melhor que pude meus dois discos, pensando que quanto mais brilhante ficasse o polimento mais *a descoberto deixaria os poros dos metais* e, conseqüentemente, eu conseguiria mais tubos."

Se quisermos ter visões servindo-nos do cristal, convém seguir os conselhos de Jean Trithème. Em seu tratado *La Magie et la Philosophie* [A magia e a filosofia], traduzido do latim por Sir Francis Barret F. R. C., Jean Trithème, para curar enfermidades, adquirir o Conhecimento transcendental e a Sabedoria, descobrir algum mal suscetível de afligir uma pessoa ou uma família, pede que o "servidor" pegue um anel e o pantáculo: "Colocareis o anel no dedo auricular de vossa mão direita, e pendurareis o Pantáculo ao redor do pescoço. Esse Pantáculo pode ser traçado num pergaminho virgem, sem nenhuma mancha ou sujeira, ou então gravado sobre uma placa *quadrada* de prata, e pendurado ao pescoço, pendendo por sobre o peito."

Eis, enfim, de acordo com o *Dragon rouge* [Dragão vermelho] ou a *Art de commander les esprits célestes* [Arte de comandar os espíritos celestes] (1521), o modo de fazer o "Espelho de Salomão":

"O modo de que se serviram os sábios Cabalistas para fazer o Espelho de Salomão, filho de Davi, que foi dotado da Sabedoria e Ciência oculta; esse Espelho é feito em quarenta e oito dias, começando por uma Lua nova até a Lua cheia seguinte, depois do qual tempo a dita obra está terminada.

"Vereis nesse Espelho todas as coisas ocultas que desejardes, em nome do Senhor. Primo, não cometereis nenhuma ação carnal, nem de pensamento, durante o dito tempo, fareis muitas Obras de piedade e de misericórdia.

"Tomai uma placa luzente e bem polida de aço, e escrevei sobre ela com sangue de pomba branca, nos quatro cantos, estes nomes: Jeová, Eloim, Mitraton, Adonai — e colocai o dito aço num pano bem limpo e branco e, quando perceberdes a Lua nova, e à primeira hora do Sol poente, aproximai-vos de uma janela e, contemplando o Sol e a Lua com devoção, dizei:

"*O Rex aeterne Deus, creator inefabilis qui cuncta ad hominis sanitatem mea gratia, et occulto judicio creasti respice me* (dizei aqui o vosso nome) *indignissimum servum tuum, et ad intentionen meam, et mitere mihi dignare Angelum enim Anael in speculum instud, qui mandet, et inspiret et jubeat cum sociis suis, et subditis nostri ut in nomine tuo qui fuisti, es, et eris potens, et jus jud, judicent mihi quoecum que ab illis exposcam.*"

"Tendes carvões novos feitos da madeira do loureiro e, acesos, lançai em três diversas vezes em cima perfume, e, ao lançá-lo, dizei: *in hoc, per hoc, et cum hoc quod effundo ante conspectum tuun, Deus meus trinus et unus benedictus, et Excelsus qui vides super Cherubim, et Seraphim et ventu-*

*rus es judicare saeculum per ignem.* Dizei isso três vezes, e depois de tê-lo dito, soprai outras tantas vezes sobre o Espelho, e dizei esta invocação:

" '*Veni Anael: veni et tibi complaceat esse per socios tuos mecum, in nomine Patris Potentissimi, in nomine Spiritus Sancti Amabilissimi.*

" '*Veni Anael in nomine Terribilis Jehova. Veni Aknael in virtute immortalis Eloim. Veni Anael in bracchio Omnipotentis Mitraton.*

" '*Veni Anael in potentia Sacratissimi Adonai, Veni ad me* (dizei aqui o vosso nome), *in speculo isto; et jubeat subditis tuis ut cum amore, gaudio, et pace ostendant mihi occulta in oculis meis. Amen.*' "

"Depois de ter dito e feito o que vem descrito acima, elevai os olhos para o Céu e dizei: '*Domine Deus omnipotens, cujus nutu omnia moventur, exaudi deprecationem meam, et desiderium meum tibi complaceat, respice Domine speculum istud, et benedic illi ut Anael unus ex subditis fuisse sistat in illo cum sociis et satisfaciat mihi famulo tuo* (dizei aqui o vosso nome), *qui vivis et regnas Benedictus et Excelsus, in soecula soeculorum. Amen.*'

"Uma vez ditas essas coisas, fazei o sinal da cruz sobre vós e sobre o Espelho, e isso fareis de tempos em tempos todos os dias, durante os quarenta e oito dias, no fim dos quais o Anjo Anael vos aparecerá, sob a figura de uma linda Criança, vos saudará e mandará a seus companheiros que vos obedeçam; notai que nem sempre são necessários quarenta e oito dias para fazer esse Espelho; muitas vezes ele aparece ao cabo de quarenta dias, de acordo com a intenção e a devoção do Operante; quando ele vos aparecer, perguntai-lhe o que desejardes, e rogai-lhe para que apareça todas as vezes que o chamardes, para atender vossos pedidos; depois disso, vereis tudo o que desejardes ver sem dizer as Orações precedentes: mas, tendo-o perfumado, dizei a seguinte:

" '*Veni Anael, Veni, tibi complaceat esse per socios tuos mecum, in nomine Patris Potentissimi, in nomine Filii Sapientissimi, in nomine Spiritus Sancti amabilissimi.*

" '*Veni Anael in virtute immortalis Eloim.*

" '*Veni Anael in bracchio omnipotentis Mistraton.*

" '*Veni Anael in potentia Sacratissimi Adonai, Veni ad me* (dizei aqui o vosso nome), *in speculo isto, et jubeas subditis tuis ut cum amore, gaudio, et pace ostendam mihi occulta in oculis meis, Amen, Amen, Amen*' e ele vos aparecerá e satisfará os vossos desejos."

Conseguiremos acaso tomar consciência de nós mesmos graças ao espelho? A menos que sejamos sábios, somos enganados por sua natureza; às vezes, podemos ultrapassar a ilusão. Mas que pensar da receptividade própria e íntima da alma? Não deveríamos nos lembrar da palavra de al-Junayd: "A cor da água é a cor de seu recipiente."

No gabinete de reflexão, a pessoa deve tomar conhecimento do *si*, de acordo com a terminologia da psicanálise ou da doutrina hindu, ou da

*Asseidade* ou *Ipseidade*, de acordo com a expressão súfica. Desse modo, ocorre identificação do espírito com o Sujeito divino. O sujeito relativo, o *ego*, torna-se Objeto em relação ao Sujeito universal. Sujeito e objeto podem ser considerados como os dois pólos de todo conhecimento. Na profunda revelação do Si, por um ato de desdobramento, nós nos integramos no Espírito Superior que se olha e se interroga; é o ser superior supremo que assim se contempla e analisa suas qualidades em função da manifestação.

Essa integração ultrapassa naturalmente toda ordem criada. O conhecimento divino abarca os arquétipos em seu estado de não-manifestação, em sua essência imutável. Desse modo, o conhecimento de si mesmo decorre do Si.

Ao procurar integrar-se no Divino, o homem toma consciência de si; ele se analisa e se olha. No espelho, ele vai além da contemplação de sua própria natureza para integrar-se na natureza Divina; mas ele não pode ver Deus. Ele vê, então, a sua própria forma, através da contemplação divina; mas o espelho lhe mostra uma imagem que já não é mais a sua. Num espelho material, não se considera mais o espelho, mas a forma refletida, sabendo-se que o reflexo só é devido ao espelho. Assim, o Ser Supremo representa o papel de espelho; ele é a Revelação, que permite que se tome consciência de si. A partir daí, o espelho não tem mais existência objetiva; contudo, ele continua indispensável, já que permite manifestar nosso próprio reflexo. De acordo com as teorias hindus, estamos aqui diante de uma "objeção ilusória", enquanto a Essência está além do sujeito, do objeto, na realidade, além de todo dualismo.

Ibn'Arabi, um dos grandes Mestres do Sufismo, escreveu: "Se saboreias isso (a saber, que o ser que contempla não vê jamais a própria Essência, mas sua própria 'forma no espelho da Essência'), saboreias o extremo limite que uma criatura pode atingir; não aspires, portanto, ao além e nem canses a tua alma para que ultrapasse esse degrau (de modo "objetivo"), pois não há aí, em princípio e em definitivo, mais do que uma pura não-existência." E Titus Burckhardt, que cita o grande pensador árabe, acrescenta: "O que não significa que a essência não possa ser conhecida." Pois Ibn'Arabi acrescenta: "Alguns dentre nós ignoram o conhecimento direto de Deus e citam a esse respeito a palavra do califa Abu Bekr: 'Compreender que é impossível conhecer o conhecimento é um conhecimento'; mas há entre nós alguém que conhece verdadeiramente e que não se expressa assim "porque seu conhecimento não implica nenhuma impossibilidade de conhecer; ele implica o inexprimível" (Ibn'Arabi, *A Sabedoria dos Profetas*, capítulo sobre Seth).

Titus Burckhardt lembra, aliás, que os sufis comparam o Universo a um conjunto de espelhos "nos quais a Essência divina se contempla sob múltiplas formas, ou que refletem em graus diversos a irradiação *(at-tajalli)* do Ser único; os espelhos simbolizam as possibilidades que a Essência *(adh-Dhât)* tem de se determinar Ela própria, possibilidades que ela comporta soberanamente em virtude de Sua infinitude *(Kamâh)*; é essa, pelo menos, a significação puramente principial dos espelhos, pois eles possuem também um sentido cosmológico, o das substâncias receptivas *(qawâbil)* em relação ao Ato puro *(al-Amr)*".

E Ibn'Arabi conclui: "Deus é, portanto, o espelho no qual tu te vês a ti mesmo, como tu és o Seu espelho no qual Ele contempla os Seus Nomes; ora, estes nada mais são do que Ele mesmo, de sorte que a analogia das relações é inversa."

# CAPÍTULO X

# Poder de Transfiguração

## *As tatuagens*

Os talismãs podem ser perdidos, expondo assim as pessoas a graves aborrecimentos, pois então o homem perde a cumplicidade de um elemento exterior que o colocava num quadro superior à sua condição inicial. Foi por isso que se pensou, naturalmente, em imprimi-los sobre si, em incorporá-los à própria identidade do indivíduo. Um dos meios mais seguros consiste em tatuá-lo sobre a própria pele. A imagem, feita com a ajuda de uma tinta indelével, tem os mesmos poderes que o talismã realizado sobre um suporte qualquer.

A tatuagem pode adquirir um poder fascinante, à imitação da máscara, sendo contudo esta última um suporte que pode ser tirado ou substituído de acordo com as circunstâncias. Com efeito, nota-se que, se o homem evolui, a tatuagem permanece sempre a mesma; ela é fixa. Ora, com o correr dos dias, outras qualidades podem ser desejadas. As marcas devem ser móveis. A máscara tem assim a vantagem de revestir de múltiplos modos o mesmo homem, sujeito a influências diversas em tempos diferentes.

Iahveh prescreve a tatuagem como um sinal de aliança (*Êxodo XIII*, 6) "para lembrar que Iahveh nos tirou do Egito com mão forte". De fato, nesse caso, a tatuagem é um sinal de reconhecimento; só os membros da tribo eleita podem receber esse sinal que, mais tarde, será proibido e, finalmente, substituído pela circuncisão. Assim, no *Levítico*, pode-se ler (XIX, 28): "Não fareis incisão em vossa carne por um morto e não imprimireis figuras sobre vós."

Heródoto escreve que, entre os trácios, a tatuagem era uma distinção honorífica, um sinal de reconhecimento. É sob esse aspecto que podemos considerá-la em tribos da África, da América ou ainda da Ásia.

Cada tribo arvora os mesmos sinais distintivos: os desenhos geométricos assustam o inimigo, fazem-no fugir, pois o clã leva ao mais alto ponto o sinal de sua potência e de sua aliança com seus deuses. A tatuagem tem o poder de fazer reconhecer, mas também de proteger e mesmo de agir sobre um meio.

Sem poder ingressar em todo o simbolismo da tatuagem, notemos que, na maioria das vezes, a operação só se realiza a partir de um verdadeiro rito, que permite colocar o homem portador do talismã sob uma influência determinada. A tatuagem é, assim, uma operação sagrada, que coloca o ser humano em comunicação com as forças superiores.

Quando o rosto e o corpo estão inteiramente tatuados, não há mais diferença entre a máscara e os ornamentos que a acompanham. A pele ornada torna-se impessoal; é um tecido, uma trama tratada de acordo com cânones mágicos bem definidos, seguindo essa criação plástica, rigorosamente, as leis harmônicas que governam o mundo. A tatuagem, como a máscara, possui a sua irradiação universal.

## *A máscara*

Usando a máscara, deixamos de ser o que somos para ficar parecidos com outra personalidade; graças a esse suporte, rouba-se o rosto de outrem, o rosto de um deus.

A máscara, que insufla uma nova energia, dá uma nova dimensão a quem a usa; há uma mudança na personalidade, uma transfiguração. O personagem real emerge num mundo de êxtase, um mundo sobrenatural, onde toma consciência de algo que o ultrapassa; transcendendo sua natureza, ele comete atos que, sem a máscara, não teria ousado realizar. Contudo, sua sinceridade não pode ser posta em causa.

A máscara, realidade completa e absoluta, é ao mesmo tempo uma tela que protege e um condensador das energias do ser. Graças a ela, o homem pode penetrar os valores cósmicos e mesmo integrar-se neles, pois a máscara é um elemento de metamorfose. Ela enriquece a energia individual; aquele que olha a máscara se submete, seja por estar maravilhado e fascinado, seja por estar aterrorizado.

Quando falamos em máscaras, pensamos naturalmente nas máscaras africanas, às vezes maravilhosamente estilizadas, mas cujo naturalismo podemos acentuar pela adjunção de cabelos humanos, de crinas, de fibras vegetais, de penas, de fios, com a representação de dentes feitos com fio de cobre ou de ferro, às vezes com um revestimento de pele de antílope. Elas são usadas particularmente pelos membros das associações masculinas *ekpo* (dos ibo), ou *Ekkpe* (Nigéria), *Ebongo* (Kuyn, no Congo). Graças a esses revestimentos, seus possuidores podem controlar a ordem social da tribo, manter ou aumentar a saúde do grupo.

De acordo com J. Delange, "as máscaras dogon, usadas pelos membros da sociedade dos homens, *Awa,* por ocasião das cerimônias fúnebres, são destinadas a afastar a alma do morto do mundo dos vivos; as que representam animais (a lebre, o antílope, o leão, o leopardo, o búfalo, o macaco, os pássaros...), os primeiros animais mortos, lembram que os Dogons foram caçadores antes de serem agricultores; elas comemoram a aliança entre os animais e seus primeiros ancestrais".

Às vezes as máscaras representam as escarificações que costumam ser feitas no rosto, no Yoruba (Nigéria) e no Benin. Algumas são de dupla face, com uma face negra, masculina, e uma face branca, feminina; ou de quatro faces, que olham para os quatro pontos cardeais (Tetela-Zaire).

Lembramos de uma forma especial as máscaras africanas, mas a máscara é, evidentemente, um fenômeno universal. Ela é encontrada em toda parte, na Polinésia, na América, até nos confins da Sibéria. Se no Norte da Ásia os Tchuktches usam máscaras para assustar as crianças, os Yukagirs servem-se delas durante os funerais para não serem reconhecidos pelas almas dos mortos. No Altai, e entre os goldos, quando o sacerdote-feiticeiro conduz a alma do morto, ele unge o rosto com fuligem; essa técnica permite que o homem se integre no mundo dos espíritos. Outras máscaras impressionam por sua riqueza propriamente deslumbrante: máscaras de ouro, na Bolívia, na Colômbia, no Peru (mas também em Micenas) que resplandecem na sombra do Santuário e brilham sob os raios do Sol que, em certas horas, inunda essas faces de um sorriso inefável. Lembramos de imediato os sacerdotes incas e egípcios, que polvilhavam com ouro o rosto a fim de conservar a atitude enigmática das estátuas.

Usar máscara significa também inventar para si mesmo um rosto, criando para si um outro ser, reflexo do rosto divino. Significa também fugir de si mesmo para se encarnar em outro personagem. Usar máscara implica a vontade de escapar da monotonia da vida, de aumentar a plenitude de seus poderes, de se identificar com outras forças. Pelo uso da máscara, energias naturais desconhecidas penetram no indivíduo, que tenta voltar a seu estado inicial primordial. Sua emoção, que é a sublimação de seus sentimentos, para tornar-se eterna, deve tomar uma expressão definitiva: de onde a rigidez da máscara, que nada mais manifesta do que um desejo de eternidade.

## *As roupas*

Quando o homem não usa mais a máscara, quando não quer mais se mutilar, se tatuar, ele conserva a necessidade de modificar sua personalidade interior escolhendo outro aspecto exterior. Da máscara, da tatuagem, ele conservará certo número de elementos que reencontraremos no uso de disfarces e de vestimentas.

Assim, o homem usa ungüentos, pinturas, que passam por serem dotadas de uma virtude mágica. Ele pode dar-se um ar ameaçador (pois é preciso espantar tanto seus inimigos como as divindades malfazejas). O conjunto será reforçado pelo vigor de certas cores. Na África, usa-se para esse fim o pó vermelho proveniente da madeira de Pterocarpus; essa cor associa-se muitas vezes a um fundo branco, com desenhos em preto. Da mesma forma, as roupas bordadas incorporam sinais de proteção.

Mas o uso de vestimentas permite, sobretudo ao homem, mudar de natureza. É o que acontece em *Pele de Asno,* e em muitos outros contos. O símbolo de roupas de pele de animal aparece, aliás, no Gênesis (III, 21): "E Deus fez para o Homem e para a Mulher roupas de peles com as quais os vestiu." Miss Frère lembra um conto hindu, no qual uma jovem veste a pele de um mendigo. Na África, por ocasião das cerimônias de iniciação, os membros da tribo se vestem geralmente de peles de animais ou usam máscaras de animais.

Mostramos, em *Le Sacre des Rois* [A sagração dos reis], o simbolismo das três vestimentas de que se revestia o rei por ocasião de sua coroação: a túnica, a dalmática e o manto, três vestes sacerdotais das ordens de subdiácono e de sacerdote. O manto, para René Gilles, proporcionava "ao príncipe as forças necessárias ao exercício de suas funções".[1] Aliás, esse autor faz a esse respeito uma comparação com a "malha-sudário de Osíris com a qual se revestia o iniciado egípcio que alcançava o último estágio de seus estudos".

O manto do rei era constelado de estrelas, pois o caráter divino do monarca identifica-se com a força cósmica. Sobre a cor púrpura, quase negra, desse manto, que é o reflexo da noite, espalham-se estrelas, abelhas — emblemas do Sol — e, depois, lírios. Esses tecidos são feitos com fios de ouro, que reproduzem o brilho das estrelas; é verossímil que a divisão desses motivos tenha sido feita, primeiro, segundo a disposição do Zodíaco, a fim de situar o rei sob a mais benéfica das influências. Ateneu, ao descrever a clâmide real de Demétrio Poliorcetes, o filho de Antígone, precisa: "Para a cor do tecido, ele havia adotado um matiz muito apreciado então, chamado *orphinon,* uma espécie de púrpura quase negra com reflexos quentes. Sobre esse fundo, como sobre um céu noturno, o tecido era semeado de estrelas de ouro e desenhado com os sinais do Zodíaco... Era da própria imagem do céu que o rei estava revestido."

1 René Gilles, *Le Symbolisme dans l'art religieux* [O simbolismo na arte religiosa].

*Os tapetes*

O mesmo simbolismo talismânico está inerente nos tapetes, um conjunto bordado que influi, não mais sobre o indivíduo, mas sobre o conjunto de uma coletividade. Esse rico motivo de ornamentação permite que o espírito se fixe, se prenda nos entrelaçamentos que geram o sonho. Os desenhos e figuras usados eram os da tribo e serviam de defesa contra os seres perigosos; muitas vezes um defeito no tecido permitia que afastasse o mau-olhado; mas se esse tecido atingia a perfeição, poderia atrair a desgraça; não se deve rivalizar com a obra de Alá, a única perfeita.

Atualmente, tanto as roupas como os tapetes conservam apenas os motivos decorativos; ficou esquecido esse cunho mágico que queria incorporar uma força a um indivíduo ou a um clã. Tatuagem, máscaras, roupas, tecidos, todos têm a mesma finalidade: transformar a pessoa, fazê-la participar dos valores cósmicos, a fim de que o clã, a tribo, se beneficiem de poderes excepcionais.

# CAPÍTULO XI

# Magia Encantatória

## *O poder da voz*

Falamos a respeito da tradição que consiste em repetir a mesma frase na presença de um talismã, a fim de carregá-lo de uma força complementar. Salmodiam-se, assim, palavras mais ou menos obscuras, mas cujo ritmo deve ter um poder de encantamento. A oração cristã, os rituais praticados — pensamos também nos rituais das sociedades iniciáticas, principalmente nos da franco-maçonaria anglo-saxônica —, a cadência dos versículos levam a situar o indivíduo numa atmosfera bem determinada.

A fim de tornar favorável a natureza, o espírito dos deuses, o homem procura agradar à divindade e canta seus louvores. O canto mágico, com suas fórmulas moduladas, encanta aquele que poderia ser hostil e que representa uma força temível. Mais tarde, essa força de sedução, essa imploração, toma o aspecto de uma verdadeira injunção; o homem, graças ao canto, ao poder das palavras, não suplica mais, ordena.

Mas para que o processo seja eficaz é preciso ainda que o canto seja modulado de acordo com regras precisas. Maspero notou que, "moduladas de acordo com regras, as palavras não ficavam imateriais ao sair da boca do mago; elas se transformavam, por assim dizer, em substâncias tangíveis, em corpos animados, eles próprios, de vida e de virtudes criadoras".

O canto deve ser projetado para os quatro pontos cardeais. Ele deve também adaptar-se a certos ritmos, ficar fiel a certas minorias, não usar senão palavras reconhecidas por seu valor mágico, às vezes aparentemente desprovidas de sentido mas exercendo de fato uma ação determinante. Quer se trate de uma palavra inteligível ou não, é preciso repeti-la exatamente, pronunciá-la rigorosamente, com a entonação prescrita. O rito não pode ser modificado, pois a magia encantatória perderia todo o seu poder. Os sacerdotes de todas as religiões exercitam-se, assim, a cantar com rigor, de acordo com os costumes mais antigos, sem poder modificar nem o texto, nem a entonação, nem o ritmo.

Em todos os contos e lendas, descobrimos felizes possuidores de talismãs que chegam ao termo de suas longas buscas aventurosas; mas, no momento de pronunciar as últimas palavras, a palavra-chave, eles se perturbam, esquecem a fórmula, repetem-na de um modo diferente e são castigados. Não podemos citar todos esses contos, mas muitos exemplos figuram nas *Mil e Uma Noites*. Todas essas histórias têm o mesmo significado: o segredo só pode ser revelado a quem é digno dele, isto é, a quem sabe permanecer fiel aos ritos até o fim.

A medicina medieval, aliás, usava a força talismânica da voz para conjurar o mal. E pensamos aqui, muito naturalmente, na fisiologia da voz tal como a concebem as teorias tântricas. Eis o que escreve Louis Chochod a esse respeito:

"Se se pode resumir o ensinamento tântrico a esse respeito, o som externo da voz nasce no centro secreto do homem, sob a forma de essência do som e passa por três fases vibratórias antes de se tornar audível: *parâ, pashyantî* e *madhyamâ*. Emitido sob uma forma sutil, o som torna-se uma das quarenta e seis letras do alfabeto sânscrito, diferenciação, na forma, de uma energia de origem informal. Notemos imediatamente que o som fundamental humano é o grande mantra hindu Om, o Pranava."

## *O nome*

Pronunciar o nome de uma pessoa é um ato mágico, pois o nome próprio caracteriza aquele que o leva; a indicação patronímica revela a constituição do ser, sua profunda individualidade, porque Deus, a fim de caracterizar cada ser, cada alma, teve de lhe dar uma marca particular; portanto, ele a "nomeou" em função de seu aspecto físico, ou para caracterizar um traço moral; é por isso que muitos nomes nada mais são do que sobrenomes (no campo, o sobrenome muitas vezes é mais importante do que o nome, que só é lembrado nos documentos oficiais).

O nome de Deus, pelo contrário, é impronunciável, porque mediante essa evocação, poderíamos constranger a Divindade. Por isso, na maioria das religiões, o nome de Deus é um nome substituído; não se conhece o verdadeiro Nome, nem se conhece a sua verdadeira pronúncia. Às vezes, só o sacerdote está autorizado a pronunciá-lo, em condições muito particulares.

À maneira dos deuses antigos que possuem muitos nomes, na China, na Índia, cada homem tem dois nomes: um habitual, o outro secreto, que só é conhecido pelos parentes. Ao revelar esse nome, a pessoa torna-se presa do demônio e de seus malefícios. É o caso de Sinbad, o marujo que, encantado pelos sons das músicas celestes, pronuncia *o Nome*. E. Langton relata, a esse respeito, uma espantosa fórmula que, eliminando sucessivamente as letras do nome da pessoa, expulsa definitivamente o demônio. Eis o que esse autor escreve: "Antes de beber à noite, e para se preservar do demônio que faz perder a visão, deve-se bater sobre a tampa da jarra que contém a água e dizer em voz baixa: "Tu, Fulano filho de Fulano (recitando-o ele mesmo), tua mãe bem que te advertiu e te disse: 'Guarda-te de Shabriri, Briri, Iri, Ri, I. Tenho sede de uma taça branca'."

Muitos deuses, muitos heróis são obrigados a responder a perguntas porque os homens souberam pronunciar seu nome verdadeiro. No entanto, é preciso deixar a possibilidade aos humanos de poder encontrar o Nome. Se este só é comunicado a alguns raros eleitos, os únicos que têm o privilégio de conhecer os segredos — os sacerdotes, os iniciados — permite-se, contudo, que alguns homens colocados no caminho do conhecimento aprendam o Nome. Encontram-se assim, na base do Nome, jogos de palavras que às vezes podem parecer-nos muito elementares: rebus, calemburgos, etc., que só se podem compreender na língua original. "E preciso, diz Orígenes, pronunciar os nomes sagrados em sua língua original, pois é o som em si que opera, enquanto a tradução é inoperante e inútil." Reencontra-se, assim, o poder da palavra, do som. Na realidade, reencontra-se o poder do sopro que, em cada religião, permite a criação do mundo. De acordo com a Gênese hebraica, Iahveh, ou Elohim, dá nome a todas as coisas a fim de que tomem vida. Os animais formados do limo da terra, e aos quais se comunica o sopro — e, portanto, a quem se dá uma alma vivente — são contudo nomeados por Adão. Da mesma forma, nos ritos iniciáticos, só o Mestre é nomeado pela autoridade superior, pelas Entidades; depois, o eleito, o escolhido, apresenta os que o devem auxiliar, *nomeia-os*. Temos um caso surpreendente na ordem maçônica, na qual o presidente de uma loja é reconhecido e instalado por um conselho da ordem; dá-se a seguir todo o poder ao Venerável para nomear e instalar sozinho os membros de seu *bureau*.

Essa é a origem do verdadeiro tabu do nome. Graças a esse nome, Deus e Adão dominam o animal, e o escravizam de acordo com suas vontades. Vimos, assim, que só o iniciado, o grande sacerdote podia pronunciar esses nomes verdadeiros, e ainda assim sob certas condições, em momentos determinados, em lugares precisos. Por exemplo, a palavra só poderá ser revelada em dia de jejum, no santuário.

Um reflexo dessa tradição encontra-se no cristianismo, onde o uso talismânico do prenome está ligado ao culto dos santos. Montaigne e

Balzac ficaram intrigados com a repetição dos mesmos prenomes em certas épocas, sem levar em conta qualquer problema de moda. A. de Rochetal estabeleceu, assim, curiosos paralelos entre os prenomes que caracterizariam evoluções sociais. Seu estranho tratado, publicado em 1908, tem como título *Le Caractère par le prénom: l'onomatologie* [O caráter pelo prenome: a onomatologia]. Segundo esse autor, o prenome dado à criança agirá, desde o seu nascimento, sobre o seu caráter. Porque o sujeito usa um prenome escolhido pelos pais, estará sujeito aos gostos, paixões, defeitos ou qualidades próprias da categoria na qual foi introduzido. Parece arbitrário fazer entrar todas as pessoas de nome João, Pedro, Carlos num único molde. Contudo, os exemplos dados por A. de Rochetal são desconcertantes.

Nas sociedades iniciáticas, depois dessa espécie de batismo superior, durante o qual o homem morre para a vida profana para renascer iniciado e revestido de novos poderes que lhe permitem considerar-se instaurado numa vida mais perfeita, o homem muda de nome. Dessa maneira, mostra que abandona toda a sua vida passada, servindo o novo nome para caracterizar seu novo estado. O exemplo mais impressionante é o do grau de companheiro.

No ritual, figura esta pergunta:

"Meu patrício, que pensais dos trajes com que vos apresentais diante de nós e por que vos tiraram as vossas jóias, dinheiro e roupas?"

Ao que ele responde:

"Meu patrício, isto é o símbolo de uma vida nova. Pois ides receber um novo nome, que será santificado e purificado pela água e pelo fogo. Ides criar para vós uma nova família. Estais entrando num mundo novo. Para nós, sois um recém-nascido, que faz seu ingresso entre nós, despojado de todas as coisas inventadas pelo orgulho humano e que deixais à porta deste templo, pois Deus, ao nos criar, nos fez iguais, e o ouro, as jóias e as roupas muitas vezes só servem para esconder nossos vícios, e o bom coração do homem jamais deve ser julgado por seus adornos ou pelo seu exterior, mas por suas ações."

Esse nome novo marca justamente uma mudança de estado. Ele designará o homem por uma qualidade escolhida: *o Amigo-do-traço* será aquele que tiver revelado sua competência no desenho; *a Chave-dos-corações* será um companheiro reconhecido por seu espírito de fraternidade. Encontramos, assim: *A Sinceridade, Parisiense-o-Corajoso, a Fidelidade de Argenteuil, Avinhonês a Virtude* (nome de Agricol Perdiguier na associação de obreiros). Notemos que, entre os talhadores de pedra, o nome recebido é colocado na frente do lugar de nascimento, enquanto que os Gavots, marceneiros e carpinteiros colocam o nome do lugar antes do sobrenome (*Nantais-la-belle-conduite*). Para um marceneiro do

Devoir (Maître Jacques) o verdadeiro prenome é seguido da indicação do lugar: *Louis-de-Charolais*.

Essa mudança de nome, que mostra que o homem está regenerado, é encontrada em outras circunstâncias. Assim a religiosa, antes de pronunciar os votos, é colocada num caixão: cortam-lhe os cabelos; ela recebe então um nome novo, abandonando sua vida passada. Por ocasião de sua sagração, o príncipe escolhe um novo nome para se tornar, não apenas o representante de seu povo, mas também o Ungido do Senhor. Da mesma forma, o papa, escolhido entre os bispos, morre para sua vida de outrora graças a ritos apropriados; ele é elevado às suas novas funções adotando um nome novo.

Adotar um novo nome significa, assim, em todos os casos em que se muda de estado, que se dá ingresso a uma nova forma de existência. O nome aparece portanto como que dotado de um poder de determinação, de consagração, de investidura. Ele é mais do que um sinal. É uma força em si, um *talismã*, no sentido mais exato da palavra.

# CAPÍTULO XII

# Valor Talismânico dos Perfumes

## *Influências astrais*

Há muito tempo que os homens estabeleceram correspondências entre os signos planetários e os perfumes, entre as pedras, os metais e os odores. Os perfumes colocam a pessoa sob uma proteção sutil, razão pela qual podemos afirmar que o odor se transforma num talismã particular. Esse o motivo por que o perfume deve provir de uma planta natural; ele não pode ser substituído por produtos sintéticos. Lembremo-nos de que durante muito tempo só os sacerdotes tinham o privilégio de fabricar esses aromas apreciados pelos deuses e que afastavam igualmente os maus espíritos. Mas esses perfumes oferecidos às divindades exigiam preparações minuciosas, que duravam vários meses; queimavam-nos depois sobre os altares, enchiam com eles as lâmpadas, em cerimônias acompanhadas pela récita de fórmulas rituais. Na liturgia religiosa cristã sempre se usa o incenso, que favorece o reco himento e o êxtase.

Depois de J. B. de Porta, Papus descreveu o valor talismânico dos perfumes em seu *Traité méthodique de magie pratique* [Tratado Metódico de Magia Prática]. Mas é talvez a Lenain que devemos o estudo mais pormenorizado a esse respeito (*Science cabalistique,* 1909[1]).

Citemos primeiro um trecho do texto de Lenain, que se refere principalmente à doutrina da Agripa:

"Todos os filósofos estão de acordo em dizer que, em certas cir-

1 Pode-se consultar, também, M. de Ravisson, *Les Parfums magiques* [Os perfumes mágicos], Bibliothèque Eudiaque, Durville.

cunstâncias, o homem pode obter de Deus uma força superior para comandar as inteligências e fazer-se obedecer pelo uso de evocações; eles pretendem que devemos nos preparar de certo modo, que é preciso observar as influências favoráveis, tanto mais que os segredos da Astrologia cabalística são os segredos das religiões.

"Agripa relata três maneiras de evocar os gênios: a primeira é natural; faz-se por meio dos mistos com os quais eles simpatizam; a segunda é feita pelos astros, quando suas influências são favoráveis; a terceira é divina: é feita com a ajuda de Deus, dos nomes divinos e das cerimônias sagradas.

"Além disso, há fumigações que têm muita força para atrair os gênios, que os filósofos modernos chamam de agentes invisíveis, e há outras para afastar os maus; é preciso conhecê-los, saber misturá-los e servir-se deles com propriedade.

"Eis a composição dos perfumes que correspondem aos planetas, aos elementos e aos *sete dias da semana,* de acordo com a doutrina de Agripa.

*"Perfume do Sol, correspondente ao domingo e ao elemento do Fogo*

"Tomai a quarta parte de uma onça de cada uma das drogas seguintes, a saber:

"Açafrão, madeira de bálsamo, semente de loureiro, aloés, goivo, mirra e incenso; acrescentai três grãos de musa e três grãos de âmbar cinzento; todas essas coisas devem estar em pó, amalgamadas com o sangue de um galo branco ou então com água-de-rosas, na qual colocareis goma adraganta; em seguida, fareis com essa massa grãos em forma de pílulas, para vos servirdes deles na ocasião em que estiverem bem secos, lançando-os três a três sobre carvões ardentes.

*"Perfume da Lua, correspondente à segunda-feira e à Terra*

"Tomai a cabeça de uma rã, fazeia-a secar junto com o olho de um touro; em seguida, tomai uma parte igual de semente de dormideira-branca, incenso, cânfora, estóraque, benjoim ou olíbano; misturai essas drogas com o sangue de uma pata jovem ou de uma rola; formareis com isso uma pasta, com a qual fareis pequenos grãos de que vos servireis de acordo com a necessidade; não colocareis mais do que três ao mesmo tempo sobre carvões ardentes, e observareis o mesmo quanto aos outros.

*"Perfume de Marte, correspondente à terça-feira e ao elemento do Fogo*

"Tomai uma parte igual das seguintes drogas, a saber: enxofre, armânia, eufórbia, com a raiz de dois eléboros, e um pedaço de madeira negra de uma árvore chamada bdellium; misturai tudo com o sangue e o cerebelo de um corvo, ou de um gato negro; depois, fazei com isso pequenos grãos.

"*Perfume de Mercúrio, correspondente à quarta-feira e à Água*

"É feito de almácega, incenso, madeira de aloés, bom estóraque e benjoim; acrescentam-se goivos, qüinqüefólio, pó de pedra de ágata; é preciso misturar tudo isso com o cérebro de uma raposa, ou de um cervo, e sangue de pega; em seguida, fazei com isso pequenos grãos.

"*Perfume de Júpiter, correspondente à quinta-feira e ao Ar*

"É feito com o grão de freixo, madeira de aloés, estóraque e pó de pedra azul; acrescentam-se pontas de penas de pavão, o pássaro sagrado de Juno, mulher de Júpiter: todas essas drogas devem ser reduzidas a pó: é preciso misturá-las com sangue de andorinha, ou de cegonha.

"*Perfume de Vênus, correspondente à sexta-feira e ao Ar*

"É feito com musgo, âmbar cinzento, madeira de aloés, rosas secas e coral vermelho; pulverizai todas essas drogas; acrescentai-lhes dois ou três cérebros de passarinhos, e misturai tudo com sangue de rola, ou de pombo.

"*Perfume de Saturno, correspondente ao sábado e à Água*

"É feito com semente de dormideira-negra, semente de meimendro, de mirra, e raiz de mandrágora; acrescentai-lhe pó de pedra-ímã, se o tiverdes, e misturai tudo com o sangue de um gato preto; fazei com isso pequenos grãos, para deles vos servirdes quando necessário.

"Todos os perfumes devem ser feitos num pequeno fogareiro de terra nova com a forma de um triângulo. Esse fogo deve ser feito com madeira de loureiro, ou de aveleira; é preciso que tudo o que empregardes, a saber: as drogas, a madeira, a isca, o acendedor e a vela sejam novos, e que não tenham servido para nenhum uso profano; é por esse motivo que vós mesmos deveis arranjá-los. É preciso, além do mais, que o fogo seja novo, pois os perfumes do dia devem ser iluminados pelos raios do Sol; é preciso concentrá-los com um vidro ardente e, durante a noite, vós vos servireis de um seixo, que seja bom para esse uso, que apanhareis vós mesmos num campo; é assim que todos os que são iniciados em alguns ritos místicos queimam perfumes em honra de todos os agentes da natureza.

"Eis o que o autor da *Thréicie* nos ensina a esse respeito: 'Mas nem o dia deixa de ter a sua observância: começareis por fazer sacrifícios ou libações aos deuses, e não ireis repousar em vosso leito dos cuidados do dia antes de oferecê-los mais ainda; oferecer-lhes-eis perfumes, e cada casa terá para isso um incensório, que vos atestará continuamente a presença dos deuses'. E em outro local ele diz, falando dos deuses que influem sobre os elementos e sobre a terra, o que se segue: 'Não fareis viagem alguma sem fazerdes, ao partir e ao voltar, os sacrifícios viáticos. Dependeis em tudo dos deuses; nada podeis por vós mesmos neste mundo infeliz; nem sequer vosso pensamento é vosso; em todas as ocasiões da vida, sacrificareis aos deuses; vós os invocareis, sejam elas de dor ou de prazer; nem arribareis a um país sem invocar o gênio do lugar e todos os deuses que o presidem; quando virdes uma cidade, rogareis a seus deuses tutelares que vos sejam propícios, assim como aos que a habitam; não vereis uma floresta sem adorar os faunos e as ninfas que a habitam, não vereis uma planície, uma montanha sem adorar os deuses que as presidem. A terra está no céu: os filósofos me entenderão bem; mas, quanto aos filosofistas, esses não me entenderão: mas não é a eles que falo. Não danificareis nem os poços, nem as fontes; não maculareis os elementos; não destruireis nenhuma árvore frutífera, e só abatereis as outras por necessidade, de medo de deformar a natureza que habitais, pois fazeis parte de uma unidade; o fogo de vossa casa será sagrado para vós: ele é o vosso altar doméstico; é lá que reside a força de Vesta e de vossos deuses tutelares; guardai-vos de cometer qualquer indecência em vosso lar, pois os deuses vos castigariam: *Toma tento para não levantares indecentemente as vestes diante do teu lar,* diz Hesíodo, *pois é aí que os deuses residem;* é aí que fareis os sacrifícios e as libações de vossa família. O que existe de mais santo, de mais impregnado de religião, diz Cícero, do que a casa do cidadão? Lá estão os altares, os fogos, os deuses penates; lá estão contidas as coisas sagradas da família, as religiões, as cerimônias. Se eu não vos dissesse que eu vos dou a religião que é emanada do seio da Divindade, eu vos diria: Eu vos dou a religião dos heróis. Eu me lanço para fora do leito, diz Enéias, e, dando um grito de alegria, estendo as mãos suplicantes para o céu; *lanço ao fogo presentes puros,* intemerata dona, *e, alegre por me ter desincumbido desse dever, vou anunciar a meu pai a visão dos deuses...'* E alhures: 'Dizendo isso, ele acende os fogos cobertos na lareira; *sapitos ignes* não quer dizer fogos extintos, caso contrário seria preciso acendê-los outra vez: ele desperta os lares de Pérgamo, o santuário da casta Vesta; aí ele faz um sacrifício de farinha pura e, enchendo de perfumes um incensório, faz evolar o incenso em honra dos deuses: é esse incensório que eu digo que cada casa devia ter para esse uso; é aí que exercereis todos os vossos ritos, à espera de que a verdade tenha templos públicos..."

"Não fareis nenhuma adoração, nenhuma invocação, nenhum sacrifício sem vos terdes purificado, lavando o corpo ou, pelo menos, as mãos; a religião é a expressão daquilo que é, e esses atos são símbolos que exprimem os atos invisíveis e que os operam. *Sem vos terdes lavado as mãos,* diz ainda Hesíodo, *não oferecereis pela manhã vinho a Júpiter nem a todos os outros deuses; eles não ouviriam as vossas preces.* Se a água vos falta, vós vos purificareis ao fogo; se não tiverdes nem água, nem fogo, vós vos purificareis ao ar, pedindo que a água, que tudo leva, carregue a vossa sujeira. Na água em que vos lavardes, colocareis o sal da sabedoria que a santificará; santificareis a mesa pela aposição do sal; não omitireis o sal em nenhum de vossos sacrifícios. Para adorar, vós vos apresentareis primeiro diante dos deuses, voltados, pela manhã, para o lado do oriente, ao meio-dia e à noite, para o lado do meio-dia e do poente; lá estão o coração do mundo e o fogo: é assim que Dejanira, em Sófocles, enviando a seu esposo, Hércules, a túnica que deveria ser tão funesta para ele, diz que ele se apresentará diante dos deuses com aquele hábito; levareis depois a mão direita, que é a mão da força, com o polegar apoiado sobre o índex, que a designa, à vossa boca, pois é o vosso verbo que deve adorar o verbo dos deuses e falar-lhes a sua linguagem, *ab ore orare;* depois vós vos prosternareis diante deles; depois dareis uma volta, traçando um círculo: os romanos rodavam da direita para a esquerda; os celtas, vossos ancestrais, ó europeus! rodavam da esquerda para a direita; eu vos diria: escolhei; mas vistes que são os ritos romanos que deveis seguir; nada mais sois do que desmembramentos do Império Romano; assim vereis todos os deuses e sereis vistos por eles; e vos sentareis a seguir em seu repouso e em sua unidade: grande deusa, creio que não estou divulgando os vossos mistérios ao dizer essas coisas; e, quer ofereçais perfumes, quer as partes da vítima que deveis queimar, que são as gorduras e os intestinos, vós as agitareis em cruz do oriente para o ocidente, do meio-dia para o setentrião; traçareis uma cruz pela qual tudo se faz, a cruz que é o símbolo do poder dos deuses, da vida futura e eterna, a cruz na capacidade do círculo fazendo quatro ângulos retos; é o que os antigos chamavam de *ferctum obmovere.*

"Resulta daí que a religião dos magos é a expressão e a adoração de tudo o que é, de acordo com a inscrição de Ísis: *Eu sou tudo o que é, e ninguém ainda pôde levantar o véu que me cobre...*"

## Uso tradicional dos perfumes

Os Antigos usaram plantas odoríferas no estado natural; eles queimavam genebra, rosmaninho, absinto e, sem dúvida ainda, mais incenso, que facilita a adivinhação. Na Índia, depois da mirra, bálsamo incorruptível, o basilisco é mais especialmente consagrado a Vichnu, porque protege da febre amarela; acrescentamos que ele também afasta os mosquitos que veiculam essa infecção. Santini de Riols, num livro de título promissor *(Les Perfums magiques, odeurs, onctions, fumigations, exhalaisons en usage chez les anciens, dans les cérémonies magiques)* [Os perfumes mágicos, cheiros, unções, fumigações, exalações em uso entre os antigos, nos Templos, nas cerimônias mágicas], editado em 1903, tratou detidamente desta questão.

Os perfumes foram muito usados pelos egípcios. Fora os textos escritos que conseguiram chegar até nós, os estudos das técnicas de embalsamamento que eles usavam falam bastante sobre a sua ciência nesse ramo. Os perfumes eram conservados junto do morto, em vasos de terracota, assim como o leite, o vinho e o mel; o morto era ungido com incenso e aromas; aliás essas fumigações rituais foram conservadas durante muito tempo nos ritos da Igreja cristã.

Por sua vez, os vivos se serviam desses produtos por ocasião da toalete e para incrementar a atmosfera dos festins. Pretende-se que Cleópatra inpregnava-se de âmbar, o que chegou a perturbar Marco Antônio. Fala-se, também, no poder de sedução do óleo de cedro, mas a salva e o rosmaninho agiam igualmente sobre a energia vital.

A rosa, sem dúvida, tem um lugar de destaque na hierarquia das plantas odoríferas. Grande número de receitas próprias para conservar a saúde, para conservar o frescor da pele são extraídas dessa flor tão delicada. Para Ateneu, o perfume da rosa "tira o peso da cabeça provocado pelos vapores do vinho". Os romanos, ao sair da sala de banhos, faziam-se secar e perfumar a pele com óleos perfumados com rosa *(rhodinum)*, mas também com lírio *(lirinum)*, e lavanda.

Hipócrates fazia queimar ervas aromáticas nas ruas de Atenas a fim de conjurar as epidemias. Diana de Poitiers usava cosméticos preparados por Paracelso, e Cagliostro teria fabricado remédios à base de aromas. Pois esses perfumes são verdadeiros filtros, que revigoram o corpo e despertam o psiquismo; essas propriedades naturais são esquecidas por nossa civilização; no entanto, é sabido que o comportamento do indivíduo modifica-se ao contacto com um perfume.

O perfume, bem-entendido, exige que seja usado em doses bem determinadas. Só a esse preço é que o homem encontrará o equilíbrio e o brilho interior que procura. A esse respeito, podemos consultar várias obras de autoria de médicos, embora esses tratados continuem a ser muito tímidos.

Nisso, ainda, talvez os poetas tenham sido os que melhor souberam evocar o estranho poder desses aromas sutis. A esse propósito, basta citar Baudelaire:

*Il est des parfums frais comme des chairs d'enfants*
*Doux comme les hautbois, verts comme les prairies,*
*Et d'autres corrompus, riches et triomphants,*
*Ayant l'expansion des choses infinies,*
*Comme l'ambre, le musc, le benjoin et l'encens*
*Qui chantent les transports de l'esprit et des sens.*

[Há perfumes frescos como carnes de crianças
Doces como os oboés, verdes como os prados,
E outros corrompidos, ricos e triunfantes,
Tendo a expansão das coisas infinitas,

Como o âmbar, o almíscar, o benjoim, e o incenso
Que cantam os transportes da mente e dos sentidos.]

Mas seria preciso também falar do olfato, das mucosas tão sensíveis de nosso aparelho olfativo. Deveríamos, talvez, nos interessar pelo nariz, proeminência que só se torna estética porque temos hábito de vê-la todos os dias; mas esse nariz pode ser o de Cleópatra ou o de Cirano. Em todo caso, é ele que dá expressão à fisionomia. Mas não podemos desenvolver essa análise, que nos levaria além de nosso assunto (embora cada parte do corpo humano possa ser considerada como um talismã). Conviria, enfim, sublinhar que a fineza do olfato é mais desenvolvida entre certos animais (cães, gatos) e que, de um modo geral, quanto mais "civilizado" o homem, menos ele conserva sua sensibilidade para os perfumes e todos os odores.

Valentin Bresle, em *Les Parfumes et leurs influences magiques* [Os perfumes e suas influências mágicas], cita Mantegazza que, em sua obra sobre a fisiologia do amor, escrevia: "Fazei com que a mulher sinta o perfume da mais casta das flores de predileção e ela fechará os olhos, respirará profundamente e, se for muito sensível, tremerá com todo o seu corpo, mostrando assim um estado íntimo que ela jamais mostrará em outras circunstâncias, salvo, talvez, a seu amante."

E Valentin Bresle acrescenta: "Assim um buquê bem arrumado, além de seu valor simbólico (ou linguagem das flores) e de seu valor estético visual, possui pelo odor um potencial mágico e sensual muito real." E nosso autor chama a atenção dos leitores para "a *força psíquica*, assim para o *valor mágico* das percepções olfativas, cujo valor é considerável, embora, segundo penso, na maioria das vezes, desconhecido [...]. Um odor, um perfume, ou melhor, uma associação de odores e de perfumes, pode tocar os centros da imaginação e, assim, sua influência pode ser considerável, não só sobre a sensibilidade como sobre a mentalidade dos poetas, dos artistas, dos amantes ou, mais simplesmente, dos seres humanos que podem ou não ser classificados numa ou noutra dessas três categorias [...]. Um perfume ou uma harmonia de odores pode agir sobre um indivíduo como uma impressão de cristalização stendhaliana".

Talvez, como o sugere Valentin Bresle, pudéssemos pensar que o perfume tem uma relação com a cor que lhe serve de suporte. Da mesma forma, a qualidade do suporte pode ter uma influência sobre o perfume que, por exemplo, derramado sobre o couro, não terá o mesmo odor que sobre o linho.

Mas não existem somente odores sensuais; há também os odores místicos, e Valentin Bresle menciona os exemplos de Santa Teresa de Ávila, de Santo Estêvão de Muret, da bem-aventurada Cristina de

Stommeln, de São Filipe de Néri, de Inês de Langeac, cujas santas pessoas exalavam os perfumes mais finos.

Poderíamos também evocar o cheiro doce e perfumado do Santo Crisma descido do céu, trazido pela Pomba por ocasião do batismo de Clóvis. Entre os emblemas da realeza francesa — filha mais velha da Igreja Católica Romana —, o lírio perfumado continua, aliás, a ser, para Ângelo de Gubernatis, o emblema da geração, ao lado do lótus; é preciso repetir o que dissemos acerca de seu perfume afrodisíaco, uma mistura de mel e de pimenta (não nos esqueçamos de que o lírio heráldico, muito provavelmente, tem um valor fálico). Dissemos que o rei, por ocasião de sua sagração, era ungido com óleo sagrado; essas marcas perfumadas, feitas em lugares precisos, dão ao soberano força, consagram-no. Também os sacerdotes de Júpiter eram consagrados com óleo sagrado; Alexandre unge com óleo a coluna colocada sobre o túmulo de Aquiles quando ele oferece um sacrifício a Minerva no templo de Ílion. Esfregar com óleo as colunas, como quando Jacó levantou a pedra no lugar de seu sonho, ou esfregar com óleo as estátuas é um culto, uma homenagem, pois na pedra a divindade tem a sua sede.

Esse óleo perfumado, presente dos deuses, mitiga as fadigas humanas; a extrema-unção procura garantir a alma do agonizante e pode ser comparada, assim, por seu simbolismo, à figura mística do embalsamamento; essa marca purifica a alma. Esse bálsamo, muitas vezes feito à base de aloés e de mirra, regenera espiritualmente, como um germe fecundante. Lembremo-nos, enfim, que, dentro do mesmo espírito, os atletas romanos esfregavam-se com óleo antes de entrar na liça.

Sempre se estabeleceram correspondências entre a ciência mística dos perfumes e as das cores e dos sons. Por isso, muito autores organizaram tabelas de analogia entre os elementos, os planetas, os signos do Zodíaco, os vinte e dois arcanos maiores do Tarô. As cores, como os perfumes, têm influências muito fortes sobre o comportamento humano. Elas têm suas correspondências zodiacais e planetárias; usando nas roupas as cores de seu signo de nascimento ou de seu planeta, acrescentando-lhes perfumes apropriados, colocamo-nos sob os auspícios mais favoráveis.

Eis um breve quadro dessas "correspondências":

| | | |
|---|---|---|
| Carneiro | Vermelho.............. | Odores queimados, resinosos, de especiarias |
| Touro | Verde.................... | Nocividade, húmus, lilás |
| Gêmeos | Cinza..................... | Odores sutis e aliciantes, almíscar |
| Câncer | Azul....................... | Perfumes floridos |

| | | |
|---|---|---|
| Leão | Amarelo-alaranjado | Resina, ambiente envolvente |
| Virgem | Cinza, alaranjado .... | Cogumelos |
| Balança | Verde.................... | Perfumes voláteis e soporíficos |
| Escorpião | Vermelho.............. | Odores pútridos |
| Sagitário | Azul...................... | Odores picantes. |
| Capricórnio | Negro .................. | Odor de terra fresca |
| Aquário | Cinza, azul, malva ... | Perfumes etílicos, muito voláteis |
| Peixes | Azul...................... | Perfumes de frutas |

Em suma, os perfumes influenciam o comportamento do homem e agem sobre sua natureza tanto física quanto moral. São, portanto, talismãs, mas talismãs vaporosos, etéreos, invisíveis; naturezas sutis que aspiramos e que agem como narcóticos ou como o álcool. Nossa ciência contemporânea quase não se ocupa desses cheiros, não investiga o mecanismo que opera transformações, mutações. Mas esse aspecto mágico dos perfumes devia ser evocado, embora rapidamente, por causa de seu suporte talismânico.

# CAPÍTULO XIII

## Os Talismãs e a Religião

### *O exemplo chinês*

No curso deste estudo, notamos que os talismãs protegiam o homem, que sua força mágica permitia que a criatura se comunicasse com as forças do cosmos. Mostramos também que a religião e a magia estavam intimamente ligadas, e que todo apelo para as Potências Criadoras, para Deus, era um ato mágico; a oração, que procura comover a Divindade e que permite um contacto, uma união entre Deus e seu servidor, torna-se assim um ato mágico.

Desse modo, a procura da força talismânica é também um ato de fé. Trata-se de um expediente religioso, já que mágico.

As religiões arcaicas, à base de magia cerimonial, dão assim grande importância aos talismãs, aos pantáculos, seja para influenciar sobre acontecimentos que devam ter uma repercussão sobre a coletividade, seja para proteger a saúde ou proporcionar este ou aquele benefício.

O exemplo chinês a este respeito é revelador.

De acordo com J.-J. Matignon,[1] a vida cotidiana do chinês é tecida de "superstições" que a religião mais oficial, tradicionalmente, teve sob sua responsabilidade.

Para proteger a si mesmo, ou proteger toda uma região contra as influências funestas, para conjurar a má sorte, o chinês tem o hábito de levantar edifícios propriamente "talismânicos", espécies de pagodes alanceados, com um número de telhados sempre ímpar. De acordo com sua importância, e o valor do poder que lhe é reconhecido, essas cons-

1 Dr. J.-J. Matignon, *Superstition, Crime et Misère en Chine,* A. Storck, 1902.

truções são levadas avante seja pelos soberanos, seja pelos governadores de província, seja por subscrição pública.

A força dos *fong-choué* pode se exercer sobre as casas particulares; por isso, sobre o teto das casas, coloca-se um pequeno nicho no qual abriga-se uma divindade de terra ou de porcelana. Quando uma rua desemboca diretamente na porta da casa, toda sorte de más influências pode penetrar diretamente em suas dependências. Por esse motivo, coloca-se diante da entrada uma pequena coluna de pedra encimada por uma cabeça de leão; sobre a base, são gravados caracteres fatídicos. Muitas vezes essas pedras são transportadas, a peso de ouro, da célebre montanha de Taé-Chan. Uma pedra erigida junto da legação da França traz a inscrição: "Esta pedra do Monte Taé tem o poder de resistir!" Às vezes, também, engasta-se na parede, freqüentemente junto a um ângulo da mesma, uma mó de moinho que tem o poder de proteger das más influências.

J.-J. Matignon indicou muitos meios que permitem colocar uma casa ao abrigo das influências nocivas. "Acima da porta, fixa-se um pedaço de madeira, ou de cartão, octogonal, trazendo no centro os dois princípios masculino e feminino, o *Yang* e o *Yin,* rodeados dos *Pa-Koua.* Pode-se substituí-los por um espelho ou por um desenho representando um tigre munido de asas. Sobre o telhado, coloca-se um gato de terracota, ou então três flechas fixadas num tubo de terra, ou então um pequeno leão de terracota, sentado sobre as patas traseiras, olhando no sentido da direção das fileiras das telhas da cobertura. A finalidade desses objetos é apenas a de afastar certas influências vizinhas, más, deletérias, que poderiam tornar a casa tão pouco higiênica como pouco proveitosa aos negócios."

Assim, por volta de 1900, J.-J. Matignon podia observar: "Alguns metros à frente da porta de entrada de muitas casas, vê-se um muro levantado à altura de 2,50 a 3 m, ora simples, ora com três faces, trazendo ou não gravuras de animais, como um tigre, um dragão: é o *Yng-pei,* o escudo protetor contra o *Sha-Tchi,* os "vapores perigosos" que procuram penetrar nas habitações. Contra esses "vapores perigosos" e a má sorte em geral, um herói célebre da dinastia de Tchéou, Kiang-Taé-Koung, representou um papel capital e econômico. Sobre uma folha de papel vermelho, colado à porta, está escrito: 'Kiang-Taé-Koung está aqui: nada tendes a temer!' E isso bastou para acalmar os temores dos mais supersticiosos."

Muitas vezes os talismãs são de cor vermelha, pois o vermelho representa uma garantia contra os maus espíritos. A casa também pode ser protegida por um talismã feito a partir de moedas de diferentes dinastias montadas sobre um fio vermelho e tendo a forma de um sabre. Os talismãs também podem tomar a forma de inscrições concebidas num espírito absolutamente prático, como se fossem ordens cujo sentido —

uma vez que o não caracteriza um costume — aparece perfeitamente clara. Alguns desses feitiços, escritos sobre papel, são reduzidos a cinzas e engolidos depois de dissolvidos numa bebida, seja pela própria pessoa, seja por aquela a quem é destinado o feitiço e que muitas vezes ignora o que se espera dela.

Costuma-se proteger especialmente as criaturas mais frágeis na medida em que elas não têm meios de se defender sozinhas: "Contra as cólicas, a criança usa um cinto feito de corda vermelha, de preferência, tendo como fivelas duas velhas sapecas da dinastia dos Han. Com a mesma finalidade terapêutica, usa-se um pedaço de tecido vermelho, sobre o qual são fixados pedaços de seda preta representando um tigre, uma serpente, um leopardo, uma centopéia e um quinto animal fabuloso de natureza indeterminada, provido de apenas três patas. Esse talismã é colocado sobre a criança durante os cinco primeiros dias da quinta Lua."

E J.-J. Matignon nota este fato revelador: "Vi algumas vezes, em meu hospital de Pequim, doentes, depois de terem absorvido, na farmácia das Irmãs, o medicamento que eu lhes havia prescrito, fazerem uma bolinha com a minha receita e engoli-la: minha fórmula era para eles um fetiche, cuja ingestão aumentava o efeito terapêutico da droga ocidental. Eles atribuíam-lhe o mesmo efeito que aos talismãs dos bonzos, com a vantagem de ser gratuita."

Insistamos no fato de que, na China, tais práticas estão ligadas diretamente à religião. Basta lembrar, a esse respeito, que os pantáculos chineses contêm muitas vezes os trigramas sagrados compostos a partir do Yin e do Yang. Eles respeitam a harmonia encontrada na "árvore do Tao", que se assemelha à árvore sefirótica da tradição hebraica. Ela é constituída a partir de dez elementos, mas o Tao (a Via ou a Senda) e a "Flor de Ouro" são duplos: encontra-se aí o *Yang*, o *Yin*, *Ming* (Vida, Amor, Destino), *Hsing* (Essência ou Logos), *p'o* (animus), *hun* (anima), *Kuei* (fantasma), *Sên* (espírito reencarnado).

Os princípios do ritual chinês ligados à magia são perfeitamente definidos pelo *I Ching* ou *Livro das Mutações*, sem dúvida o livro mais antigo da humanidade. Ele é anterior ao *Avesta* dos persas e ao *Mahabharata* dos hindus. É a partir do ensinamento dessa obra que se elaborou a talismania oficial dos trigramas sagrados. De acordo com essa ciência, o universo está sujeito a dois princípios essenciais: o *Yang* e o *Yin*, o princípio masculino e o feminino, luz e sombra, céu e terra. Ambos são representados pelos símbolos seguintes:

| ——— | — — |
|---|---|
| *Yang* (linha cheia) | *Yin* (linha quebrada) |

Combinando esses dois símbolos três a três de todos os modos possíveis, obtêm-se oito arranjos primordiais: os oito trigramas mágicos (ou *Pa Kua*), princípios essenciais do Universo.

| | *Símbolos* | *Qualidades* |
|---|---|---|
| Yang ou Khien | ☰ | Céu, Luz, Princípio criador |
| Yin ou Yin Khwan (ou K'ovan) . . | ☷ | Sombra, Receptividade, Terra |
| Lî . . . . . . . . . | ☲ | Sul, Fogo, Sol, Calor, Verbo |
| Sun . . . . . . . . | ☴ | Aquele que penetra, Vento, Fluxo das realidades, Forças, Idéias |
| Tui . . . . . . . . | ☱ | Oeste, Serenidade, Lago, Bruma, Outono, Pântano |
| Kân (Chên) . . | ☳ | O que perturba, estimula, Este, Trovão, Madeira |
| Khan (Kan) . . | ☵ | Norte, Água, Lua, Eros, Insondável |
| Kán (Ken) . . . | ☶ | Calma, Montanha, Silêncio, Meditação |

A metafísica chinesa é usada para combinar esses oito trigramas dois a dois, o que dá sessenta e quatro combinações maiores.

O *Yin* simboliza a força do negativo; de um modo geral, representa a terra. Em contrapartida, o *Yang* representa o céu, princípio positivo e masculino.

O número par continua feminino; o número ímpar, masculino. Esses são os dois pólos da manifestação, as duas fases opostas e complementares do Ser.

Mas *Yin* e *Yang* são inseparáveis, pois na natureza tudo se liga. O homem e a mulher se opõem, mas aspiram à união. Aos olhos dessa teoria andrógina, o céu e a terra são dois princípios adicionais. O mais atrai o menos.[2]

2 Os velhos Yang e Yin são os estados estáveis; os jovens Yang e Yin, os estados de mutação e de transformação: eles se desabrocham. Contudo, no *I Ching*, os permutáveis são o velho Yang (ou seja, 9) e o velho Yin (ou seja, 6) que correspondem às formas usadas que exigem uma renovação. Portanto, a roda deve girar continuamente, perpetuamente: o "desequilíbrio permanente" é feito de compensações alternadas. A hélice do Yin e do Yang, a *suástica*, a dupla espiral estão em íntima relação. As duas cores do Yin-Yang não representam, enfim, senão a unidade, assim como a aspiração e a expiração permitem a vida. Os hexagramas são encontrados em muitos talismãs orientais. Em geral, o talismã chinês determina, em termos claros e diretos, o que o homem espera dos deuses.

Pode-se considerar a cruz como um talismã, de acordo com a sugestão do autor anônimo dos *Talismans justifiés?*

"O filho de Deus deixou aos cristãos, como partilha, dois talismãs divinos que, carregados das influências de sua graça, compreendem todas as virtudes que se poderiam imaginar. Deixou-nos ele a preciosa figura de sua cruz, que foi marcada publicamente acima do calvário no dia dedicado a Vênus, porque ele devia nos reconciliar com o céu, e recolocar em graça com o seu Pai, e estabelecer a paz por toda a terra, que compreende nela sozinha infinitamente mais virtudes que todos os talismãs da Natureza, pois ela expulsa os Demônios, concede Vitórias, submete-nos as potências, extingue o fogo, move a terra, muda o ar, acalma as águas, detém os raios, faz tremer todo o mundo e concede as verdadeiras honras, as verdadeiras grandezas e as verdadeiras riquezas.

"Deixou-nos ele, em segundo lugar, o rico sinal do seu Nome, para fazer por sua virtude tudo o que queremos, para obter tudo o que pedimos, para expulsar os Demônios, esmagar as serpentes, amortecer a ação do veneno e para curar toda espécie de doenças."

Como esquecer a *Légende de Théophile,* que deixou tantos traços na Idade Média? São Bernardo, Voragine, Rutebeuf evocam esse "milagre": pois, se o homem pôde vender a alma ao diabo, foi graças à Cruz (e à bondade da Virgem Maria) que ele pôde reencontrar o caminho da salvação. A imagem da cruz talismânica constitui, aliás, o centro de muitos contos, como o de Santa Justina, virgem de Antioquia, torturada por Cipriano, que se dedica à magia. Mas Cipriano constata que "o crucificado é maior que todos os demônios"; assim, ele acabará por se converter, a ponto de se tornar bispo. Não é nossa intenção evocar todas essas lendas. Encontramos nelas, curiosamente, a repetição dos mesmos símbolos, dos mesmos gestos — o sinal da cruz —, os mesmos números — sete, doze, treze e quarenta, o número da Redenção.

"Seria acaso preciso dizer, se queremos combater a força dos talismãs, que a Cruz não poderia substituir nenhuma outra estátua, que ela não pode ser um talismã, pois assim outros sinais poderiam ter a mesma importância filosófica? Como definir um sinal sagrado e comparar a sua força com a de um outro sinal, se as crenças podem ser válidas para cada povo? Jesus triunfa pelo mistério da cruz; mas como satisfazer os pensamentos dos orientais, dos mexicanos, dos africanos? Pode-se expulsar os demônios pelo sinal da cruz e em nome de Jesus: os pagãos então acusam os cristãos de magia pois, com efeito, não tinham eles, graças à sua fé, império sobre o demônio?"

Os talismãs são obra de Deus ou do Diabo? Gaffarel, em suas *Curiosités inouïes,* compara as imagens dos anjos e dos santos com as dos talismãs, e diz que eles se atraem pela "força da semelhança". Ch. Sorel faz notar que "isso é o mesmo que acreditar que se pode obter a sua ajuda por um poder mágico, em vez de recorrer às preces e às boas obras". Mas eis as reflexões de Gaffarel a respeito do talismã gravado: "Que, falando das coisas como elas são agora, sabemos que Jesus Cristo se encontra no meio daqueles que falam com fé em seu nome, pois, falando de alguém com afeição, nós o imaginamos tal qual ele é; nós imaginamos portanto Jesus Cristo quando falamos dele, ele se encontra entre nós, tornando-se assim presente em nossos corações quando nele gravamos a sua imagem por nosso pensamento, tanto é verdade que a semelhança consegue maravilhas justamente sobre aqueles que não dependem de nenhuma coisa e que não são constrangidos por nenhuma lei. Mas que isso seja concebido piedosamente, com humildade, e também com a santidade necessária para falar de assunto tão adorável."

Dom Jean Albert Belin, nos seus *Talismans justifiés,* considera a Cruz como um talismã. Ouçamo-lo:

"Eu ousaria dizer (usando, contudo, desta comparação com respeito) que o Filho de Deus deixou aos Cristãos em partilha dois divinos talismãs que, carregados das influências de sua graça, compreendem todas as virtudes que se poderiam imaginar. Deixou-nos ele a preciosa figura da sua Cruz, que foi marcada publicamente com o seu sangue no alto do Calvário no dia dedicado a Vênus, porque ele nos devia reconciliar com o Céu, e recolocar em graça com seu Pai, e estabelecer a paz por toda a Terra, que só nela compreende mais virtudes que todos os talismãs da natureza: pois ela expulsa os Demônios, proporciona vitórias, submete todas as potências, extingue os fogos, move a terra, muda o ar, acalma as águas, detém os raios, acalma as tempestades, faz tremer o mundo todo e concede as verdadeiras honras, as verdadeiras grandezas e as verdadeiras riquezas. Não nos deixou ele, em segundo lugar, o rico caráter do Seu Nome, para fazer por sua virtude tudo o que queremos, para ver atendidos todos os nossos pedidos, para expulsar os Demônios, para esmagar as serpentes, para amortecer a ação dos venenos e curar toda sorte de doenças? Estão aí, se me é permitido todavia usar essa palavra, os verdadeiros talismãs dos Cristãos, com os quais eles devem operar os maiores milagres e conseguir as mais ricas vantagens."

A Cruz, portanto, nada mais é do que um sinal de adesão. Mas pode ter sido para certos Cristãos um sinal detestado, pois representa o instrumento do mais escandaloso dos suplícios. É bem possível que André e seus companheiros pensassem nessa marca infamante, pois eles a transformaram, colocando a rosa do amor no lugar onde morreu o grande supliciado (o que já nos aproxima da noção da Rosa-Cruz). Talvez assim pudéssemos compreender melhor esse ato que foi criticado nos Cavaleiros do Templo: de acordo com os termos do processo, os

Templários cuspiam sobre a Cruz; aliás, na época, o Cristo em toda a sua majestade é que marcava a entrada das igrejas, sendo excepcional a representação do Cristo morrendo sobre a cruz.

Evocamos o papel ambíguo da Cruz na tradição cristã (ambíguo na medida em que esse símbolo pode ser usado indiferentemente pelo padre ou pelo mago). Seria preciso falar também da virtude talismânica de peregrinações como as de Lourdes — e do reconhecido poder de um objeto como o rosário.

A Igreja Católica conservou, enfim, apenas disfarçada, a lembrança de costumes sem dúvida de origem pagã. Estamos pensando aqui no uso dos ex-votos que hoje ornam tantas igrejas, derradeiras relíquias da mentalidade mágica sacrificial. Mas poderíamos também dissertar muito bem sobre as correspondências evidentes que existem entre o antigo calendário pagão e o calendário litúrgico atual. Evocando a festa da Assunção da Virgem, fixada a 15 de agosto, James George Frazer, nas *Origines magiques de la Royauté* [Origens mágicas da realeza] indica que a Igreja cristã sem dúvida santificou nessa data a grande festa da deusa-virgem Diana — um de cujos templos situava-se em Nemi, Itália. No texto siríaco do tratado intitulado *L'Enlèvement miraculeux de la Vierge Marie au Ciel* [A miraculosa assunção da Virgem Maria ao Céu] lê-se: "E os apóstolos ordenaram que se comemorasse ainda a Santa no dia 13 do mês de Ab — ou no dia 15, de acordo com outros manuscritos — isto é, agosto, (o que corresponde ao dia da festa de Diana), porque então as vinhas estão carregadas de cachos e as árvores de frutos, e a fim de que as nuvens de granizo, pejadas com as pedras da cólera, sejam afastadas e que as árvores e as vinhas não se quebrem com seus frutos e cachos". É, portanto, provável que a Igreja tenha convertido uma festa pagã numa festa cristã. Os padres armênios dos anos 700 dizem que o dia da Virgem foi fixado a 15 de setembro porque era o dia de Anahita, "e os cristãos esperavam assim transferir para Maria a magnificência dessa festa" (Anahita ou Anaitis, que precedeu na Armênia a Virgem Maria, era uma deusa de culto muito popular no Oriente).

Mas, na realidade, a atitude do cristianismo oficial, ditada pelas circunstâncias, foi dupla: de um lado, a Igreja se esforçou para "recuperar" em seu proveito certo número de práticas extremamente antigas, limitando-se, de algum modo, a "batizá-las"; por outro lado, ela lutava, e às vezes com o mais extremado rigor, contra tudo o que oferecia o risco de levar os fiéis para antigos cultos mágicos.

A esse respeito, Marquès-Rivière mostrou muito bem como o cristianismo lutou, em diferentes épocas, contra a multiplicação dos amuletos e dos talismãs. Ele reproduz notadamente um escrito de inspiração ariana, devido ao Pseudo-Orígenes e citado por P. Batiffol em sua *Littérature grecque,* que dá a esse respeito uma boa idéia da mentalidade dos meios eclesiáticos nos primeiros séculos do cristianismo:

"Todas as pessoas piedosas devem saber que os augúrios, as adivinhações, os preservativos, placas caracterizadas, encantamentos danáveis são armadilhas e escândalos do diabo, restos de idolatria, ilusões e escândalos das almas. Mas os homens de nosso tempo, em sua maioria, não estão de acordo com isso e, logo que sentem qualquer incômodo, recorrem aos encantamentos e aos feiticeiros, servem-se de ligaduras e de preservativos, usam malefícios, escrevem determinados caracteres sobre papel, chumbo ou sobre o estanho e amarram-nos em alguma parte do corpo dos doentes. Outros se servem de encantamentos contra as mordidas das serpentes e contra as sugestões do demônio e as blasfêmias; outros encantam os próprios encantadores e os que são encantados. Há os que colocam sua fé nos espirros, no apelo e no canto dos pássaros, no seu encontro, em seu canto."

Marquès-Rivière dá, depois, algumas indicações sobre essas interdições e notas mais gerais acerca dos amuletos cristãos:

"Os imperadores cristãos codificaram essas instruções eclesiáticas: uma lei de Constantino (321), uma lei de Constâncio e de Juliano (357) definem essas interdições. O concílio de Laodicéia proibiu a fabricação dos filactérios (343-381), o que confirma que eles ainda eram fabricados.

"Nos autores eclesiáticos de então, encontram-se interdições semelhantes; São Crisóstomo, Santo Agostinho, São Gaudêncio de Brescia investem contra os malefícios, os feitiços, as ligaduras. Em sermão atribuído a Santo Elói faz-se especial menção à mentalidade das populações das Gálias a esse respeito: 'Meus irmãos, não observeis nenhum dos costumes sacrílegos dos pagãos; não consulteis os oráculos, nem os adivinhos, nem os feiticeiros, nem os encantadores... que ninguém pendure ao pescoço de um homem ou de um animal filactérios, mesmo os oferecidos por clérigos e considerados sagrados sob o pretexto de que contêm passagens da Escritura... Que nenhuma mulher pendure âmbar, *succinos,* ao pescoço... Em caso de doença, não andeis à procura de encantadores, de adivinhos, de feiticeiros, de charlatães, e não apliqueis filactérios diabólicos às fontes, às árvores e às encruzilhadas das estradas.'

Contudo, era preciso sacrificar ao gosto pronunciado dos neocristãos pelos amuletos e os filactérios; logo permitiu-se o uso de pedaços da Santa Cruz, de sentenças evangélicas. São Gregório Magno mandou desses filactérios a Teodolinda, rainha dos lombardos, para seu filho recém-nascido Adulovaldo. O tesouro de Monza conserva-os ainda. O Evangelho era usado como berloque ao redor do pescoço, informa-nos

São Crisóstomo; Santa Cecília, dizem os Atos legendários, sempre levava um exemplar do Evangelho sobre o coração...

"A Igreja empreendeu uma luta renhida contra essas práticas; ela suprimiu as invocações dos Anjos que os textos sagrados lhe ofereciam para se separar dos grupos gnósticos e evitar que se confundissem esses anjos com os Eóns e que fossem utilizados para idênticos fins.

"Mas, se tudo isso opunha um dique à onda de superstições, não a conseguiu deter. Houve assim toda uma categoria de amuletos cristãos, quer no mundo latino, quer na Ásia Menor, quer na Arábia e na Etiópia, que misturaram o nome ou o monograma de Cristo, os nomes evangélicos, as preces litúrgicas, os versículos evangélicos e as figuras gnósticas.

"Fabricados por fraude ou por simples piedade, os amuletos cristãos nada têm de original. Não seria o caso de procurar neles o trabalho complexo dos talismãs gnósticos, hebraicos ou islâmicos. Trata-se, antes, de filactérios no verdadeiro sentido da palavra, isto é, inscrições piedosas, versículos do Evangelho que se carrega consigo para se proteger.

"Se os Cristãos conheceram a ciência pantacular gnóstica ou árabe, nada mais fizeram do que copiar as inscrições, as escrituras, as figuras que viam alhures. Jamais os textos evangélicos foram 'permutados' para neles descobrir-se um sentido novo ou um nome misterioso.

"Os primeiros Cristãos serviram-se do sinal da Cruz como pantáculo protetor, mas sabe-se que eles o usaram em segredo porque esse símbolo era infamante, por ser o desenho de um dos suplícios habituais da época. E logo começaram a usar a primeira letra da palavra *Chrestos*, o *chrismon*, que eles emolduraram com o *alpha* e o *ômega*, primeira e última letras do alfabeto grego."

Eis o que escreve, por sua vez, A. Cahagnet numa obra intitulada *La Magie magnétique* [A magia magnética]:

"Os talismãs representaram um papel muito importante na Antigüidade, como possuidores de forças mágicas. Se quiséssemos remontar até sua fonte, iríamos além de Moisés; mas nós nos deteremos nesse mago legislador para vê-lo armado de sua varinha, verdadeiro talismã com o qual ele fere os rochedos para conseguir água, o mar para que abra passagem para o seu exército e disputando com Aarão sobre a força dessas armas mágicas, nas quais estão encerradas todas as virtudes ocultas dessa ciência.

"O cristianismo, mistura de hermetismo, de magismo e de paganismo, nos conservou e transmitiu o uso dos talismãs em seus amuletos, feitos de ossos de santos, de madeira da verdadeira cruz, de pedaços de tecidos de toda espécie proveniente das vestes de santos e santas, escapulários, medalhas, relíquias, óleos, anéis e plantas abençoadas, etc., etc., coisas todas dotadas de uma força *talismânica* capaz de proteger aquele que as possui, como acontecia com os protegidos das fadas. Vemos os cristãos, em seus exorcismos, usar ainda talismãs como a comunhão, a patena, as estolas, a água-benta para expulsar os maus espíritos do corpo dos possessos. Resta-nos estudar se nessa crença há apenas encenação ou uma força mais ou menos poderosa. Na minha opinião, há um pouco das duas. É preciso que os olhos vejam para crer: vedem-me os olhos e me afirmem que estou longe de um precipício; minha fé só será viva se eu vir longe de mim aquilo que me apavora. Na questão da crença nos sortilégios e nas possessões ocorre o mesmo. Aquele que enfeitiça ou aquele que possui parece ser sempre mais forte do que a sua vítima. Basta que um outro homem se apresente a esta última sob a aparência de possuir força e inteligência superiores à do feiticeiro, e que ofereça a sua proteção a esse possesso, e é certo que, semelhante a uma criança arreliada por seus colegas e que se vê defendida por um irmão mais forte do que ela, esse homem aceitará com alegria a proteção que lhe é oferecida e se julgará salvo; e ele o será efetivamente, pois não conheço poder mais forte do que aquele que nada teme. Basta que esse mesmo protetor entregue a esse homem um objeto qualquer, dizendo-lhe: 'Conserve este objeto com você e, se algum inimigo quiser fazer-lhe mal, basta que você recorra a este talismã e terá força de paralisar-lhe a ação; pois ele possui toda a minha força e o meu saber, que são superiores aos de todos os homens; por conseqüência, ele anulará, em todos os tempos, as suas maquinações.'

"Os pensamentos e a força desse homem progredirão em razão da fé que ele depositará nesse talismã, que ele tomará todo o cuidado para não perder. Essa confiança lhe proporcionará uma calma e uma força moral que ele não possuía, ocorrendo o mesmo no que diz respeito à saúde, pois toda afecção moral depende consideravelmente do estado mais ou menos sadio do corpo material; uma perturbação dupla, caso não dê origem a outra; por isso, não vemos casos de possessão sem perturbações físicas. Esse talismã assim aceito do ponto de vista material pode, portanto, servir de grande ajuda; e, do ponto de vista espiritual, duplica de potência, de acordo com a força que se tem em sua fonte."

O sinal da cruz, que une os fiéis de um mesmo culto, foi, em sua origem, a marca de um *tav*, que designava o nome de Iahweh. Os primeiros cristãos marcam a fronte com esse selo, da mesma forma como a comunidade essênia mostra em sua testa o sinal de Ezequiel. Esse exorcismo deve afastar o demônio e, quando Lucas ou Mateus falam em "carregar a sua cruz" eles aludem, sem dúvida, a essa tatuagem desenhada na testa. "Aquele que não carregar a sua cruz e não me seguir não pode ser meu discípulo."

Seria preciso evocar, entre todos esses valores talismânicos, os pregos, a coroa e seus espinhos, todos os ex-votos conservados nas igrejas; existem ainda as orações, os cantos de louvor. Criaram-se os *Agnus*

*Dei*, pequenos pedaços de cera bentos e moldados em forma de bula, com o cordeiro pascal ou uma cruz. Mas há ainda as santas relíquias, as aparições que prometem curas e, também aí, temos a presença de talismãs divinos.

Todas as religiões conservam assim os valores talismânicos, dos quais, por certo, a oração é o mais belo ornamento. O rosário serve para dizer essas orações, entre as quais o *Pater* conserva, sem dúvida, um pensamento muito esotérico. Grillot de Givry, numa obra notável, *Lourdes, ville initiatique* [Lourdes, cidade iniciática] — mostrou todas essas chaves misteriosas onde aparece a água purificadora, uma fonte de Juvenca. Mas a água nada mais é que um "sinal sensível" que permite veicular os eflúvios do espírito vital. A fé proporciona uma tensão desusada às faculdades cerebrais e leva ao milagre.

A prece, esse apelo, esse grito de angústia, que se torna também um ato de agradecimento, foi evocada por Alexis Carrel. A oração, impulso de nossa personalidade rumo ao Absoluto, foi cantada por Benjamin Manassé e, sobretudo, por Sédir.

A prece não é, acaso, a mais bela e a mais nobre representação do talismã? Assim o cristianismo conservou o verdadeiro valor espiritual do pantáculo.

# CAPÍTULO XIV

## Charlatães e Escroques

Na Antigüidade, os pantáculos e talismãs egípcios, muito renomados, eram vendidos muito caro; como os escaravelhos e as lâminas gravadas eram muito procurados, instalou-se na Palestina uma manufatura que fabricava falsos escaravelhos egípcios e disso tirava altos lucros. O mesmo espírito reina em nossos dias.

O livro de Abramelin, o Mago — transcrito por Robert Ambelain, capítulo V — diz que a maioria das receitas mágicas são falsas e vãs, pois estão cheias de invenções diabólicas. Mas Marc Haven, apresentando o *Arquidoxo Mágico,* de Paracelso, observa que é um erro tomar em seu sentido literal fábulas, parábolas; assim, pode-se considerar charlatão quem, na realidade, é um pensador e inovador incompreendido.

No decorrer desta obra, vimos as apreciações muito contraditórias de diversos autores; estamos na presença de idolatrias ou de verdadeiros mistérios? Podemos assumir uma atitude racional diante do milagre, diante de todo fato que não tenha uma explicação usual?

De um modo geral, reconhecemos a boa fé dos magos, dos xamãs, dos sacerdotes. Mas haveria impostores que, deliberadamente, enganam seus concidadãos? Na maioria das vezes pensa-se que eles são sinceros, mesmo se procuram orientar devidamente os seus poderes. Pois o próprio bispo Synésins foi quem afirmou: "O povo sempre escarnecerá das verdades simples: ele precisa de impostores..."

Então vemos esses taumaturgos de feira, doentes excêntricos, pretensiosos que gozam de popularidade. Stanislas de Guaita *(Au Seuil du Mystère)* [No limiar do mistério], e *L'Encyclopédie des Sciences Occultes* [Enciclopédia das ciências ocultas] denunciaram esses impostores; basta ler nesta última obra o estranho anúncio consagrado à "gema Atzel".

Alec Mellor, em *Catholiques d'Aujourd'hui et Sciences Occultes* [Católicos de hoje e ciências ocultas], menciona o caso de uma estatueta hindu, a deusa Lakshmi, que teria proporcionado a chance a Roger Pingeon de vencer o "Tour de France".

É fácil entender, portanto, por que o comércio dos talismãs poderá interessar ao código penal, mas é também um perigo espiritual. É perigoso jogar com a credulidade de certos indivíduos mal-equilibrados e poderíamos citar crimes cruciantes ocorridos ainda em nossa época.

O comércio dos talismãs é atualmente muito próspero no mundo inteiro. Como essas relíquias devem ser confeccionadas de acordo com regras muito precisas, com precauções particulares, elas são muito onerosas. Mas muitos talismãs são fabricados em série, sem cuidado e, apesar de tudo, são vendidos bem caro. O doutor Philippe Encausse, em sua tese de doutorado *Sciences Occultes et déséquilibre mental* [Ciências ocultas e desequilíbrio mental], também consagrou um capítulo aos "Mercadores do Templo". Muitas lojas inserem anúncios sedutores, que vão do "horóscopo gratuito" à venda de medalhas ou de produtos, que afinal só são benéficos para os seus exploradores. Quantas lojas clandestinas, apartamentos misteriosos, onde se vendem a preço vil meios de adquirir fortuna, felicidade, saúde! Eis aí um "diabolismo a domicílio" muito inquietante e mesmo perigoso para quem já tem o espírito perturbado, ou que apresenta perturbações, como as de perseguições, de possessões, idéias fixas. Esses falsos magos, em busca de dinheiro, de honras, são incapazes de julgar o caso do paciente que se apresenta a eles. Pois o ser humano crê no valor do talismã, acredita nas forças que não pode discernir e confia nos que se dizem investidos desses poderes.

Se pudermos dirigir bem essas energias que estão no homem, poderemos sem dúvida realizar milagres; mas, com um charlatão, o efeito será contrário. Por isso, convém que fiquemos bem atentos com a pessoa a quem nos dirigimos, detectemos sua espiritualidade ou sua cobiça, pois, afinal, só ao sábio desinteressado podemos pedir conselhos.

# Conclusão

Citamos um grande número de autores agora esquecidos, publicamos textos muitas vezes curiosos. Gostaríamos, até, de dar mais importância ainda a esses escritos antigos, que revelam uma psicologia particular. Contudo, em última análise, poderíamos perguntar ainda quais são, no fundo, os traços marcantes da força talismânica. Encontramos aí, principalmente, a vontade do homem que, não aceitando a sua condição, procura modificar o próprio destino. O talismã é o testemunho de uma recusa em relação à norma e concretiza uma vontade individual que procura se desenvolver.

Alguns autores acreditam na eficácia do pantáculo, outros a negam. Essa influência benéfica seria de origem astral e o homem se situaria assim, permanentemente, sob a influência do cosmos. Ora, de acordo com o pensamento tradicional, vimos que o homem procura transcender sua natureza imperfeita, que ele quer adquirir virtudes e penetrar o mundo divino porque tem sede de Conhecimento. Ele deseja içar-se sobre esse mastro central, esse eixo do mundo, a fim de conseguir uma visão ampla sobre todos os mistérios; ele quer brilhar, quer compreender tudo. Essa busca metafísica, que apela para os processos da iniciação ou da iluminação interior a partir de poderes especiais — estado de transe, alucinógenos, álcoois — está muito próximo da busca talismânica. Em cada caso, o homem descobre uma solução rápida para seus problemas; ele teme que sua inteligência, sua fé, sua vontade sejam insuficientes ou não entrem em ação bastante depressa; o que ele quer é preciso ser conseguido imediatamente. Sujeito ao Tempo, ele deseja encurtá-lo e procura, graças a artifícios, regularizar o mais depressa possível a sua situação. Esse catalisador é a Magia.

Assim, os talismãs nada mais são do que a expressão de um sistema mais geral. Mas todo ato mágico, para ser eficaz, deve ser realizado de acordo com um cerimonial complicado. Os talismãs não fogem a essa regra, e devem domesticar as divindades em proveito dos homens.

Mas esse suporte construído de acordo com leis particulares possui uma capacidade real? Age por si mesmo, sobre o comportamento humano e mesmo sobre o natural, graças a influxos que ele é o único a captar? Ele tem acaso uma natureza semelhante, por exemplo, à do magnetismo? Sobre esse valor físico, os autores se dividem, pois o milagre não poderia ser definido: ele se situa no irracional. Sendo assim, duas escolas se defrontam, sem apresentar provas decisivas.

Bem-entendido, Ch. Sorel, em *Des Talismans,* refutando a obra de Gaffarel, acha que, se os talismãs tivessem realmente poder, deveríamos "colocar no meio de todas as cidades da França figuras que preservam do fogo e outras que preservam da peste. Deveriam ser gravados talismãs contra todas as doenças e tê-los em tão grande quantidade que houvesse talismãs para todo o povo e, se não houvesse meios de fornecê-los, deveria haver operários para fabricá-los. Isso introduziria na França uma nova profissão, que seria a de fazer talismãs. Haveria lojas cheias deles e, para cada doente, haveria caixas particulares com letreiros em cima. Os boticários não teriam mais crédito com suas drogas vergonhosas. Esses remédios seriam mais fáceis, bastando aplicá-los sobre o mal ou junto a ele, ou mesmo carregá-los no bolsinho para se ficar curado; e, além do mais, eles seriam muito estimáveis, visto que agarrariam o mal impedindo que ele acontecesse, se se tivesse o cuidado de colocá-lo em boa hora". E Ch. Sorel acrescenta: "Valeria mais mostrar-nos uma única operação cirúrgica do que ter escrito um grosso volume para provar que podemos fazer milhares delas... Quanto aos talismãs contra as doenças, é muito penoso experimentá-los, mas há aqueles cujo efeito deve ser sensível, como o de afastar alguns insetos, e veríamos se eles fogem ou se morrem logo que se colocasse esse talismã em algum lugar. Não sou capaz de imaginar quais desculpas o autor das *Curiosités inouïes* pode dar por não ter mostrado a todo mundo esses talismãs, desde que seu livro foi impresso ou algum tempo depois, a não ser que a constelação sob a qual a maioria deles deveria ser feita ainda não tivesse aparecido; e, quanto aos que ele já fez, ele os mantém em tal segredo para só comunicá-los àqueles que deveriam ostentá-los."

O mesmo autor insiste sobre esse aspecto material do talismã:

"Não posso imaginar nenhuma réplica ao que eu disse acima. Penso que, depois disso, é preciso abandonar o erro antes de procurar sua defesa. Também não há nada tão manifestamente falso quanto o poder que se atribui aos talismãs. Achamos que nem o material, nem a figura, nem a influência são pontos capazes dos efeitos que se propalam. Mesmo que os Astros lá em cima tivessem algum poder, o que se pretende é que uma simples pedra gravada seja capaz de os igualar, tornando-se como um Astro na terra. Afirma-se que, da mesma forma que um ferro tocado pelo ímã pode atrair outro ferro, assim a pedra tocada pela constelação tem o mesmo poder que essa constelação. Mas como se pode pensar que a constelação possa tocar a pedra e, mesmo que a tocasse, que relação pode haver entre uma pedra tão pequenina e astros tão grandes? Os astros têm os seus raios, pelos quais agem sobre os outros corpos, mas onde estão os raios da pedra? Não obstante ela pudesse afastar as tempestades de algum sítio, seria preciso que ela lançasse de si alguns raios, pois, se os corpos são rejeitados de algum lugar, é preciso que o sejam por outros corpos. Do mesmo modo, se alguns animais são impedidos de entrar em algum lugar, é preciso que o sejam por algum vapor, ou por algum cheiro que não os agrade, da forma como podemos notar em todos os segredos naturais de que nos servimos para expulsá-los; mas a pedra ou o metal não mudam de cheiro por terem recebido uma nova figura num determinado dia do ano, nem exalam qualquer vapor que ofenda os animais, de modo que não se deve esperar os efeitos que se propõe." Encontramos igual opinião na própria obra *Les curiosités inouïes*.

Jean Marquès-Rivière, na conclusão de sua obra intitulada *Amulettes, talismans et pantacles* [Amuletos, talismãs e pantáculos] escreve:

"Se o amuleto e o talismã fossem simples objetos 'felizes', representações totêmicas, veículos de forças naturais benéficas para o primitivo, eles teriam se juntado há muito tempo ao *stock* impotente dos deuses mortos e dos cultos desaparecidos. 'Momento' da humanidade, eles teriam desaparecido; ora, eles estão vivos, são persistentes, facilmente discerníveis nas civilizações mais evoluídas e podemos reconhecê-los nos costumes contemporâneos. É preciso, portanto, que esse conceito seja profundo, e que esses objetos estejam realmente relacionados com o que é eterno no homem."

Como falar, então, em trapaça transcendental? Quem usa o talismã pode manifestamente encontrar aí uma influência, mesmo que esta não seja facilmente apreciável. Entretanto, mesmo que essa marca própria para atrair todos os benefícios da natureza permaneça ineficaz, não se pode dizer que a criatura humana não fez uma caminhada: ela quis acreditar nesse símbolo; esse símbolo pôde ser fabricado; houve nesse caso a aproximação de um mundo superior, uma procura determinada e, nesse sentido, o talismã é benéfico, pois soube cristalizar um conjunto de idéias, de concepções. O talismã permanece, assim, como um meio de evasão; ele carrega em si a esperança. Ele gera a esperança.

Quer se trate dos pantáculos, quer se trate de outros modos de interpretação ou de pesquisas de forças, o mago sabe que seus processos e seu esforço para assimilar um valor doutrinal são limitados; no entanto, ele continua a sua busca. Ele sabe que a procura dos poderes materiais, que mesmo os esforços intelectuais são insuficientes e não permitem a nossa integração no Conhecimento. Reconheçamos que o pensamento nada mais é que um espelho psíquico, um valor exterior. Não é o homem culto, nem é fatalmente o homem inteligente que consegue integrar-se nessa busca do Absoluto. Só o Espírito pode se harmonizar com a Beleza, com o Amor, e nos conduzir pela Via direta.

Repitamos: a Sabedoria não se ensina, a Verdade não se comenta.

Pode-se dizer que o verdadeiro mago aventurou-se na busca do Conhecimento através das trevas de um mundo desconhecido. Mas aquele que penetra a essência das coisas, aquele que procura não pode ser enganado; a Imaginação criadora toma assim um valor real. Santo Agostinho o confirma: "Procuraremos, então, como se fôssemos encontrar, mas não encontraremos jamais se não procurarmos sempre" (*De Trinitate*, IX, I).

Graças ao ato mágico, o homem toma consciência das possibilidades que estão nele; embora tímido, ele tem a esperança de alguma coisa melhor, de uma vida mais ampla. O homem adquire essa força, quer por si mesmo, quer por um conselheiro a quem tenha ido consultar.

De todos os exemplos que evocamos, podemos dizer que o artista, o santo e o iniciado pertencem à mesma raça. Todos eles apelam para um fenômeno complexo, que não sabemos definir. Seria a fé, a crença inata numa força oculta, a revelação não-formulada de um mistério que nos escapa? Poderíamos afirmar que estamos aqui na presença de uma religiosidade, de uma alquimia superior ou de uma força mágica? Na realidade, estamos agora além dessas definições, dessas limitações. Pois nada mais podemos fazer do que constatar a unidade do homem, a penetração do espírito que vai além de todas as contingências materiais. Que nos importa que sejamos de carne, de sangue e de água, se sabemos que nosso espírito pode ultrapassar o estágio elementar desta vida terrestre? A magia, por sua força transfigurante, ensina-nos a sobrepujar todos esses ciclos, ensina-nos a ver além; ela nos ensina que, entre a religião e a sedução de símbolos harmoniosos — que ultrapassam nosso próprio condicionamento —, há apenas um passo, uma ponte a transpor. É preciso ainda que se saiba que o homem é eterno, que tudo é Unidade na natureza, que nada é dissociável. A Magia, assim como a Religião, requer essa forma de criação, essa Unidade original.

A magia, tanto quanto a religião, está no homem; ela é o seu espírito, a sua aspiração, o seu mundo. Ela compõe assim a realidade de um mundo que acreditamos conceber; ela está na raiz de nossa busca, de nosso encantamento, de nossa fé e de nossa visão. Não procuremos, por meio dos sortilégios, dissociar essas duas forças que são apenas uma, pois ambas constituem a aspiração da alma humana. A oração e a invocação nobre e desinteressada pertencem à mesma natureza; não pode mais existir o elemento demoníaco, mas unicamente a força da vida eterna. A realidade do universo não está concentrada unicamente numa vida efêmera, ou que nos pareça efêmera; ela está além da sedução momentânea de nossa vida, além mesmo dos símbolos, de nossos talismãs de um instante. O homem empresta sua fé e sua visão a esse mundo que ele não compreende, que não pode conceber e que, no entanto, existe, está a seu redor e o conduz.

Os talismãs, em si mesmos, têm pouca importância; no entanto, eles podem conduzir-nos, em sua forma etérea, para uma outra visão, para um outro mundo. Pois o homem carrega em si o universo, o reflexo do cosmos, e esse cidadão do mundo não pode se destruir, a não ser que o privem da Magia.

Todo mago nobre e desinteressado percorre um longo caminho, um percurso muito longo que tem a forma de um labirinto, porque a natureza do homem é feita de arrependimentos, de buscas, de desesperos e, também, de esperanças. Nossas miragens nos conduzirão para esse estado edênico, para essas ilhas verdes, situadas fora de nossos limites, fora do Tempo? Todavia, é nesse ponto, e apenas nesse ponto que, munidos de nosso talismã, reintegraremos em nós a Unidade divina.

## QUADRO DAS CORRESPONDÊNCIAS GEOMÂNTICAS

| SIGNO ZODIACAL | PLANETAS | ELEMENTOS | DIAS | BRASÃO | VIRTUDE | METAIS | PEDRAS PRECIOSAS | CORES | PERFUMES | NÚMEROS |
|---|---|---|---|---|---|---|---|---|---|---|
| Leão | Sol | Fogo | domingo | Ouro | Fé, força, constância | Ouro | Topázio | Ouro e amarelo | Incenso, cravo-de-defunto, heliotrópio, cravo-da-Índia, helianto. | 1, 3, 7. |
| Câncer | Lua | Água | 2.ª feira | Prata | Esperança | Prata | Pérola, pedra-da-lua | Branco prateado | Íris, lis, rosa branca, cânfora | 2, 11. |
| Escorpião | Marte | Fogo | 3.ª feira | Goles | Caridade, valentia, ousadia | Ferro | Carbúnculo, granada | Amarelo vivo | Goivo, cravo, almíscar, rosas vermelhas | 3, 10. |
| Carneiro | Marte | Fogo | 3.ª feira | Goles | | Aço | Rubis | Vermelho | | |
| Gêmeos | Mercúrio | Ar | 4.ª feira | Sinople | Força, amor, beleza | Mercúrio, azougue | Esmeralda, jaspe, berilo | Azul, azul-celeste | Verdura, mirto | 6. |
| Virgem | Mercúrio | Terra | 4.ª feira | Sinople | | | Opala | | Âmbar cinzento | |
| Sagitário | Júpiter | Ar | 5.ª feira | Púrpura | Liberalidade, dignidade | Bronze, latão, estanho | Safira, jacinto, ametista | Violeta, Púrpura | Canela, goivo. Sândalo | 7, 12 |
| Peixes | Júpiter | Ar | 5.ª feira | Púrpura | | | | | | |
| Touro | Vênus | Água | 6.ª feira | Azul | Justiça, lealdade | Cobre | Pedras verdes, safira | Verde | Lavanda | 4, 9. |
| Balança | Vênus | Água | 6.ª feira | Azul-celeste | | | Coral | Branco | Rosa | |
| Capricórnio | Saturno | Terra | sábado | Sable | Prudência, paciência, firmeza | Chumbo | Jaspe, diamante | Negro | Mirra, aloés | 5, 8. |
| Aquário | Saturno | Terra | sábado | Sable | | | Mármore negro | Negro | Galbanum | |

(Segundo um resumo remanejado de Jérôme de Bara, *Le Blason des Armoiries*, Lyon, 1581.)

# BIBLIOGRAFIA

## *Obras Gerais*

ABELLIO (Raymond), *La Fin de l'Esotérisme,* Flammarion, 1973.
— *Vers un nouveau prophétisme, Essai sur la situation de Lucifer dans le monde moderne,* A l'Enseigne du Cheval ailé, 1947.

AGRIPPA, *Le Grand grimoire avec la grande clavicule de Salomon et la Magie noire...,* Paris, 1702.

*Albert, Petit Albert, Les Secrets merveilleux de la Magie naturelle,* Niclaus.

ALLEAU (René), *Aspects de l'Alchimie traditionnelle,* Editions de Minuit.
— *Encyclopédie de la divination.*

AMBELAIN, *Eléments d'Astrologie judiciaire,* Betmalle, 1936.

AMADOU (Robert), *L'Occultisme, Esquisse d'un monde vivant,* Julliard, 1950.
— *La Télépathie,* Grasset, 1958.
— *Les Grands Médiums,* Denoël, 1957.

AMERVAL (Eloi d'), *Le Livre de la Diablerie,* Paris, Micher Le Noir, 1508.

AUBERT (Marcel), *Mélange Martroye,* Société nationale des Antiquaires de France, 1940.
— *La Sculpture française au Moyen Age,* Flammarion, 1946.

BATAILLE (Dr.), *Le Diable au XX$^{a}$ siècle. Les Mystères du Spiritisme,* Paris, Ch. Boy.

BELIN (Dom Jean Albert), *Traité des talismans ou figures astrales,* Paris, Pierre de Bresche, 3.ª edição, 1671.

BELLUCI (Dr. Joseph), *Catalogue d'amulettes italiennes,* Pérouse, 1889.

BENET (Armand), *Procès verbal fait pour délivrer une fille possédée par le malin esprit à Louviers,* Bibliothèque diabolique, 1883.

BERNARDIN (Dom), *Les Pentacles majeurs*, la Diffusion scientifique, 1970.

BESSY (Maurice), *Histoire en 1 000 images de la magie*, Pont-Royal-Laffont, 1961.

BIANQUIS (Geneviève), *Faust à travers quatre siècles*, Paris, Droz, 1935.

BIZOUARD, *Des rapports de l'homme avec le démon*, Essai II, Paris, 1863.

BLOCH (Alex), *Le Carré magique Sator*, Prefácio de Marcel Spaeth, Editions de F. E. U., 1963.

BOLL (Marcel), *L'Occultisme devant la science*, P. U. F., 1944.

BODIN (J.), *Démonomanie des sorciers*, 1580.
— *Le Fléau des Démons et Sorciers*, 1616.

BOIS (Jules), *Satanisme et Magie*, Paris, Léon Chailley, 1895.

BOSC, *Dictionnaire d'Orientalisme, d'Occultisme et de Psychologie*, Chamuel, 1846.

BOUCHER-LECLERCQ, *Histoire de la Divination dans l'Antiquité*, Paris, 1879.

BOUCHER (Jules) J. B., *Traité de Magie pratique*, Dervy.

BOUTERON (Marcel), *Le Talisman de Balzac — Le Bedouck*, La Cité des Livres, 1925.

BREHIER (Louis), *L'Art chrétien*, Paris, 1928.

BUISSON (Maurice), *La Magie*, Nouvelles Editions Debresse, 1958.

CABROL (Dom Fernand) e LECLERCQ (Dom Henri), *Dictionnaire d'archéologie chrétienne et de liturgie*, 1806-1816, Librairie Letouzey et Ané.

CAHAGNET (L. A.), *Magie magnétique ou traité historique et pratique*, Gerner Baillière, 1854.

CASTELLAN (Yvonne), *Le Spiritisme*, P. U. F., 1965.

CAUMONT (A. de), *Abécédaire d'archéologie*, Le Blanc Hardel, Caen, 1869.

CAYLA, *Le Diable, sa grandeur, sa décadence*, Paris, 1864.

CHARBONNEAU-LASSAY (L.), *Le Bestiaire du Christ*, Desclée de Brouwer, 1940.

CHOCHOD (L.), *Magie et Sorcellerie en Extrême-Orient*, Payot.

CHOQUET (Ch. Albert), *Dans le domaine des sciences occultes*, Leymarie, 1929.

COLLEYE (H.), *Histoire du Diable*, Ch. Dessart, Bruxelles, 1946.

COLLIN DE PLANCY, *Dictionnaire infernal*, Paris, L. Breton, 1863.

CORNILLEAU, *Le Crapaud, bête fabuleuse et médicale*, AEsculape, 1940.

CURCIO (Michèle), *Le Guide de l'Occultisme*, Nouvelles Editions Debresse, 1956.

DAVID-NÉEL (A.), *Mystiques et Magiciens du Thibet, Initiations lamaïques,* Plon, 1930.

DELANCRE, *Tableau de l'inconstance des démons.*

DORE (P.), *Recherches sur les superstitions de la Chine.*
*Le Dragon rouge ou l'art de commander les Esprits célestes 1521,* Perthuis-Durville, 1971.

DUPUIS, *Origine de tous les cultes,* escrito por Henri Agasse, 1794.

ENCAUSSE (Dr. Philippe), *Sciences occultes et déséquilibre mental,* la Diffusion scientifique, 1958.

ENCHIRIDION, *Recueil d'oraisons admirables par Sa Sainteté le pape Léon III,* Perthuis-Durville, 1971.

ENEL, *La Langue sacrée,* Omnium littéraire, Paris.

EVANS-PRITCHARD, *Sorcellerie, oracles et magie chez les Azandé,* N. R. F., 1972.

FRAZER, *Le Bouc émissaire,* Paul Geuthner, 1925.

GAËL (Yves), *Talismans dévoilés,* Dangles, 1973.

GAFFAREL (M. I.), *Curiosités inouïes,* Paris, Hervé du Mesnil, 1629.

GARÇON (Maurice) et VINCHON (Jean), *Le Diable, étude historique et médicale,* N. R. F., 1926.

GEYRAUD (Pierre), *L'Occultisme à Paris,* Emile-Paul, 1953.

GILBERT (Émile), *Essai historique sur les talismans,* Savy, 1881.

GRANET (M.), *La Civilisation chinoise,* Albin Michel, 1929.
— *La Pensée chinoise,* Albin Michel, 1934.

GRASSET (Dr J.), *L'Occultisme hier et aujourd'hui, le Merveilleux préscientifique,* Montpellier, Coulet et Fils, 1908.

GRILLOT DE GIVRY, *Lourdes, ville initiatique,* Paris, Chacornac, 1959.

GUAÏTA (Stanislas de), *La Clef de la Magie noire,* Durville-Perthuis, 1969.
— *Le Temple de Satan.*
— *Le Serpent de la Genèse.*

GUARDINI (Romano), *La Puissance: Essai sur le règne de l'homme,* Editions du Seuil.

GUÉNON (René), *L'Erreur spirite,* Rivière, 1923.
— *Aperçus sur l'initiation.*

JACOB (Paul-Louis), *Curiosités des sciences occultes,* Paris, Garnier, 1904.
— *Curiosités infernales,* Paris, Garnier, 1913.
— *Sciences occultes,* Garnier, 1885.

JAGOT (Paul C.), *Science occulte et Magie pratique,* Dangles.

KERSAINT, *Les Treize Pantacles du bonheur,* Dangles, 1971.

KING (Francis), *Magie rituelle et sociétés secrètes,* Denoël, 1972.

KOPP (René) *Introduction à l'Etude des Sciences occultes,* Leymarie, 1930.

LEBOIS (André), *L'Occultisme et l'Amour,* Sodi, 1969.

LEGRAND, *Envoûteurs, guérisseurs et mages,* Editions de France, 1936.

LENAIN, *La Science cabalistique,* Amiens, 1823.

LÉVI (Éliphas), *Dogme et Rituel de la Haute Magie.*
— *La Clef des grands mystères,* Editions des Cahiers astrologiques.

LEXA (Ph. Dr. François), *La Magie dans l'Egypte antique,* Librairie orientaliste, Paul Geuthner, 1925.

MAGIE, *Numéro spécial de la Tour Saint-Jacques,* dezembro 1957.

MALE (Émile), *L'Art religieux au XII^e siècle en France,* Paris, Colin, 1902.
— *L'Art religieux au XII^e siècle en France,* Paris, 1928.
— *L'Art religieux après le Concile de Trente,* Paris, Colin, 1932.

MANASSÉ (Benjamin), *Rituel de magie blanche* — T. II: *Talismans et pentacles bénéfiques,* la Diffusion scientifique, 1973.

MARIEL (Pierre), *L'Europe païenne au XX^e siècle,* la Palatine, 1964.

MARQUÈS-RIVIÈRE (Jean), *Amulettes, talismans et pantacles,* Payot, 1972.

MARTINO (Ernesto de), *Italie du Sud et Magie,* Gallimard, 1963.

MASSONNEAU (Eliane), *La Magie dans l'Antiquité romaine.*
— *La Magie dans la littérature et les moeurs romaines.*

MATIGNON (J. J.), *Crime et misère en Chine,* A. Sorck, Lyon, 1902.
— *La Chine hermétique.*
— *La Thérapeutique par les talismans,* Æsculape, junho 1912.

MAURY (Alfred), *Croyances et légendes du Moyen Age,* Champion, 1896.
— *La Magie et l'Astrologie,* Paris, Didier, 1860.

MAXWELL, *La Divination,* Flammarion, 1927.

MELLOR (Alec), *Catholiques d'aujourd'hui et sciences occultes,* Mame, 1968.

MENESTRIER (P. Cl. Fr.), *La Philosophie des images,* Paris, Jacques Guerrier, 1694.

MOLITOR (Ulric), *Des sorcières et des devineresses,* d'après l'édition latine de Cologne, 1489, Nourry, 1926.

MURRAY (Margaret), *Le Dieu des Sorcières,* Denoël, 1957.

OSMONT (Anne), *Le Rythme créateur,* Omnium littéraire.
— *Clartés sur l'Occultisme.*

PALOU (Jean), *La Sorcellerie,* P. U, F., 1957.

PAPUS (Dr. Gérard Encausse), *Traité élémentaire de Science occulte,* Dangles.
— *Traité méthodique de magie pratique,* Dangles.
— *Le Tarot des bohémiens,* Dangles.
— *Traité méthodique de Sciences occultes,* Dangles.

PARACELSE, *Les Sept livres de l'Archidoxe magique,* Niclaus-Bussière, 1960.

PIOBB (P. V.), *Le Diable, formulaire de Haute Magie,* Dangles, 1937.
PLACET (R. P. F. François), *La Superstition du Temps reconnue aux talismans,* Paris, Veuve Gervais Alliot, 1658.

POINSOT (M. C.), *Encyclopédie des Sciences occultes,* Georges Anquetil, 1925.

POISSON, *Théories et Symboles des Alchimistes.*

PORTA (J. B.), *De la Magie naturelle,* reedição Daragon, 1913; Rouen, 1631.

RIBADEAU DUMAS, *Histoire de la Magie,* les Productions de Paris, 1961.

RONY (J. A.), *La Magie,* P. U. F., 1956, "Que sais-je?", n.º 413.

SAINT-MARTIN (Louis-Claude de), *Des Nombres,* Editions des Cahiers astrologiques, Nice.

SALOMON, *Clavicules de Salomon,* Paris, 1822.

SEDIR, *Les Forces mystiques de la conduite de la vie,* Legrand.

SOLDI-COLBERT, *La Langue sacrée,* Heymann, 1897.

SOREL (Ch., sieur de Souvigny), *Des talismans,* de Sommaville, 1636.

TONDRIAU ( Julien), *L'Occultisme,* Marabout, 1964.

WALTER (Suzanne), *Le Livre des Conjurations et sortilèges,* Robert Morel, 1964.

WEBSTER, *La Magie dans les sociétés primitives,* Payot, 1952.

## Obras Especializadas


### Quadrado mágico

BLOCH (Alex), *Le Carré magique Sator*, Edition de F. E. U., 1963.
BUISSON (Maurice), *La Magie*, N. E. D.
CARNY (Lucien), *Le Tarot de Charles VI*, Edition de F. E. U., 1964.
GRAD (A. D.), *Le Temps des Kabbalistes*, La Baconnière, 1967.
LANOÉ-VILLÈNE, *Le Livre des Symboles*.
MARQUÈS-RIVIÈRE, *Amulettes, Talismans e pantacles*, Payot, 1950.

### A mandrágora

ALLEGRO, *Le Champignon sacré et la Croix*, Albin Michel.
DULAURE, *Le Culte du phallus*.
EWERS (H. H.), *Mandragore*, Editions françaises illustrées, 1920.
LEBOIS (André), *L'Occultisme et l'Amour*, Sodi, 1969.
SCHMIDT (Albert-Marie), *La Mandragore*, Flammarion, 1959.
TERCINET, *Mandragore qui es-tu?*, Edição do autor, Paris, 1950.
VILLENEUVE (Robert), *Le Diable dans l'Art*.

### Máscaras e tatuagens

ALLEAU (René), *Les Sociétés secrètes*, Planète.
BAUDELAIRE (Charles), *Les curiosités esthétiques* (Le Maquillage).
BAYARD (Jean-Pierre), *Masques traditionnels*, Gazette Martini, n.º 50, setembro, 1961.
BURAUD (Georges), *Les Masques*, Editions du Seuil, 1948.
— *Arts primitifs dans les ateliers d'artistes*, Catalogue de la Société des Amis du Musée de l'Homme, 1967.
ELIADE (Mircea), *Le Chamanisme*, Payot.
GUÉNON (René), *Symboles fondamentaux de la Science sacrée*, Gallimard, 1962.
GUIART (Jean), *Art de l'Océanie*, Albin Michel.
MONTAGU (A.), *Les premiers âges de l'homme*, Marabout, 1963.
OTTIN (Merry), et BENSA (Alban), *Le Sacré à Java et à Bali*, Robert Laffont.
— *Les Danses Sacrées*, Le Seuil, 1963.
— Æsculape n.º 9, set. 1913.

### *Espelhos mágicos*

AMBELAIN (Robert), *Le Cristal magique*, Niclaus, 1962.
BOSC, *Dictionnaire d'Occultisme.*
BURCKHARDT, *Doctrines ésothériques de l'Islam*, Dervy.
CAHAGNET (L. A.), *Magie magnétique*, Germer-Baillière, 1854.
HUTIN (Serge), *L'Amour magique*, Albin Michel.
LEBOIS (André), *L'Occultisme et l'Amour*, Sodi, 1969.
PAPUS, *Le Tarot divinatoire*, Durville.
PARACELSE, *L'Archidoxe magique*; Niclaus, Bussière, 1960.
RANK (Otto), *Don Juan.*
SEDIR, *Miroirs magiques.*

### *Perfumes mágicos*

AVELINE (Guy d'), *Les Parfums mystiques*, Metz, 1924.
BRESLE (Valentin). *Les Parfums et leurs influences magiques*, Omnium littéraire, 1972.
CAUFFEYNON (Dr.), *La Volupté et les parfums: rapport des odeurs avec le sens génital, le parfum naturel de la femme*, Paris, 1903.
COMBE (Dr. Antoine), *Influence des parfums et des odeurs sur les hystériques*, Paris, A. Michalon, 1905.
DAVID-NÉEL, *La Connaissance transcendante.*
JACOB (P. L.), *Curiosités des Sciences occultes*, Garnier, 1885.
LENAIN, *La Science cabalistique*, Paris, 1909.
MAHOMET, *Les parfums et les cosmétiques colorants*, Masson, 1940.
MANASSÉ (Benjamin), *Rituel de Magie blanche*, La Diffusion scientifique, 1973.
MAURY (Marguerite), *Aromates et parfums créateurs de jeunesse*, Editions des Champs-Elysées, 1955.
MESSEGUÉ (Maurice), *Réapprenons à aimer*, Robert Laffont, 1974.
MUCHERY (Georges), *Magie astrale des parfums*, Paris, 1952.
PAPUS, *Traité méthodique de magie pratique*, Chacornac, 1937.
RIVASSON (Marguerite de), *Les Parfums magiques*, Bibliothèque Endiaque, Durville.
SANTINI DE RIOLS, *Les Parfums magiques, odeurs, onctions, fumigations, exhalaisons en usage chez les anciens, dans les Temples, dans les cérémonies magiques*, Paris, 1903.

### *Pedras e pedras preciosas*

BAYARD (Jean-Pierre), *La Symbolique du Monde souterrain*, Payot, 1974.
BOUCHER (Jules), *Manuel de Magie pratique.*
CLAUDEL (Paul), *Les Pierres précieuses.*
CZERNICHEFF (Prince), *Théorie mystique des pierres.*
DOYON (René-Louis), *La Pierre*, Denoël, 1938.
HATEM (Simone), *L'Empire des perles et des pierres précieuses*, Plon, 1956.
GUAITA (Stanislas de), *Au Seuil du Mystère*, Durville, 1915.
GUÉNON (René), *Le Roi du Monde.*
LEBOIS (André), *L'Occultisme et l'Amour*, Sodi, 1969.
MANASSÉ (Benjamin), *Rituel de Magie blanche*, La Diffusion Scientifique.
PORTA (J. B.), *La magie naturelle.*
VIOUX (Dr.), *Les Vertus médicinales des Gemmes*, AEsculape, abril, 1912.

*Leia também*

## A MAGIA DAS PEDRAS PRECIOSAS

*Mellie Uyldert*

Através da História, as pedras preciosas têm sido usadas, não apenas por sua beleza ou raridade, mas também por seus poderes secretos. Durante séculos, elas foram usadas como auxiliares indispensáveis para o aprimoramento da vida espiritual, assim como para aumentar a percepção psíquisa, para inspirar amor e como poderosos agentes de cura.

Dentro desses temas gerais, são estudadas neste livro a consonância das pedras preciosas com os signos do Zodíaco; a preparação de amuletos e talismãs; a estreita conexão existente entre as pedras preciosas e as várias partes do corpo humano, assim como a analogia subjacente entre as pedras preciosas e as diversas facetas da alma humana.

Moderno *lapidarium* que revela, pedra por pedra, os poderes ocultos desses "*olhos da matéria fixos em nós*", este livro de Mellie Uyldert traz, ainda, inúmeras histórias e lendas, nas quais as pedras preciosas representaram o papel principal.

# A MAGIA DOS METAIS

*Mellie Uyldert*

Este livro se propõe a descrever o mundo vivo dos metais, de modo a permitir que aqueles que se sentem fascinados pelos poderes ocultos do reino mineral pesquisem em busca de sua natureza íntima, ao mesmo tempo em que se familiarizam com as aplicações práticas desse conhecimento.

Este é, em resumo, o pensamento da autora a respeito dos metais, substâncias vivas essenciais à vida humana e dotadas do poder de acelerar as energias vitais tanto do corpo como da alma.

A forma fascinante como sua história é contada e a soma de informações nas quais se baseia fazem deste volume um valioso manual de alquimia moderna, que mostra como toda a nossa vida física e espiritual pode ser enriquecida mediante a conscientização do poder secreto dos metais.

Como os antigos alquimistas, podemos aprender a transmutar o que constitui a base da nossa constituição física em pura energia espiritual, de modo a completar a Grande Obra, sonho e objetivo de toda a ciência alquímica.

* * *

De Mellie Uyldert, a Editora Pensamento já editou *A magia das pedras preciosas.*

EDITORA PENSAMENTO

**Editora Pensamento**

Rua Dr. Mário Vicente, 374
04270 São Paulo, SP
Fone 63-3141

**Livraria Pensamento**

Rua Dr. Rodrigo Silva, 87
01501 São Paulo, SP
Fone 36-5236

**Gráfica Pensamento**

Rua Domingos Paiva, 60
03043 São Paulo, SP
Fone 270-3033